El manual de entrenamiento básico del decano de Evangel

Una guía para los líderes
del movimiento de plantación de iglesias
que equipan a plantadores de iglesias urbanas

. . . .

Editado por
Rev. Dr. Hank Voss
Rev. Dr. Don L. Davis
Rev. Bob Engel

TUMI Press
3701 East Thirteenth Street North | Suite 100
Wichita, Kansas 67208

El manual de entrenamiento básico del decano de Evangel:
Una guía para los líderes del movimiento de plantación de iglesias que equipan a plantadores de iglesias urbanas

© 2019. *The Urban Ministry Institute*. Traducido al español. Todos los derechos reservados.

La copia, redistribución y/o venta de estos materiales, o cualquier transmisión no autorizada, excepto que se permita expresamente por la Ley de derechos del autor de 1976 o por el permiso escrito del publicador está prohibida. Las solicitudes de permiso deben dirigirse por escrito a:

The Urban Ministry Institute
3701 East 13th Street North
Suite 100
Wichita, KS 67208

ISBN: 978-1-62932-321-3

Publicado por *TUMI Press*
Una división de *World Impact, Inc.*

The Urban Ministry Institute es un ministerio de *World Impact, Inc.*

Título original en inglés: *The Evangel Dean Basic Training Resource Handbook: A Guide for Church Plant Movement Leaders to Equip Urban Church Planters*

Coordinador de traducción: Dr. Fernando Argumedo

Todas las citas bíblicas, a menos que se indique de otra forma, son de la Santa Biblia, versión Reina Valera © 1960 Sociedades Bíblicas Unidas. Usada con permiso. Todos los derechos reservados.

Este manual está dedicado a

los plantadores de iglesias urbanas alrededor del mundo

los hombres y mujeres valientes que han sacrificado la seguridad y la facilidad personal
para ministrar a aquellos que son los sin voz, los quebrantados,
y los más descuidados en la sociedad humana.

Han respondido con corazones abiertos y almas dispuestas,
están dispuestos a involucrar a estas comunidades con amor y gracia,
y son valientes al profetizar la liberación de Cristo y su reino
a los que han sido elegidos para ser ricos en fe,
y herederos del reino (Santiago 2:5).

Por su valor y sacrificio,
por su carga y energía,
por su pasión y perseverancia,
agradecemos a nuestro Señor y Dios.

Que sus "hermosos pies" continúen caminando por las calles y callejones
de las ciudades más necesitadas de este mundo,
nunca fallando en publicar la paz, trayendo buenas nuevas de felicidad,
publicar a los habitantes de la ciudad la salvación de Dios
y declarar sin temor y vergüenza que Jesucristo es el Señor,
para la gloria de Dios.

~ Isaías 52:7 ~

Tabla de contenido

Carta de bienvenida 9

La visión y los objetivos del
Entrenamiento de los decanos de *Evangel* 11

Perspectivas críticas de misión 14

Seminarios

Seminario 1: Escuela de plantación de iglesias
Evangel y la visión de TUMI 17

Seminario 2: *Evangel* 27

Seminario 3: *Evangel* enfatiza al equipo 29

Seminario 4: Organizando su propia escuela de plantación
de iglesias urbanas *Evangel*: El proceso de la A a la Z 55

Seminario 5: Fases de Preparar, Lanzar,
Agrupar, Nutrir y Transicionar de *Evangel*. 61

Seminario 6: Evaluación y plantadores de iglesias
para/de los pobres urbanos 67

Seminario 7: Los entrenadores y el equipo
de plantador de iglesias en *Evangel* 77

Seminario 8: Cómo encender una batería espiritual muerta:
Redescubriendo nuestros llamados como los mayordomos de Dios . 85

Seminario 9: Publicidad y financiación de su Escuela *Evangel* . 93

Seminario 10: Apoyo y recursos de *Evangel* 95

Asignaciones y ejercicios del decano

Asignacion 1: Lea y responda:
Lecturas sobre los pobres 99

Asignacion 2: Lea y responda:
*Raíces Sagradas: Un Tratado sobre
la necesidad de Recuperar la Gran Tradición* 100

Asignacion 3: Lea y responda:
*¡Consiga pretender! Viviendo como
ciudadano y embajador del Reino de Dios* 101

Asignacion 4: Mire y responda:
La centralidad de la iglesia 102

Asignacion 5: Lea y responda:
¿Qué es una iglesia? 103

Ejercicio del decano 1: ¿Cómo ayudará *Evangel* a las nuevas plantaciones de iglesias a adoptar la iglesia y el mundo? . . 104

Ejercicio del decano 2:
Viendo el panorama general: Estableciendo el contexto . . 106

Ejercicio del decano 3: Viendo el panorama general: Estableciendo valores y visión de su Escuela *Evangel*. . . 108

Ejercicio del decano 4: Evaluando la efectividad del equipo . . 111

Ejercicio del decano 5:
Usando la sabiduría en el ministerio: El proceso de PTR . . 114

Ejercicio del decano 6: ¿Cómo *Evangel* reclutará y evaluará a los plantadores de iglesias para y de los pobres? 115

Ejercicio del decano 7: ¿Cómo vamos a entrenar
en y después de *Evangel*? 117

Ejercicio del decano 8: ¿Por qué es tan prudente
como necesario desarrollar una cartilla de equipo? . . . 119

Ejercicio del decano 9: Estudio de las cartillas 120

Entrenamiento de la Escuela *Evangel*
Formulario de certificación de decanos 121

Ejercicio del decano 10: ¿De qué manera los decanos financiarán y publicitarán su Escuela de plantación de iglesias urbanas *Evangel*? . 123

Apéndice

El Credo Niceno con apoyo bíblico	127
Declaración de fe de *World Impact*	129
¡Levántese Dios! Concierto de oración	131
Nuestro distintivo: Avanzando el Reino entre los pobres urbanos	132
Resumen de los recursos de TUMI De y para los pobres urbanos	140
La historia de *The Urban Ministry Institute*	148
Descripción general de la estructura y estrategia de *The Urban Ministry Institute*	150
¿Por qué desarrollar centros de extensión para la educación teológica?	152
¿Qué es un satélite de *The Urban Ministry Institute*?	160
El papel estratégico de la iglesia local en su Instituto	162
Tres niveles de inversión ministerial	164
Descripción general del proceso *Evangel*: Proceso de planificación para la Escuela de decanos *Evangel*	165
Entrenamiento de Decanos *Evangel* y Organizar Escuelas *Evangel*	170
Decano y Equipo del Decano Requisitos y Certificación	171
Tres muestras de presupuestos de la Escuela *Evangel*	173
Evaluación del plantador de iglesia de *Evangel*: Descripción del proceso del líder del equipo de Pre-*Evangel*	177
Formulario de cartilla de Plantación de Iglesias *Evangel*	186
Principios clave y otras herramientas para entrenadores de campo y entrenar asesores	188
Plantación de iglesias urbanas: Una bibliografía tópica	195
Los diez principios principales para los ancianos	218
Predicación y enseñanza	223

El sufrimiento por el Evangelio:
El costo del discipulado y liderazgo de servicio 225

"Marco" para una asociación de iglesias urbanas 227

Una guía rápida para una asociación de iglesia urbanas . . . 229

Resumen Sesión *Evangel* 241

Lecturas adicionales, seminarios y ejercicios en equipo

Lectura: ¿Qué es una Iglesia? 255

Seminario: Evaluación de líderes cristianos urbanos 258

Seminario: La estrategia *Evangel* 274

Seminario: Hacia una estrategia para el ministerio:
Coordinando el equipo para el éxito 284

Seminario: Cartillas, entrenadores y el proceso contínuo de PTR . 293

Seminario: Familias de Iglesias:
Movimientos, Asociaciones y Denominaciones 296

Seminario: Plantación de iglesias y asociaciones de iglesias urbanas:
La necesidad de una adaptación local. 299

Ejercicio del decano: *Evangel* y movimientos 317

Ejercicio del decano: Entrenadores de campo. 319

Información del paquete de recursos de la Escuela Evangel

Detalle del paquete de recursos de la Escuela *Evangel* . . . 322

Resumen del paquete de recursos de la Escuela *Evangel*. . . 324

Carta de bienvenida

Saludos en el nombre de Aquel que es el Señor de la mies.

Creemos que estos son tiempos críticos. La cosecha es abundante y los obreros siguen siendo pocos. Al considerar la gran cantidad de almas que están perdidas y sin esperanza en Cristo, creemos que los movimientos de plantación de iglesias son necesarios para desplegar rápidamente obreros llamados, dotados y totalmente entregados en cada ciudad, pueblo y aldea.

Es a partir de esta creencia y de nuestro llamado misionero para empoderar a los líderes urbanos y asociarse con las iglesias locales para alcanzar a sus ciudades con el Evangelio hasta el final, que el Evangelio del Reino sea proclamado por los pobres urbanos empoderados a cada grupo de personas a través de iglesias autóctonas y movimientos. El Evangelio sigue siendo el poder de Dios para salvación; para esperanza en este mundo y el mundo por venir.

Si usted: cree en la Iglesia del Dios viviente, sin importar su tamaño o recursos, y si se le han dado las llaves del Reino; y usted cree en el Evangelio, que Dios en Cristo está reconciliando el mundo para sí mismo; que los pobres son ricos en fe y colaboradores en el avance del reino de Dios; y su corazón se rompe por las incontables almas perdidas atrapadas en la esclavitud del reino de las tinieblas; luego, este manual lo actualizará, lo desafiará y lo fortalecerá para equipar a los plantadores entre los pobres olvidados.

Mientras alaba, ora, trabaja, piensa, planea estrategias y se ríe con sus compañeros de entrenamiento, esperamos que se animen en lo que hará el Señor a través de su inversión en aprender sobre las escuelas de plantación de iglesias *Evangel*.

Nuestra oración es que complete esta capacitación alentada en el Señor y aclare su estrategia para capacitar a los plantadores de iglesias que trabajan entre los pobres de las áreas urbanas.

Gracias por unirse a nosotros en la búsqueda de la belleza del Señor mostrada de nuevas maneras en las ciudades donde Dios lo ha llamado a representar su reino. Gracias por su servicio inquebrantable y sacrificado al Señor de la cosecha.

". . . No de los que retroceden . . . " (Heb. 10:39)

Rev. Dr. Don Davis
Rev. Bob Engel

La visión y los objetivos del Entrenamiento de los decanos de Evangel

Visión: Proporcionar un equipamiento excelente para los entrenadores de las iglesias que trabajan entre los pobres de las zonas urbanas a través de comisionar a los decanos certificados para dirigir las escuelas de la plantación de iglesias *Evangel* en su propio contexto ministerial.

Objetivos:

- Proporcionar capacitación especializada, sustentable y reproducible para los plantadores de iglesias que trabajan entre los pobres urbanos, especialmente los plantadores de iglesias bi-vocacionales.
- Equipar a los equipos de plantación de iglesias dentro de su contexto de ministerio proporcionando Escuelas *Evangel* en centros urbanos de los Estados Unidos y en todo el mundo.
- Crear una red de capacitadores capacitados que puedan albergar escuelas en múltiples ubicaciones en los Estados Unidos.
- Ayudar a los entrenadores de plantación de iglesias urbanas a diseñar su sistema ECE (Evaluación, Capacitación en el Campamento de entrenamiento, Entrenamiento).
- Asociarse con agencias de misioneras, satélites de TUMI, asociaciones de iglesias urbanas y denominaciones para albergar las Escuelas *Evangel* en todo el país y en todo el mundo.

El gran concepto de entrenamiento de decanos de Evangel: nuestro equipo, una vez completado el alistamiento, el entrenamiento básico y el entrenamiento en el campamento, estará preparado espiritual, estratégica y tácticamente para capacitar a los plantadores de iglesias urbanas usando *Listos para la siega: Una guía para la plantación de iglesias saludables en la ciudad* en conjunto con las escuelas de plantación de iglesias de *Evangel*.

World Impact, TUMI y la Escuela de plantación de iglesias urbanas Evangel (Historia y relación)

World Impact fue fundada en 1971. *World Impact* empodera a los líderes urbanos y se asocia con las iglesias locales para alcanzar a sus ciudades con el evangelio con el fin de que el evangelio del Reino sea proclamado por los pobres urbanos empoderados a cada grupo de personas a través de iglesias y movimientos autóctonos.

The Urban Ministry Institute (TUMI) se lanzó en 1995. Como un brazo de capacitación nacional para *World Impact*, el Instituto equipa el liderazgo para la iglesia urbana, especialmente entre los pobres, con el fin de avanzar el reino de Dios. Enfocamos nuestra inversión en líderes que son llamados a evangelizar, discipular, plantar, pastorear iglesias y facilitar movimientos de plantación de iglesias, especialmente entre los pobres. Nuestra única pasión y deseo es avanzar el reino de Dios en las ciudades de los Estados Unidos y alrededor del mundo.

La Escuela de plantación de iglesias urbanas *Evangel* fue desarrollada por *The Urban Ministry Institute* como una de las varias herramientas diseñadas para equipar a los plantadores de iglesias urbanas que trabajan entre los pobres. La Escuela de plantación de iglesias urbanas *Evangel* funcionó entre 2000 y 2006, tiempo durante el cual se comisionaron más de 40 equipos de iglesias.

En 2015, bajo la dirección del presidente de *World Impact*, el reverendo Efrem Smith, recomisionó a la Escuela de plantación de iglesias urbanas *Evangel*. En su nuevo formato, *Evangel* ahora enfatiza el entrenamiento de plantadores de iglesias urbanas dentro de su propio contexto ministerial. El énfasis está en capacitar a los plantadores de iglesias urbanas *de* y *para* los pobres y en equiparlos con los mejores recursos y estrategias posibles.

Mientras que la primera Escuela de plantación de iglesias urbanas *Evangel* se llevó a cabo en el año 2000, 2016 es la primera vez que TUMI certifica oficialmente a otros grupos para que administren las escuelas de plantación de iglesias *Evangel* en su propio contexto de ministerio. Aquellos que tengan la intención de ser anfitriones de una Escuela *Evangel* deberán enviar al menos dos posibles decanos para obtener la certificación.

El entrenamiento de decanos tiene como objetivo proporcionar un excelente equipamiento para los entrenadores de plantadores de iglesias que trabajan entre los pobres de las zonas urbanas a través de la contratación de decanos certificados para dirigir las escuelas de plantación *Evangel* en su propio contexto ministerial.

Aquellos que completen la capacitación y estén certificados estarán autorizados a utilizar los libros de texto de *Evangel* (por ejemplo, *Listos para la siega: Una guía para la plantación de iglesias saludables en la ciudad*; and *Plantando iglesias entre los pobres de la ciudad: Una antología de recursos de plantación de iglesias urbanas, vol. 1 y 2*), vídeos, presentaciones de *PowerPoint* y otros recursos desarrollados para las escuelas de la plantación *Evangel* en sus propios contextos ministeriales.

La capacitación de escuela de decanos de *Evangel* se enfoca en dos resultados: 1) Los equipos de decanos estarán preparados espiritual, estratégica y tácticamente para capacitar plantadores de iglesias urbanas utilizando *Listos para la siega: Una guía para la plantación de iglesias saludables en la ciudad* en conjunto con las escuelas de plantación de iglesias *Evangel*. 2) Los equipos de decanos serán inspirados y desafiados para implementar los fundamentos de las misiones como líderes del movimiento de iglesias.

Perspectivas críticas de misión

1. *El llamado de Dios*: Hacemos todo lo que hacemos con la plena seguridad de que Dios está en este momento llamando, dotando y ungiendo a hombres y mujeres en la ciudad para representar sus intereses allí, y está convencido de que estos líderes de la ciudad elegidos serán los vasos a través de las cuales él avanza su reino.

2. *El reino de Dios*: Estamos agobiados de ver la libertad, integridad y justicia del reino de Dios encarnadas, celebradas y proclamadas en las comunidades de la iglesia que muestran visiblemente cómo se ve la "Regla de Dios" cuando es abrazada por personas que reconocen el señorío de Cristo.

3. *La centralidad de la Iglesia*: Tenemos la profunda convicción de que el ministerio efectivo tiene lugar en el Cuerpo de Cristo, el agente del reino, donde facilitamos la multiplicación de iglesias urbanas sanas y reproductoras, especialmente entre los pobres.

4. *El poder de comunidad*: Compartimos la pasión de emplear programas innovadores de educación a distancia para crear y equipar una red de centros de capacitación en áreas urbanas que brinden una educación ministerial excelente, asequible y espiritualmente dinámica que sea sensible a la cultura urbana.

5. *La elección de Dios de los humildes*: Poseemos la certeza de que Dios ha elegido a los pobres para que sean ricos en fe y hereden el reino que prometió a los que lo aman (Santiago 2:5).

6. *El estándar de excelencia*: Nos sentimos atraídos por la creencia de que todo desarrollo de liderazgo efectivo y creíble exige la formalidad y el rigor requeridos de la excelencia disciplinada, con un rotundo rechazo a ser correctivo o de segunda clase.

7. *La explosividad de la multiplicación*: Somos celosos de facilitar y potenciar movimientos de plantación de iglesias urbanas que comparten una espiritualidad común, expresan libertad en la expresión cultural y combinan estratégicamente sus recursos para alcanzar y transformar las ciudades de Norte América y el mundo.

Seminarios

Seminario 1
Escuela de plantación de iglesias Evangel y la visión de TUMI
Rev. Dr. Don L. Davis

> Pero al disertar Pablo acerca de la justicia, del dominio propio y del juicio venidero, Félix se espantó.
>
> ~ Hechos 24:25
>
> ¡Nosotros, que nos regocijamos en las bendiciones que nos han llegado a través del Salvador, debemos tener en cuenta que el Evangelio no es solo una buena noticia!
>
> El mensaje de la cruz es realmente una buena noticia para el penitente, pero para aquellos que no obedecen el evangelio, lleva un tono de advertencia.
>
> El ministerio del Espíritu al mundo impenitente es hablar del pecado, la justicia y el juicio. Para los pecadores que quieren dejar de ser pecadores deliberados y convertirse en hijos obedientes de Dios, el mensaje del evangelio es uno de paz incompetente, pero es por su misma naturaleza también un árbitro de los destinos futuros del hombre.
>
> En realidad, el mensaje del evangelio se puede recibir de dos formas: en palabras solamente sin poder, o en palabras con poder.
>
> La verdad recibida en poder cambia las bases de la vida desde Adán hasta Cristo: ¡un nuevo y Espíritu diferente entra en la personalidad y hace al hombre creyente nuevo en cada departamento de su ser!
>
> ~ A. W. Tozer

I. **Una visión tan amplia como el mundo**

   A. Visión estratégica de World Impact

      1. *Declaración de propósito*: Nuestro propósito es honrar y glorificar a Dios y deleitarnos en Él entre los pobres urbanos sin iglesia conociendo a Dios y dándolo conocer.

      2. *Declaración de misión*: Como organización misionera cristiana, nos comprometemos a facilitar movimientos de plantación

de iglesias mediante la evangelización, el equipamiento y el empoderamiento de los pobres urbanos de los Estados Unidos.

3. *Declaración de visión*: Nuestra visión es reclutar, empoderar y liberar a los líderes urbanos que plantarán iglesias y lanzarán movimientos de plantación de iglesias autóctonas.

4. *Declaración global final*: Los pobres urbanos empoderados avanzan el reino de Dios en cada ciudad a través de la iglesia local.

5. *Nuestra línea de etiqueta*: Transformando comunidades juntos

6. Reflexiones de Davis sobre la indigeneidad del lenguaje de *World Impact* (tres implicaciones)

    a. Ser verdaderamente misional es discernir nuestra parte en lo que Dios quiere hacer a través de nosotros y los demás.

    b. Dios puede hacer en y a través de cualquier persona lo que desee; él puede ser tan fuerte en ellos como lo ha sido en nosotros.

    c. ¡Todas las personas merecen el derecho de participar en los esfuerzos para avanzar el reino, y para fallar tantas veces como nosotros tengamos!

B. El propósito del Instituto

   1. Equipar líderes

   2. Para la iglesia urbana

   3. Especialmente entre los pobres

   4. Para avanzar el reino de Dios

C. El objetivo del Instituto

   1. El objetivo es la sabiduría

   2. Los seis objetivos generales

II. Liderazgo como representación y nuestras perspectivas críticas de misión

A. La gran imagen en el liderazgo cristiano es representar a Cristo.

B. Una escuela oficial *Evangel* requiere un entendimiento y aceptación de nuestras perspectivas críticas de misión.

1. *El llamado de Dios*: Hacemos todo lo que hacemos con la plena seguridad de que Dios está en este momento llamando, dotando y ungiendo a hombres y mujeres en la ciudad para representar sus intereses allí, y está convencido de que estos líderes de la ciudad elegidos serán los vasos a través de las cuales él avanza su reino.

2. *El reino de Dios*: Estamos agobiados de ver la libertad, integridad y justicia del reino de Dios encarnadas, celebradas y proclamadas en las comunidades de la iglesia que muestran visiblemente cómo se ve la "Regla de Dios" cuando es abrazada por personas que reconocen el señorío de Cristo.

3. *La centralidad de la Iglesia*: Tenemos la profunda convicción de que el ministerio efectivo tiene lugar en el Cuerpo de Cristo, el agente del reino, donde facilitamos la multiplicación de iglesias urbanas sanas y reproductoras, especialmente entre los pobres.

4. *El poder de comunidad*: Compartimos la pasión de emplear programas innovadores de educación a distancia para crear y equipar una red de centros de capacitación en áreas urbanas que brinden una educación ministerial excelente, asequible y espiritualmente dinámica que sea sensible a la cultura urbana.

5. *La elección de Dios de los humildes*: Poseemos la certeza de que Dios ha elegido a los pobres para que sean ricos en fe y hereden el reino que prometió a los que lo aman (Santiago 2:5).

6. *El estándar de excelencia*: Nos sentimos atraídos por la creencia de que todo desarrollo de liderazgo efectivo y creíble exige la formalidad y el rigor requeridos de la excelencia disciplinada, con un rotundo rechazo a ser correctivo o de segunda clase.

7. *La explosividad de la multiplicación*: Somos celosos de facilitar y potenciar movimientos de plantación de iglesias urbanas que comparten una espiritualidad común, expresan libertad en la expresión cultural y combinan estratégicamente sus recursos para alcanzar y transformar las ciudades de Norte América y el mundo.

III. *Evangel* – ¿Qué hay en un nombre?

A. Significados y usos del término "evangelización" (*evangelion*)

1. Evangelización como *contenido* (el testimonio de la salvación de Dios a través de la encarnación, la muerte y la resurrección de Cristo)

    a. *Evangelion* como "buen mensaje, buenas nuevas" – Este término se refiere en el NT a la salvación que poseemos a través de la fe y la confianza en Jesucristo, esa misma salvación que todos recibimos sobre la base de nuestra fe personal en el Señor Jesús, fundada en su muerte expiatoria, su sepultura, resurrección y ascensión, cf. Hch. 15:7; 20:24; 1 Pe. 4:17.

    b. Significados y matices alternativos

        (1) El evangelio de Dios (Mc. 1:14; Rom. 1:1; 15:16; 1 Tes. 2:9; 1 Ped. 4:17)

        (2) El evangelio de su Hijo (Rom. 1:9)

        (3) El evangelio de Jesucristo, el Hijo de Dios (Mc. 1)

        (4) El evangelio de nuestro Señor Jesús (2 Tes. 1:8)

        (5) El evangelio de la gloria de Cristo (2 Cor. 4:4)

        (6) El evangelio de la gracia de Dios (Hch. 20:24)

        (7) El evangelio de la gloria de los benditos (1 Tim. 1:1)

        (8) El evangelio de tu salvación (Ef. 1:13)

        (9) El evangelio del reino (Mat. 4:23; 9:35; 24:14)

2. Evangelización como *presentación* (verbos usados en asociación con el contenido del evangelio)

    a. *kerusso* – predicar como un heraldo (Mat. 4:23; Gál. 2:2)

    b. *laleo* – para hablar (1 Tes. 2:2)

    c. *diamarturomai* – testificar a fondo (Hch. 20:24)

    d. *evangelizo* – predicar (1 Cor. 15:1; 2 Cor. 11:7; Gál. 1:11)

    e. *pleroo* – predicar completamente (Rom. 15:19)

3. Evangelización como *demostración* (términos usados en asociación con la presentación del evangelio)

    a. *Sunathleo en* – para trabajar con en (Fil. 4:3)

    b. *Sunkakopatheo* – sufrir dificultades con (2 Tim. 1:8)

    c. Para mostrar la realidad del mensaje del reino en palabra, vida y obra

        (1) El reinado de Dios (la máxima autoridad de Cristo)

        (2) La justicia de Dios (el carácter y el pacto de Dios)

        (3) El reino de Dios (restauración / reconciliación de todas las cosas)

B. Jesús, Pablo y la Iglesia (muestras representativas)

    1. Jesús y el Evangelio del reino: Marcos 1:14-15 (la declaración del Ya/Pero todavía no)

    2. Pablo y el Evangelio: Rom. 1:16-17 (el testimonio apostólico de la oferta de salvación de Dios a las naciones, véase Rom. 16:25-27; Col. 1:28-29; Ef. 3:3-10)

    3. La Iglesia, el Evangelio y el reino: (el guardián de las Buenas Nuevas), 1 Tim. 3:14-16 – Esto te escribo, aunque tengo la esperanza de ir pronto a verte, [15] para que si tardo, sepas cómo debes conducirte en la casa de Dios, que es la iglesia del Dios viviente, columna y baluarte de la verdad. [16] E

indiscutiblemente, grande es el misterio de la piedad: Dios fue manifestado en carne, Justificado en el Espíritu, Visto de los ángeles, Predicado a los gentiles, Creído en el mundo, Recibido arriba en gloria.

C. Prioridad del evangelio: Debemos mantener lo principal como lo principal

1. *Siervos* del evangelio: *Incondicionalmente entregamos nuestras vidas por Cristo y el evangelio.* Mc. 10:29-31 – "Respondió Jesús y dijo: De cierto os digo que no hay ninguno que haya dejado casa, o hermanos, o hermanas, o padre, o madre, o mujer, o hijos, o tierras, por causa de mí y del evangelio, [30] que no reciba cien veces más ahora en este tiempo; casas, hermanos, hermanas, madres, hijos, y tierras, con persecuciones; y en el siglo venidero la vida eterna. [31] *Pero muchos primeros serán postreros, y los postreros, primeros*".

2. *Mayordomos* del evangelio: *Defendemos fielmente y encarnamos las Buenas Nuevas contra la dilución o el cambio.* 1 Cor. 4:1-2 – Así, pues, ténganos los hombres por servidores de Cristo, y administradores de los misterios de Dios. [2] Ahora bien, se requiere de los administradores, que cada uno sea hallado fiel.

3. *Sembradores* del evangelio: *Proclamamos sin vergüenza y demostramos el poder de las Buenas Nuevas a las naciones.* Mc. 16:15-18 – Y les dijo: Id por todo el mundo y predicad el evangelio a toda criatura. [16] El que creyere y fuere bautizado, será salvo; mas el que no creyere, será condenado. [17] Y estas señales seguirán a los que creen: En mi nombre echarán fuera demonios; hablarán nuevas lenguas; [18] tomarán en las manos serpientes, y si bebieren cosa mortífera, no les hará daño; sobre los enfermos pondrán sus manos, y sanarán.

IV. Las raíces de *Evangel*

A. Enraizado en el amor de Cristo

1. Enraizados en la obra de Jesús y nuestra fe en él (Col. 2:7)

2. Arraigados en el amor de Cristo (Ef. 3:17-19)

B. Enraizado en el mensaje del Evangelio mismo (*evangel*)

   1. Las dos alas del Evangelio: Rom. 1:16-17

      a. No hay vergüenza en nuestro juego: Testimonio audaz de las Buenas Nuevas de Cristo

      b. Su *audaz proclamación* a través de nuestras palabras

      c. Su *demostración convincente* a través de nuestras buenas obras

   2. La necesidad del arrepentimiento[1]

      a. Arrepentimiento: *metanoia* (el movimiento del corazón condenado); redirección de la vida bajo el reinado de Dios

         (1) Cambio de mente (Mat. 21:28-29, Lc. 15:17-18, Hch. 2:38)

         (2) Dolor piadoso por el pecado (Sal. 38:18; Lc. 18:9-14)

         (3) Confesión y abandono del pecado (Lc. 15:18; 18:13; Prov. 28:13; Is. 55:7)

         (4) Volviendo a Dios en Cristo (Hch. 26:18; 1 Tes. 1:19)

         (5) Movimiento hacia la restitución y la restauración (Lc. 19:8-9)

      b. El poder salvador de la fe

         (1) Fe: *pistis* (El medio para salvar el compromiso); reorientación de los valores y la visión de la vida

---

1 Don L. Davis, *Evangelización y Guerra Espiritual*, Vol. 8, 16 vols. *Currículo Piedra Angular*. Wichita, KS: *The Urban Ministry Institute*, 2005.

(2) Conocimiento del testimonio apostólico sobre Jesús de Nazaret (1 Cor. 15:1-4)

    (a) La encarnación

    (b) La pasión

    (c) La muerte

    (d) La resurrección

    (e) El testigo y el testimonio

(3) Confesión de Jesús como Señor (Rom. 10:9)

(4) Creencia en la resurrección de Jesús por parte de Dios (Rom. 10:9)

C. Enraizado en las Escrituras (La tradición autoritativa)

  1. Plantadores de iglesias que aman la enseñanza del rabino (véase Juan 8:31-32)

  2. Discernir lo negociable de lo no negociable confiando en tres niveles de tradición

    a. La tradición autoritativa (el principio de la apostolicidad), que se encuentra en las Escrituras canónicas

    b. La Gran Tradición (el consenso encarnado y defendido en la histórica comunión cristiana ortodoxa)

    c. Tradiciones específicas de la iglesia cuya teología y práctica testifican consistentemente a la Gran Tradición de la Iglesia

D. Arraigado en la Gran Tradición: Raíces Sagradas

  1. Lo que se ha creído en todas partes, siempre, por todos (Vicente de Lerins, siglo V)

2. Como se resume en el Credo de Nicea (AD 381)

   a. Resume la historia de Dios.[2]

   b. Es fundamental para establecer nuevos creyentes y desarrollar líderes cristianos urbanos[3] [248-49].

   c. Su papel en el entrenamiento de líderes de equipos de iglesias urbanas [249-52].

E. Arraigado en una amplia variedad de tradiciones de iglesia específicas (interdenominacional)

   1. Acoge con satisfacción una amplia variedad de tradiciones de la iglesia de Nicea

   2. Abraza la libertad del Espíritu Santo a medida que dirige tradiciones específicas de la iglesia en caminos específicos en contextos específicos para tiempos específicos

V. Principios prácticos de Evangelio: Crear puestos de avanzada en el reino a través de la plantación de iglesias entre los pobres

A. *Evangel* busca proporcionar un equilibrio entre *la visión global del trabajo de Dios en el mundo* (ver el conflicto de las edades), una estrategia clara para avanzar en el reino de Dios (ganar la guerra) y tácticas específicas para involucrar al enemigo (ganar la próxima batalla).

B. *Evangel* ancla su teología y misionología en la *historia canónica divinamente autorizada del Dios Triuno*, como se cuenta en las Escrituras, que Jesucristo realizó por su obra salvífica en el mundo, y que la Iglesia primitiva resumió en sus Reglas de Fe, y la ortodoxia histórica defendida en su enseñanza y práctica.

---

2 Don Davis, *Raíces Sagradas: Un tratado sobre la necesidad de recuperar la Gran Tradición*. Wichita, KS: *The Urban Ministry Institute*, 2010. págs. 97-100.

3 Don L. Davis, ed., "Teología relacionada con los credos como un modelo para el discipulado y el liderazgo: Un criterio aprobado para equipar a nuevos creyentes y desarrollar a líderes autóctonos," en *Plantando iglesias entre los pobres de la ciudad: Una antología de recursos de plantación de iglesias urbanas, Vol. 1*. Wichita, KS: *TUMI Press*, 2015. págs. 241-52.

C. *Evangel* cree que ninguna entidad es tan poderosa como para proclamar y demostrar el poder del Ya/Pero todavía no del reino en este mundo entre los más pobres entre los pobres como una *iglesia (creyentes) local saludable y funcional de creyentes* que desarrollan su fe en el contexto de sus vecinos y familias.

D. *Evangel* es *más dialógico* (compromiso con la historia y sus implicaciones) que el material presentado (datos teológicos y misionológicos secos aplicados, sin referencia a la audiencia o el contexto).

E. *Evangel* se *enfoca en el equipo* y no en el individuo.

F. *Evangel* asume que el *Espíritu Santo está levantando líderes dotados y llamados entre los pobres* que pueden beneficiarse de capacitación, entrenamiento y prácticas sabias.

G. *Evangel* supone que todo el planeamiento y ministerio ocurre en un *contexto cambiante y turbulento*, que exige que todos los participantes aprendan a estar abiertos a nuevos datos y situaciones cambiantes, a discernir la voluntad de Dios y adaptar planes y direcciones para ser efectivos, bajo el liderazgo de Dios.

H. *Evangel* opera con una afirmación de *enemigos espirituales y su interferencia persistente en los esfuerzos de plantación de iglesias*, y asume que ningún ministerio puede operar sin la comprensión de las tácticas del diablo y la aplicación de los recursos de Dios para contrarrestar y superar sus maquinaciones.

I. *Evangel* confía en la capacidad de Dios para identificar, equipar y desplegar *líderes autóctonos piadosos que liderarán los movimientos de plantación de iglesias* que completan la tarea de ganar y discipular a los pueblos indígenas, en su propio contexto, bajo su propia autoridad y mediante la dirección constante de El espíritu santo.

Seminario 2
Evangel

Evangel es un movimiento global de iglesias en red comprometidas a facilitar y proporcionar recursos para plantar iglesias sanas y multiplicadoras centradas en Cristo que honren y glorifiquen a Dios y se deleiten en Él, especialmente de y para los pobres. Como movimiento global de iglesias en red, nos comprometemos a:

1) una teología común basada en la tutela y transferencia transcultural de la Gran Tradición,

2) una estrategia común basada en nuestro compromiso misional guiada por nuestra visión para reclutar, empoderar y liberar a los líderes urbanos que plantarán iglesias y lanzarán movimientos de plantación de iglesias autóctonos y nuestro discipulado, plantación de iglesias y movimientos de plantación de iglesias como se expresa en nuestro acróstico P.L.A.N.T., y

3) un conjunto común de prácticas estándar que son prácticas históricas de la iglesia para ser implementadas con sensibilidad y flexibilidad cultural.

Estos compromisos comunes están diseñados para los movimientos al facilitar la capacitación de líderes y la exportación a nuevas iglesias. Los plantadores de iglesias se liberan de reinventar las estructuras localmente al conectarse a las estructuras existentes de nuestros compromisos comunes. (Ver *Evangel: Que ninguno perezca*.)

Seminario 3
Evangel enfatiza al equipo
Rev. Dr. Don L. Davis

I. **¿Por qué *Evangel* utiliza equipos?**

   A. Definiciones: por qué necesitamos equipos en *Evangel*, no solo plantadores solitarios

      1. Definición del equipo: "Varias personas que forman uno de los lados en un juego o concurso" como en un *equipo de fútbol*; "Un número de personas asociadas en alguna acción conjunta" como en un *equipo de asesores*

      2. Definición de trabajo en equipo: "El esfuerzo cooperativo o coordinado por parte de un grupo de personas que actúan juntas como un equipo o en interés de una causa común"

   B. Razones bíblicas y teológicas

      1. El ejemplo de Jesús, el plantador de iglesias

         Vea los puntos en "Construyendo el equipo para el éxito: Principios del juego en equipo efectivo" (*Listos para la siega*, págs. 169-184; *Plantando iglesias entre los pobres de la ciudad: Una antología de recursos de plantación de iglesias urbanas*, Vol. 2, págs. 79–93).

         El uso de Jesús de los discípulos, los setenta y dos, y el envío de dos en dos (al menos dos; clave del cónyuge)

      2. El ejemplo de Pablo el plantador de iglesias[1]

         a. Como plantador de iglesias bi-vocacional, Pablo dependía mucho de los equipos.

            (1) Más del ochenta de sus compañeros de equipo son mencionados por nombre en las cartas de Hechos y de

---

[1] Don L. Davis, "Miembros del equipo de Pablo: Compañeros, obreros y Compañeros de trabajo," en *Plantando iglesias entre los pobres de la ciudad: Una antología de recursos de plantación de iglesias urbanas, Vol. 1*. Wichita, KS: *TUMI Press*, 2015. págs. 260–262.

Pablo. "Dadas las numerosas y variadas contribuciones de los compañeros ministros de Pablo a su misión, está claro que fueron un factor esencial en sus logros. . . estos misioneros realmente merecen la atención considerada por los estudiantes de Pablo".[2]

(2) Su compromiso con los miembros del equipo también se pueden ver en el lenguaje que utiliza a menudo en sus cartas: "compañero de trabajo" (20 personas diferentes), "hermano o hermana" (14 personas diferentes), "servidor" (14 personas diferentes), "apóstol" (9 personas diferentes), "compañero esclavo" (5 personas diferentes) "compañero" (3 otros), "trabajadores" (7 otros), "compañero soldado" (otros cuatro), "compañero prisionero" (4 otros).

b. Pablo enfatizó "cuerpo" y "familia" cuando habla de la iglesia: ambas metáforas revelan la importancia del equipo.

(1) Pablo usa la metáfora de la iglesia como familia más que cualquier otra. Es su metáfora más importante para la iglesia.[3]

(2) Pablo también usa a menudo la metáfora de la iglesia como cuerpo.[4]

3. No llaneros solitarios: La evidencia contemporánea[5]

---

[2] E. E. Ellis, "Paul and His Coworkers" [Pablo y sus compañeros de trabajo], ed. Gerald F. Hawthorne, Ralph P. Martin, y Daniel G. Reid, *Dictionary of Paul and His Letters* [Diccionario de Pablo y Sus Cartas]. Downers Grove, IL: InterVarsity, 1993. págs. 183, 189.

[3] Robert Banks, *Paul's Idea of Community: The Early House Churches in Their Historical Setting* [La idea de comunidad de Pablo: La iglesia primitiva en la casa en su contexto histórico]. Grand Rapids: Eerdmans, 1980. págs. 52–61.

[4] Ibid., 62–70.

[5] Steve Gray, "No More Lone Rangers" [No más llaneros solitarios], www.stephengray.org, June 27, 2013, http://www.stephengray.org/w/title/No-More-Lone-Rangers/id/62/blog.asp. También tiene un e-book gratuito sobre evaluación en este sitio web.

a. Estudio de Steve Gray de 112 plantaciones de iglesias. El 88% de las plantaciones de iglesias de rápido crecimiento utilizaron un enfoque de equipo para la plantación de iglesias (60 iglesias).

b. El 88.5% de los equipos de plantación de iglesias que lucharon NO usaron un equipo de plantación de iglesias (52 plantaciones de iglesia en dificultades).[6]

C. ¿Por qué llevar un equipo de plantación de iglesia a *Evangel*?

1. Afirma lo obvio: "Un líder lidera si y solo si los seguidores lo siguen" (evaluación).

    a. Si nadie le sigue, tal vez no tenga un Líder de equipo.

    b. La interacción con el equipo proporciona información importante para la evaluación (el estrés saca cosas).

       (1) ¿Puede el líder del equipo tomar decisiones en situaciones estresantes?

       (2) ¿Puede el líder del equipo formar consenso?

2. Ayuda a todo el equipo a adoptar la visión y comprometerse con la tarea y con todo el equipo durante el período de la cartilla

3. Proporciona un sistema interno de apoyo y rendición de cuentas para el plantador de iglesias

---

6   Citado en Ed Stetzer y Warren Bird, "The State of Church Planting in the United States: Research Overview and Qualitative Study of Primary Church Planting Entities" [El estado de la plantación de iglesias en los Estados Unidos: Panorama de la investigación y estudio cualitativo de las entidades de plantación de iglesias primarias] (*The Leadership Network*, 2007), 9–10, *www.christianitytoday.com/assets/10228.pdf.*

II. Dos tipos de equipos en *Evangel*

El equipo de plantación de iglesias
Formando una banda apostólica
Rev. Dr. Don L. Davis

Líder de múltiples equipos

Líder de equipo

Voluntarios

Miembros del equipo de apoyo

Miembros del equipo central

Miembros del equipo de apoyo

Voluntarios

Voluntarios

Ver *Plantando iglesias entre los pobres de la ciudad: Una antología de recursos de plantación de iglesias urbanas*, Vol. 2, pág. 94.

Adoptar un nuevo estilo de vida ministerial
Recursos y supervisión
Plan del equipo
Edificar y mantener
Comunidad cristiana

El engendramiento de una estructura del movimiento de plantación de iglesias
Rev. Dr. Don L. Davis

Una estructura flexible que:
- Complementa nuestra visión
- Coordina nuestras iniciativas particulares
- Fomenta la cooperación a nivel de las bases
- Nos permite colaborar en proyectos compartidos

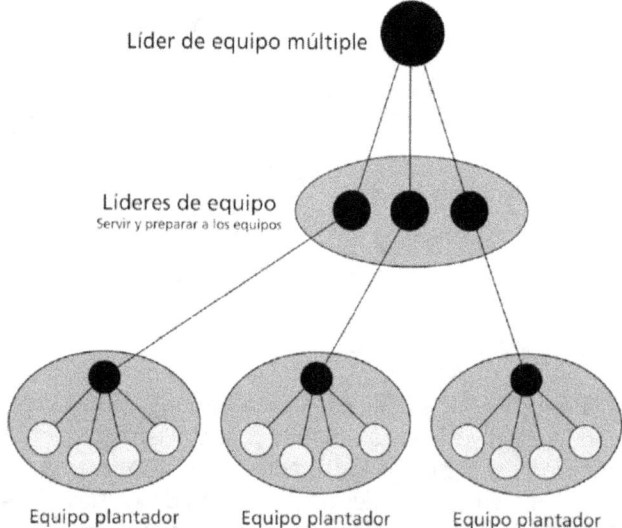

Líder de equipo múltiple

Líderes de equipo
Servir y preparar a los equipos

Equipo plantador de iglesia
El campo base

Equipo plantador de iglesia
El campo base

Equipo plantador de iglesia
El campo base

Ver *Plantando iglesias entre los pobres de la ciudad: Una antología de recursos de plantación de iglesias urbanas*, Vol. 2, pág. 24.

A. Hacia una teología bíblica de trabajo en equipo

    1. El equipo triunfa solo, Ecl. 4:9-12

        a. La unidad es agradable, Sal. 133:1

        b. Cada uno está dotado y llamado, 1 Pe. 4:10

    2. El hierro afila al hierro, Pr. 27:17

        a. Caemos sin guía, Pr. 11:14

        b. Dios nos faculta a todos, Sal. 127:1

    3. La diversidad fortalece al equipo, 1 Cor. 12:20-25; Ef. 4:9-16; Rom. 12:3-8

        a. Cada uno hace una contribución única, 1 Cor. 3:6-7

        b. Todos son dotados por el Espíritu, 1 Cor. 12:1-31

    4. Juntos nos destacamos y ganamos, Heb. 10:24-25

        a. Nos ayudamos unos a otros a soportar, 2 Tes. 1:1-12

        b. La victoria es nuestra, juntos, Fil. 2:1-11

B. Equipos de plantación de iglesias en *Evangel*

    1. Papel de un *plantador de iglesias* (Líder del equipo)

    2. Papel de un *miembro principal del equipo* (miembros principales)

    3. Papel de un *miembro del equipo de apoyo* (miembros de apoyo)

    4. Papel de *los intercesores* (compañeros de oración)

C. Equipo de liderazgo de la escuela *Evangel*

    1. Papel de los *decanos*: Patrocinadores de la escuela

        a. Componentes de la descripción del trabajo

        b. Desafíos

2. Papel de los *entrenadores*: ser mentores, equipar y supervisar a los plantadores de iglesias y sus equipos

    a. Componentes de la descripción del trabajo

    b. Desafíos

3. Papel de los *intercesores, de apoyo y patrocinadores financieros*

    a. Los intercesores *sostienen* a cada persona, la práctica y fase de la plantación de la iglesia en oración constante, ferviente y creyente.

    b. Los miembros de apoyo *brindan ayuda dirigida y específica* al plantador y al equipo según la necesidad, el momento y la oportunidad.

    c. Los patrocinadores financieros *brindan recursos tangibles y fondos* para ayudar al equipo a obtener los recursos y el apoyo que requieren en cualquier fase particular del trabajo del equipo.

III. Perfiles del juego en un equipo efectivo: Diez principios para los equipos

La construcción de equipos es quizás el medio más efectivo para lograr objetivos. Independientemente del dominio, ya sea en los negocios, el atletismo, el comercio, la industria, la música, la ciencia, la política, la educación o el ejército, el trabajo en equipo puede ser una fuerza integral en la formación del crecimiento personal y en el éxito grupal. Si bien se ha escrito mucho sobre la naturaleza de los equipos, para nuestros propósitos debemos considerar los principios que sustentan y respaldan todo el juego efectivo en equipo. La siguiente lista de principios se ha tomado de mi propia reflexión sobre la naturaleza del juego en equipo efectivo, y no se considera una lista exhaustiva. En mi opinión, sin embargo, considero que estos diez principios son emblemáticos en el desempeño de todos los grandes equipos, independientemente de la tarea a la que se enfrenten y de cómo funcionen juntos.

A. Articular persuasivamente la visión de la asociación del equipo, acciones, esfuerzos: El principio de la ARTICULACIÓN.

1. Escritura clave: 1 Cor. 14:6-8

2. Definición del concepto

    a. "Comprender y abrazar, en cada nivel de participación del equipo, nuestra misión, propósito y declaración de objetivos mutuamente acordados y claramente establecidos"

    b. "Articular en un equipo es imaginar para el equipo el sueño, el fin y el objetivo que es y seguirá durante toda la 'temporada'".

3. El principio explicado

    a. Este principio implica la visión que subyace en los términos de la asociación mutua del equipo, es decir, "¿Por qué estamos juntos y qué es lo que queremos?"

    b. El contenido de la articulación en un contexto de equipo es sus visiones, convicciones, creencias y valores compartidos, junto con su determinación recíproca de vivir juntos de manera efectiva como una unidad.

    c. Lo opuesto a *Articulación* es el silencio o el murmullo con respecto a la visión.

    d. El resultado de la falta de articulación es la confusión entre los miembros del equipo.

4. La clave de oro: ¡Deje que el líder haga sonar un sonido determinado! (1 Cor. 14:8).

B. Dé la bienvenida e involucre a cada miembro como participante pleno: El principio de la INCORPORACIÓN.

1. Escritura clave: Rom. 15:4-7

2. Definición del concepto

    a. "Ser recibido en un grupo particular de personas que se han unido intencionalmente para encarnar y/o alcanzar un propósito o fin común"

    b. Cuando incorporamos un nuevo miembro a nuestro equipo, nuestra primera prioridad es:

(1) Unir, mezclar o combinar la (s) persona (s) en nuestras estructuras ya existentes para poder . . .

(2) Brindarles una sensación inmediata de seguridad y significancia, al mismo tiempo . . .

(3) Ayudarles a contribuir con los esfuerzos de nuestro equipo para formar un todo indistinguible.

3. El principio explicado

   a. Incorporarse es ser comisionado y llamado.

   b. Todos los privilegios, derechos y responsabilidades del miembro más veterano se otorgan al novato más ecológico una vez que los hemos acogido dentro de las lealtades de nuestro equipo.

   c. La incorporación es el acto de dar la bienvenida, recibir y aceptar a otro como un socio completo, igual e importante en el equipo.

   d. Lo contrario de la *Incorporación* es el estado de no relación entre los miembros.

   e. El resultado de no incorporar nuevos miembros es el desperdicio de recursos de los miembros del equipo.

4. La clave de oro: Encuentre el lugar correcto para cada miembro del equipo tan pronto como sea posible.

C. Aprender y expresar el poder de la responsabilidad compartida: El Principio de COOPERACIÓN.

1. Escritura clave: 1 Cor. 12:11-14

2. Definición del concepto

   a. "Comprometerse a sí mismo y a todas las capacidades, dones y recursos para el trabajo y el éxito del equipo"

   b. La cooperación exige que cada miembro del equipo esté dispuesto a aprender de los demás.

c. También exige la voluntad para colaborar con otros miembros del equipo para alcanzar nuestro objetivo común.

3. El principio explicado

   a. La cooperación produce sinergia y rompe la posibilidad de conflicto y antagonismo.

   b. Cuando los miembros cooperan, celebran la importancia de la diversidad dentro del equipo.

   c. La cooperación resalta el beneficio del trabajo compartido, donde cada miembro es libre de construir sobre sus puntos fuertes y de ser apoyado en sus limitaciones.

   d. Criterios necesarios

      (1) Dones especiales y únicos de cada miembro

      (2) Espíritu de cooperación para trabajar juntos con el fin de lograr los objetivos del equipo

      (3) Lo opuesto a la *Cooperación* es la competencia divisiva.

      (4) El resultado de la falta de cooperación es la acción individual desconectada de los objetivos del equipo.

4. La clave de oro: Celebre la diversidad de dones y la carga entre el equipo.

D. Descubrir y utilizar los dones, la experiencia y las fortalezas de cada miembro: El principio de la IDENTIFICACIÓN.

1. Escritura clave: Rom. 12:3-8

2. Definición del concepto

   a. "Evaluar y determinar a través de un análisis cuidadoso los dones, habilidades y aptitudes de cada miembro del equipo para determinar cómo pueden contribuir mejor a los esfuerzos del equipo"

b. La identificación es el proceso donde diseñamos y facilitamos la operación del papel y función de cada miembro del equipo.

3. El principio explicado

   a. La identificación se refiere a la división del trabajo en un equipo eficaz.

   b. Al identificar a los miembros del equipo y sus papeles, buscamos ayudar a cada miembro a definir su papel especial en el equipo y encontrar su "lugar" en el equipo que mejor se adapte a sus talentos, capacidades y cargas.

   c. Facilitamos la identificación empleando una variedad de métodos y enfoques diseñados para probar y evaluar los dones y aptitudes generales del miembro del equipo, y cómo dichos recursos pueden ser maximizados dentro del equipo mismo.

      (1) Entrevista

      (2) Experimentación

      (3) Asignación

   d. Su propósito: Aprovechar al máximo la singularidad y las fortalezas individuales de cada persona de tal manera que el equipo se mejora y se encuentra que carecen de nada esencial para su eficacia general.

   e. Lo opuesto a la *Identificación* es la colocación fortuita.

   f. El resultado de no identificar regalos individuales es la frustración entre los miembros.

4. La clave de oro: Tomar en serio la diferencia individual; ayudar a los miembros a descubrir su colocación conveniente.

E. Planificar estratégicamente y organizar la acción y el movimiento del equipo: El principio de la ORGANIZACIÓN.

   1. Escritura clave: 1 Ped. 4:9-11

2. Definición del concepto

   a. "Determinar el proceso mediante el cual el equipo enfocará sus tareas, gestionará sus recursos y avanzará hacia su objetivo con la mayor eficiencia y la menor confusión posible"

   b. La organización del equipo se enfoca en cada miembro y unidad de equipo estableciendo metas medibles y alcanzables en sincronización con el objetivo general del equipo, y luego desarrollando planes y estrategias para movilizar a los miembros del equipo en torno a su "plan de juego" general.

3. El principio explicado

   a. La organización se lleva a cabo mejor dentro de los equipos que reclutan un liderazgo efectivo, que funciona para facultar y facilitar la efectividad de cada miembro individualmente y del equipo en general.

   b. La organización involucra tanto elementos de procedimiento como estructurales.

      (1) Procesalmente, implica el proceso de establecer metas, determinar prioridades, hacer planes estratégicos para llevar a cabo nuestras metas, programar nuestras vidas y administrar nuestros recursos en conjunto para alcanzarlos.

      (2) Estructuralmente, implica seleccionar a los líderes a quienes se les ha delegado la responsabilidad y la autoridad para capacitar a cada miembro del equipo para conocer su papel, así como también a quién informa y de quién es responsable.

      (3) La organización del equipo surge desde muchos contextos, y tiene lugar en todos los niveles de responsabilidad del juego en equipo.

      (4) La organización no es lo mismo que el encarcelamiento de alguna estrategia particular; más bien, involucra administrar a nuestra gente, recursos, dinero, equipo e instalaciones con sabiduría y habilidad, avanzando

hacia los objetivos de nuestro equipo con un desperdicio, esfuerzo y conflicto mínimos.

(5) Lo opuesto a la *Organización* es el desorden y la casualidad.

(6) El resultado de la falta de organización es una gran ineficacia.

4. La clave de oro: planifique su esfuerzo y actividad antes de ejecutar y actuar.

F. Formar a los miembros del equipo para maximizar sus dones y fortalezas individualmente y en conjunto: El principio de la PREPARACIÓN.

1. Escritura clave: Ef. 4:11-16

2. Definición del concepto

   a. "Desarrollar un sentido de preparación y competencia en cada miembro del equipo para que puedan estar preparados para los diversos desafíos y problemas que surgirán a medida que ejecuten sus papeles"

   b. La preparación implica una práctica rigurosa que tiene como objetivo lograr que cada miembro del equipo esté completamente preparado para ejecutar su papel de manera efectiva, independientemente de la situación o circunstancia que encuentre.

3. El principio explicado

   a. La preparación se enfoca en la preparación y se concentra en los esfuerzos para permitir que los miembros del equipo aprendan a anticipar "el futuro con anticipación" a fin de que el equipo pueda funcionar sin dificultades ni confusión en el momento crítico.

   b. Es sinónimo de entrenamiento, el acto, el proceso y el arte de impartir el conocimiento y la habilidad necesarios a una persona que le permite funcionar en su papel con competencia y satisfacción.

c. Lo contrario de la *preparación* es el estado de estar mal equipado y desentrenado.

d. El resultado de no tener preparación es la mediocridad y el desperdicio.

4. La clave de oro: la práctica (y el tipo correcto de práctica) perfecciona lo que se practicó.

G. Ejecuta las estrategias de su equipo con excelencia y entusiasmo: El principio de la IMPLEMENTACIÓN.

1. Escritura clave: Col. 3:16-17

2. Definición del concepto

a. "Para llevar a cabo las funciones, requisitos y tareas asociadas a la función de uno con la excelencia y a una conclusión efectiva"

b. Implementar como un miembro del equipo ejecuta y realiza, como individuos y un grupo, nuestras asignaciones y tareas.

3. El principio explicado

a. La implementación se enfoca en criterios de desempeño aceptable y excelente.

b. Está conectado a la delegación de autoridad, y a la responsabilidad dada a los miembros del equipo a medida que llevan a cabo sus responsabilidades y funciones.

c. Al ejecutar su tarea, los miembros del equipo cumplen con sus regímenes y cronogramas acordados, realizando sus tareas en todos los contextos.

d. Lo que exige

(1) Comunicación abierta y honesta entre los miembros del equipo

(2) Comentarios, ánimo, instrucción y sugerencias sobre el terreno de parte de los líderes y otros miembros del equipo

(3) Claro sentido de la tarea y la capacidad de llevarlo a cabo

e. Lo opuesto a la *implementación* es un bajo rendimiento.

f. El resultado de no implementar estrategias no es el logro de los objetivos del equipo.

4. La clave de oro: Capacitar a cada miembro para hacer su trabajo, y hacerlos responsables de hacerlo.

H. Proporcionar liderazgo y supervisión a cada dimensión del esfuerzo del equipo: El principio de la COORDINACIÓN.

1. Escritura clave: 1 Cor. 12:15-27

2. Definición del concepto

   a. "Llevar los esfuerzos de los diversos miembros del equipo a un movimiento sincronizado, resuelto y armonizado a través del apoyo mutuo y la supervisión cuidadosa"

   b. La coordinación es el acto en el que los miembros aprenden a funcionar y operar sus papeles particulares solos y juntos de tal manera que todo el equipo prospera y tiene éxito.

3. El principio explicado

   a. Esto es sinónimo de un tipo de entrenamiento que orquesta (no domina) las actividades y los esfuerzos del equipo hacia sus objetivos predeterminados.

   b. La coordinación es entrenamiento, y como tal, ayuda a establecer y mantener a los miembros del equipo tanto en relación mutua como recíproca.

   c. Como una función del liderazgo, la coordinación intenta mantener todas las actividades del equipo en relación esencial entre sí, no sea que los miembros del equipo operen por separado como unidades no conectadas.

   d. Cómo funciona

      (1) Comentarios e instrucciones sobre el terreno, no solo para individuos, sino también para parejas y unidades

dentro del equipo que se relacionan directamente entre sí

(2) Planes detallados de cómo y cuándo los miembros deben interactuar

e. Lo opuesto a la *coordinación* es la acción individualizada y descoordinada.

f. El resultado de la falta de coordinación es la confusión del equipo y el bajo rendimiento.

4. La clave de oro: El objetivo del liderazgo de equipo es coordinar las fortalezas de los miembros en un plan unido que les permita alcanzar su objetivo.

I. Evaluar críticamente los procesos e impactos de los esfuerzos del equipo: El principio de la EVALUACIÓN.

1. Escritura clave: 1 Cor. 9:23-27

2. Definición del concepto

a. "Analizar cuidadosamente y hacer juicios sobre el esfuerzo general y el impacto del juego en equipo, tanto individualmente como en equipo"

b. La evaluación mide críticamente pero con simpatía nuestro desempeño individual y del equipo con el fin de obtener información sobre cómo podemos aprovechar nuestras fortalezas y compensar nuestras limitaciones.

3. El principio explicado

a. La evaluación implica revisar nuestras acciones reales en contra de nuestras expectativas.

b. Esto es con el propósito de obtener sabiduría en el desempeño del equipo, sin evaluar la culpa o sin culpa.

c. La evaluación, tanto de los líderes como de los miembros, requiere una mirada comprensiva pero cuidadosa del desempeño de cada miembro del equipo en relación con sus objetivos y la descripción o criterios del puesto.

d. Propósito y tiempo

   (1) Para mejorar el rendimiento, no censurar o reprender.

   (2) Para criticar y dar retroalimentación; alabar, desarrollar, entrenar y mejorar nuestras acciones individuales y de equipo para un mayor éxito para todo el equipo.

   (3) La evaluación del rendimiento debe fomentarse a lo largo de cada fase del juego en equipo, durante la práctica y el juego.

e. Lo contrario de la *evaluación* no proporciona retroalimentación sobre el rendimiento o el progreso.

f. El resultado de no tener una evaluación es poca o ninguna mejora en el rendimiento o el juego en equipo.

4. La clave de oro: Ofrecer comentarios generosos a todos los miembros individualmente y en conjunto.

J. Modifique la estrategia y el rendimiento de su equipo en función de su análisis de la situación: el principio de ADAPTACIÓN.

1. Escritura clave: 2 Tim. 3:16-17

2. Definición del concepto

   a. "Ser sensible y receptivo a circunstancias, entornos o contextos nuevos y/o cambiantes"

   b. Ser adaptable es estar dispuesto a "estar audible", es decir, estar abierto a ajustar los planes de uno en respuesta a situaciones nuevas, y estar dispuesto a modificar o adaptar las acciones del equipo de acuerdo con las necesidades del entorno y la población actual y particular.

3. El principio explicado

   a. La adaptación es apertura al cambio.

   b. Produce una fluidez y un dinamismo que el compromiso esclavo con el plan o el pasado puede inhibir y eclipsar.

c. Adaptarse significa que está dispuesto a renunciar a la lealtad a la mala estrategia, y permite la máxima capacidad de cambio en aras de una acción más sabia y efectiva.

d. Lo que la Adaptación sugiere y exige

   (1) Amplia gama de modificaciones en la acción del equipo, desde un ajuste modesto de una jugada en particular hasta un cambio mayor en estrategia y plan de juego

   (2) Cualquier cambio mayorista o modesto, dependiendo de lo que se determine que es de importancia crítica

   (3) Para adaptarse, los miembros deben poder cambiar y tener la libertad y la autoridad para innovar (dentro de ciertos límites).

e. Lo contrario de la *adaptación* es la conformidad con la tradición y las metodologías del pasado.

f. El resultado de no adaptarse es una falla prolongada en un curso de acción familiar.

4. La clave de oro: Otorgar a los líderes y miembros del equipo la autoridad y el derecho de adaptar sus métodos y direcciones para aumentar la efectividad del equipo.

El resultado vinculante final: Cuando los siguientes principios se emplean de manera coherente, puede permitir que el equipo INTEGRE sus esfuerzos juntos, tanto individual como corporativamente. Este es el objetivo más alto de todo el juego efectivo en equipo.

- Para facilitar que cada miembro del equipo y las unidades de los miembros del equipo funcionen juntos como partes significativas de un todo único y unificado.
- Integrar algo implica unir, combinar y adaptar un sistema de partes para alcanzar un efecto particular en conjunto.

Esta es la culminación de todos los otros principios en operación, lo que resulta en un equipo en el que cada elemento individual se vincula para formar una unidad efectiva y funcional, combinando sus varios esfuerzos individuales en un todo único, funcional y unificado. Más que nada, la integración exige que todos los miembros adopten como perspectiva y mentalidad primordiales que los objetivos del equipo, el éxito y la victoria sean primordiales, y esa prominencia personal será un producto bienvenido pero totalmente secundario de la victoria general de nuestro equipo. Para integrarse, se debe sincronizar de tal manera que cada miembro conozca su papel, ejecute su papel con excelencia y apoye a los miembros de su equipo.

IV. Implicaciones prácticas del juego en equipo

A. Resumen de los principios del juego en equipo

1. Articular persuasivamente la visión de la asociación del equipo, acciones y esfuerzos: El principio de la ARTICULACIÓN

2. Dar la bienvenida e involucrar a cada miembro como participante pleno: El principio de la INCORPORACIÓN

3. Aprender el poder de la responsabilidad compartida: El principio de la COOPERACIÓN

4. Descubrir y utilizar las fortalezas de cada miembro: El principio de la IDENTIFICACIÓN

5. Planificar y organizar estratégicamente las acciones y movimientos de su equipo: El principio de la ORGANIZACIÓN

6. Capacitar a los miembros del equipo para maximizar sus dones y fortalezas individualmente y en conjunto: El principio de la PREPARACIÓN

7. Ejecutar las estrategias de su equipo con excelencia y entusiasmo: El principio de la IMPLEMENTACIÓN

8. Proporcionar liderazgo y supervisión a cada dimensión del esfuerzo del equipo: El principio de la COORDINACIÓN

9. Evaluar críticamente los procesos y los impactos de los esfuerzos del equipo: El principio de la EVALUACIÓN

10. Modificar la estrategia y el rendimiento de su equipo en función de su análisis de la situación: El principio de la ADAPTACIÓN

B. Cómo utilizar los principios en el desarrollo del equipo: revisión PTR (por ejemplo, EEPR, "escaneo, evaluación, participación, respuesta")

1. Use los principios como un criterio para medir la cultura y la práctica de su equipo.

2. Use los principios como una lente para discernir la calidad de la funcionalidad actual de su equipo.

3. Use los principios como un punto de referencia para desarrollar metas, planes y dirección efectivos del equipo.

4. Las evaluaciones del equipo deberían ser:

    a. Regular: tómese un tiempo cada semana para evaluar la calidad de la vida de su equipo y practicar juntos.

    b. Holístico: evalúe a su equipo de acuerdo con todos los principios enumerados.

    c. Pensamiento prospectivo: el objetivo de la evaluación del equipo no debe ser ni punitivo ni vergonzoso. Concéntrese en una mejor coordinación para obtener los mejores resultados.

C. Esté preparado para adaptarse (Modelo de Bruce Tuckman de Desarrollo de Equipo/Grupo, 1965 ["Clausura" agregado en 1977])

Formando
El equipo se familiariza y establece reglas básicas. Las formalidades se conservan y los miembros se tratan como extraños.

Resistiendo
Los miembros comienzan a comunicar sus sentimientos pero aún se ven a sí mismos como individuos en lugar de verse como parte del equipo. Resisten el control de los líderes del grupo y muestran hostilidad.

Normando
Las personas se sienten parte del equipo y se dan cuenta de que pueden lograr un trabajo si aceptan otros puntos de vista.

Amaestrando
El equipo trabaja en un ambiente abierto y de confianza donde la flexibilidad es la clave y la jerarquía es de poca importancia.

Clausurando
El equipo realiza una evaluación del año e implementa un plan para la transición de papeles y el reconocimiento de las contribuciones de los miembros.

1. Discernir la causa subyacente del conflicto

   a. ¿Está relacionado con el equipo (inmadurez)? (¿Liderazgo incompetente? ¿Miembros del equipo egotista individual?)

   b. ¿Está relacionado con la estrategia (defectos tácticos)? (¿Mala planificación? ¿Ejecución horrible?)

   c. ¿Está relacionado con el enemigo (sabotaje del mal)? (¿Está él sembrando dudas? ¿Está removiendo la división? ¿Está causando desánimo? ¿Sugiere una derrota inevitable?)

Equipando al miembro del equipo de plantación de iglesias
Desarrollo de estrategias funcionales de entrenamiento
Rev. Dr. Don L. Davis

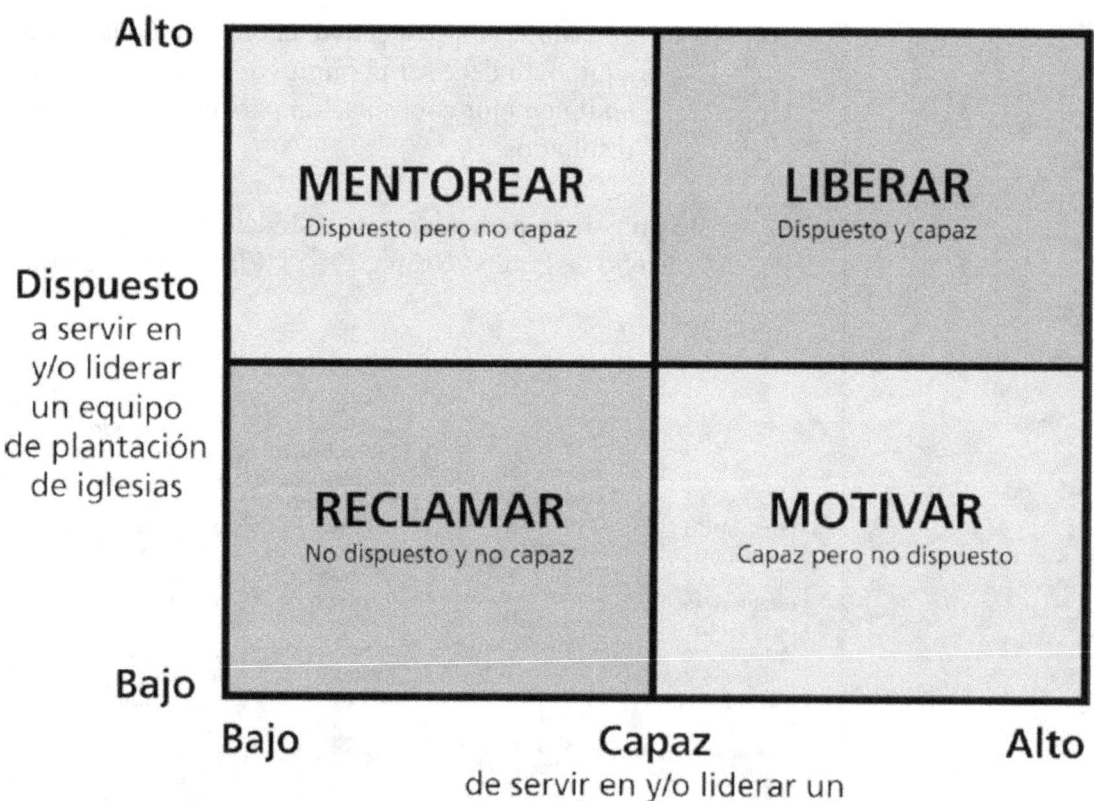

Ver *Plantando iglesias entre los pobres de la ciudad: Una antología de recursos de plantación de iglesias urbanas, Vol. 2*, pág. 78.

2. Hacer un análisis de la situación (Sit-rep) y actuar

   a. Obtenga la última y mejor información sobre la situación. (Obtenga la imagen completa, con buenos datos más recientes.)

   b. Analice el peso y el significado de la información. (Pese la información por importancia, relevancia, busque patrones en los pedazos que recolecta.)

   c. Haga un borrador de posibles planes de ataque. (Piense en "escenarios" y "opciones"; ejecute simulaciones: use la pizarra blanca.)

   d. Decida su próximo curso de acción.

   e. Asigne nuevos papeles de equipo según el nuevo curso.

V. Recursos adicionales en el equipo

A. Don L. Davis. "Coordinating Your Team's Strengths" [Coordinar las fortalezas de su equipo] en *The Power of Team: TUMI Satellite Summit 2015* [El poder del equipo: Cumbre de satélites de TUMI 2015]. Wichita, KS: *TUMI Press*, 2015. págs. 25-33.

B. Don L. Davis. *Dealing with Team Conflict: From Difficult People to Disbanded Teams* [Tratando con el conflicto de equipo: Desde personas difíciles hasta equipos disueltos]. Cumbre de satélites de TUMI 2015, taller. *www.tumi.org/summit*.

C. *Si solo un libro*: Paul H. Hersey, Kenneth H. Blanchard, Dewey E. Johnson, *Management of Organizational Behavior* [Administración de comportamiento organizacional]. 10a edición. Upper Saddle River, New Jersey: Pearson Education, 2013.

D. Una bibliografía abreviada sobre equipos y trabajo en equipo:

   1. Bennis, Warren y Burt Nanus. *Leaders: The Strategies for Taking Charge* [Líderes: las estrategias para hacerse cargo]. New York: Harper & Row, 1985.

   2. Blake, Robert R., Jane Mouton, y Robert Allen. *Spectacular Teamwork* [Trabajo espectacular en equipo]. John Wiley.

3. Blanchard, Kenneth; Donald Carew, y Eunice Parisi-Carew. *The One Minute Manager Builds High Performing Teams* [El administrador de un minuto construye equipos de alto rendimiento]. New York: William Morrow, 1990.

4. Buchholz, Steve y Thomas Roth. *Creating the High-Performance Team* [Creando el equipo de alto rendimiento]. John Wiley & Sons, 1987.

5. Cohen, Alphie. *No Contest: The Case Against Competition* [Sin concurso: El caso contra la competencia]. Englewood Cliffs, New Jersey: Prentice-Hall, 1985.

6. Daniels, Aubrey. *Performance Management* [Gestión del rendimiento]. 3a Ed. Tucker, GA: Performance Management Publications, 1989.

7. Dee, David. *Make Your Team a Winner* [Haz que tu equipo sea un ganador]. Chicago: Dartnell, 1990.

8. Douglass, Merrill E. y Donna N. Douglass. *Time Management for Teams* [Administración del tiempo para equipos]. New York: American Management Assn., 1992.

9. Francis, Dave y Don Young. *Improving Work Groups: A Practical Manual for Team Building* [Mejorando grupos de trabajo: Un manual práctico para la construcción de equipos]. San Diego: Pheiffer & Co., 1992.

10. Hackman, J. Richard, ed. *Groups That Work (and Those That Don't)* [Grupos que funcionan (y los que no)]. San Francisco: Jossey-Bass, 1990.

11. Hastings, Colin. et. al. *The Superteam Solution: Successful Teamworking in Organisations* [La solución del Superequipo: Trabajo en equipo exitoso en las organizaciones]. San Diego: University Associates, 1987.

12. Hersey, Paul, y Kenneth H. Blanchard. *Management of Organizational Behavior* [Administración de comportamiento organizacional], 10a Ed. Upper Saddle River, NJ: Pearson Education, Inc., 2013.

13. Katzenbach, Jon R. y Douglas K. Smith. "The Discipline of Teams: A Mindbook-Workbook for Delivering Small Group Performance" [La disciplina de los equipos: un libro de ejercicios de para la ejecución de actuaciones de grupos pequeños], *Harvard Business Review*. March-April 93: 111.

14. ———. *The Wisdom of Teams: Creating the High-Performance Organization* [La sabiduría de los equipos: Crear la organización de alto rendimiento]. Boston: Harvard Business School Press, 1993.

15. Larson, Carl E. y Frank LaFasto. *Teamwork: What Must Go Right, What Can Go Wrong* [Trabajo en equipo: Lo que debe ir bien, lo que puede salir mal]. Newbury Park, California: Sage Publications, 1989.

16. Maddox, Robert B. *Team Building: An Exercise in Leadership* [Construcción de equipo: Un ejercicio de liderazgo]. Menlo Park: Crisp Publications, 1992.

17. Maxwell, J. C. *The 17 Indisputable Laws of Teamwork: Embrace Them and Empower Your Team* [Las 17 leyes indiscutibles del trabajo en equipo: Adoptarlos y facultarlos a su equipo]. Thomas Nelson, 2001.

18. ———. *The 17 Essential Qualities of a Team Player: Becoming the Kind of Person Every Team Wants* [Las 17 cualidades esenciales de un jugador de equipo: Convertirse en el tipo de persona que todo equipo desea]. Thomas Nelson, 2006.

19. ———. *Teamwork 101: What Every Leader Needs to Know* [Trabajo en equipo 101: Lo que todo líder debe saber]. Thomas Nelson, 2009.

20. Orsburn, Jack D. et. al. *Self-Directed Work Teams: The New American Challenge* [Equipos de trabajo autodirigidos: El nuevo desafío americano]. Burr Ridge, Ill: Business One Irwin, 1992.

21. Parker, Glen M. *Team Players and Teamwork* [Miembros del equipo y trabajo en equipo]. San Francisco, CA: Jossey-Bass, 1990.

22. Sanborn, Mark. *Teambuilt: Making Teamwork Work* [Equipo construido: Hacer que el trabajo en equipo funcione]. Mastermedia: New York, 1994.

23. Schein, Edgar H. *Organizational Culture and Leadership* [Cultura organizacional y liderazgo], 2a Ed. San Francisco, CA: Jossey-Bass, 1992.

24. Scholtes, Peter. *The Team Handbook* [El manual del equipo]. Madison WI: Joiner, 1988.

25. Senge, Peter M. *The Fifth Discipline* [La quinta disciplina]. New York: Doubleday Currency, 1990.

26. Shonk, James H. *Working in Teams: A Practical Manual for Improving Work Groups* [Trabajar en equipos: Un manual práctico para mejorar los grupos de trabajo]. NY: AMACOM, 1982.

27. West, M. A. 2003. *Effective Teamwork: Practical Lessons from Organizational Research* [Trabajo en equipo efectivo: Lecciones prácticas de investigación organizacional]. Blackwell Publishing.

E. "Definiendo los líderes y miembros de un equipo de la plantación de iglesia" (Consulte la página siguiente.)

Esta tabla fue tomada de nuestros documentos anteriores de la escuela de plantación de iglesias. Aunque la terminología ha cambiado, hemos mantenido las mismas funciones para las posiciones. En materiales previos, el término utilizado para el supervisor o mentor de plantación de iglesias a quien el líder del equipo informó o recibió información fue llamado *Líder de Equipo Múltiple* o *LEM*. Todas las referencias a *LEM* o al *Líder de equipo múltiple* en este cuadro ahora se deben entender como *Entrenador de campo*. El término *Líder de equipo* para la persona a cargo del equipo de la planta de la iglesia y el esfuerzo de la plantación de iglesias ahora se conoce como el *Plantador de iglesias*. Y, el término *Director de la Ciudad* o *Supervisor* ahora es *Pastor de comisión* o *Supervisor de Ministerio*.

Definiendo los líderes y miembros de un equipo de plantación de iglesia
World Impact, Inc.

CD: Director de ciudad   TL: Líder de equipo   MTL: Líder de múltiples equipos   CPT: Equipo plantador de la iglesia

	Miembro del equipo plantador de la iglesia	**Líder del equipo plantador de la iglesia**	**Líder de múltiples equipos**
Definición	Miembro del equipo plantador transcultural de la iglesia	Líder del equipo plantador transcultural de la iglesia	Facilitador y coordinador de equipos de plantación múltiples
Responsabilidad	Emplear dones para mejorar el ministerio del equipo al plantar una posible iglesia	Facilitar y administrar la operación efectiva del equipo para poder plantar una iglesia	Proveer consejo, recursos y apoyo a todos los equipos en un área dada
Entrenamiento	Escuela de plantación de iglesias, entrenamiento inicial, aporte de ideas continuo al equipo (*John Mark Curriculum* [currículo Juan Marcos])	Currículo de entrenamiento especializado, mentoría personal y TUMI	Trabajo de curso TUMI, entrenamiento regional, e ideas especializadas
¿Dar cuentas a quién?	Líder de equipo	Director de ciudad (apoyo del MTL)	CD y Vice presidente regional
Duración de su compromiso	Acreditado para plantar por un período específico de tiempo como miembro primario o de apoyo	Durante toda la duración de la plantación de la iglesia (según el plan de trabajo)	Revisión regular y evaluación ministerial sustantiva al final del tiempo del CPT
Recursos	Escuela de plantación de iglesias, miembros del equipo y líderes, "CPT kit" (estuche del equipo)	Miembros del equipo, presupuesto del ministerio, acceso al MTL y al CD	Transporte para los equipos de plantadores de iglesias, acceso al CD y Vicepresidente regional
Autoridad	Perseguir los pasos necesarios para evangelizar, discipular y plantar	Para dirigir al equipo en todas sus operaciones al buscar plantar una iglesia en un período dado de tiempo	Apoyar al equipo en sus plan de trabajo, y decidir si al final la plantación merece más tiempo y esfuerzo
Asignación	Provista por el CD y por el TL por un tiempo en particular y papel	Provista por el CD durante la plantación de la iglesia	Provista por el CD y el Vicepresidente regional según lo determinen necesario
Estructura	Miembros primarios, miembros de apoyo y/o voluntarios	Individual o co-líderes	Individuos seleccionados por el CD y Vicepresidente regional

Seminario 4

Organizando su propia escuela de plantación de iglesias urbanas Evangel
El proceso de la A a la Z

Lorna Rasmussen

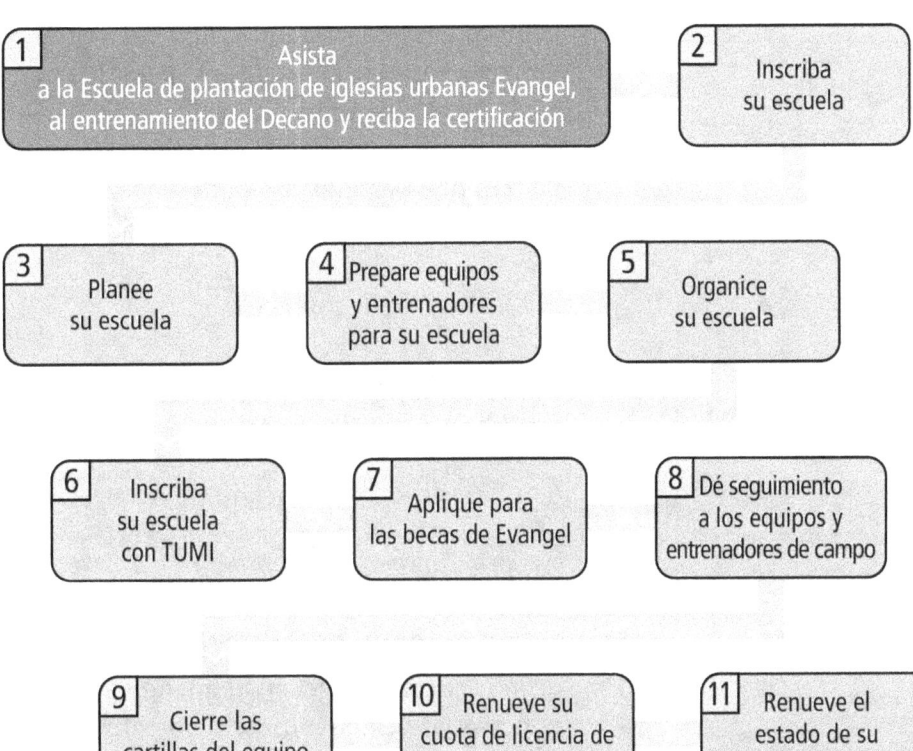

I. **Inscriba su escuela –** *www.tumi.org/evangel*

   A. "Inscriba su próxima escuela" (al menos 60 días antes de la fecha programada para la escuela)

   B. Tendrá que enumerar a los dos decanos que auspician la escuela.

   C. Fechas de la escuela, información de contacto de la escuela, etc.

   D. Enlace de inscripción (si tiene uno que desea que compartamos en nuestro sitio en la red)

II. **Planee su escuela**

   A. Reúna al equipo del proyecto y revise los recursos disponibles (Paquete de recursos de la Escuela *Evangel*) para su escuela (consulte *Detalle del paquete de recursos de la Escuela Evangel* en el apéndice)

   1. Plantillas de planificación de proyectos (que incluyen cronogramas editables minuto a minuto, un cronograma de vista rápida para equipos, lista de compras, configuración y desglose de listas sugeridas)

   2. Gráficos y plantillas para playeras, pancartas, etiquetas para los nombres, rótulos del equipo, etc.

   3. Vídeos de *Evangel*

   4. Archivos de PowerPoints de *Evangel* (incluye las plantillas editables de anuncios)

   5. Plantillas de certificado de *Evangel*

   6. Plantillas de servicio de *Evangel*: comunión, nombramiento

   B. Planifique su presupuesto (consulte *Tres muestras de presupuestos de la Escuela Evangel* en el apéndice), la ubicación de la escuela y el personal de apoyo necesario para su escuela

   C. Complete la estructura de desglose del trabajo (WBS iniciales en inglés): asignación de tareas y fechas de vencimiento

   D. Prepárese para su escuela siguiendo su proyecto WBS (también conocido como Tabla de tareas del proyecto) consultando a su equipo en fechas clave

   E. Compra de recursos - *www.tumistore.org* (Recursos de *Evangel*)

   1. *Listos para la siega: Una guía para la plantación de iglesias saludables en la ciudad* and *Plantando iglesias entre los pobres de la ciudad: Vols. 1 y 2* para cada entrenador de campo y líder de equipo

   2. *Listos para la siega: Una guía para la plantación de iglesias saludables en la ciudad, Asuntos al frente: Lecturas previas para*

la *Escuela de plantación de iglesias urbanas Evangel*, y *Evangel: Que ninguno perezca* por cada delegado de cada escuela.

F. Prepararse para la escuela en el lugar, asegurando que todo esté listo para comenzar al inicio de la escuela

III. Prepare a los equipos y entrenadores para su escuela

A. Reclute posibles plantadores de iglesias: trabaje con iglesias patrocinadoras, asociaciones y redes

B. Entreviste al plantador de iglesias en potencia (vea el Apéndice: *Evaluación del plantador de iglesia de Evangel*)

C. Inicie la evaluación del plantador de iglesias – *www.tumi.org/evangel*

1. Evaluación del plantador de iglesias

2. Perfil de plantador de *World Impact* y evaluación 360 (WIPPA siglas en inglés)

    a. Autoevaluación del plantador de iglesias

    b. Evaluación del plantador de Iglesias por el pastor

    c. Evaluación de plantador de iglesias por cónyuge

D. Reciba la aprobación de los pastores del solicitante

1. Presente y reciba el formulario de referencia pastoral para el/ del pastor del solicitante

2. Entreviste al pastor

E. Asegure a los entrenadores y oriénteles

1. Entrenadores para la Escuela *Evangel* (ver Apéndice, *Cómo entrenaremos*)

2. Entrenadores de campo para los equipos (consulte el Apéndice, *Entrenadores de campo y Principios clave y otras herramientas para entrenadores de campo y entrenar asesores*)

a. Proceso PTR

b. Informes trimestrales – *www.tumi.org/evangel* (Entrenadores)

F. Ordene y envíe lecturas de requisitos previos a cada solicitante inscrito de la escuela con instrucciones para que las lea antes de asistir a la escuela.

IV. Organice su escuela

A. Organice su escuela siguiendo su horario planificado (minuto a minuto), ajustándose según sea necesario, permaneciendo tan cerca de su horario como sea posible (consulte el *Resumen Sesión Evangel* en el apéndice).

B. Comisione a los equipos

1. La comisión formal de cada equipo es una parte clave de la escuela.

2. Siéntase libre de abrir esto a otros para que vengan y celebren con los equipos para este servicio.

C. Los asesores de *Evangel* completan las cartillas, y los entrenadores de campo (si están presentes) y los decanos firman las cartillas (consulte el *Formulario de cartilla de Plantación de Iglesias Evangel* en el Apéndice)

V. Inscriba su escuela con TUMI – *www.tumi.org/evangel*

A. "Presentar los reportes de la Escuela *Evangel*"

B. Inscriba a cuántos equipos de plantación de iglesias asistieron, junto con el nombre de cada equipo plantador de iglesias, el nombre del líder del equipo, el área objetivo del equipo y de qué grupo forman parte

C. Haga una lista de los entrenadores de *Evangel* para cada equipo, así como del entrenador de campo para cada equipo.

D. Suba la cartilla final del equipo y la foto de cada equipo.

VI. Solicite cualquier beca de *Evangel* disponible – *www.tumi.org/evangel*

A. Complete solicitud de beca, decanos

B. Reciba carta de adjudicación si se aprueba, decanos

C. Notifique a los líderes de los equipos de plantación de iglesias del otorgamiento de la subvención con detalles.

D. Complete el proceso para asegurar que los equipos reciban becas, responsabilidad del Decano

E. De seguimiento con el director nacional de plantación de iglesias con respecto a la subvención del equipo.

VII. Seguimiento con equipos y entrenadores de campo

A. Envíe por correo electrónico las cartas aprobadas al Entrenador de campo de cada equipo.

B. El entrenador de campo establece y organiza reuniones trimestrales (3 meses, 6 meses, 9 meses) con el equipo; completando el informe trimestral – *www.tumi.org/evangel*

   1. "Entrenamiento" – Formulario de informe trimestral del entrenador de campo

   2. El informe trimestral del entrenador de campo de *Evangel* es un formulario que guía al entrenador de campo en su revisión trimestral de su equipo de plantación de Iglesias.

VIII. Cierre las cartillas del equipo

A. El entrenador de campo se reúne con el equipo a fin de año para concluir y presenta la bendición Antioquía.

B. El entrenador de campo presenta un informe de recapitulación de 12 meses y lo envía al decano de *Evangel*.

C. El decano de *Evangel* envía al Director nacional de plantación de iglesias para su aprobación.

D. El Director nacional de plantación de iglesias aprueba y cierra la cartilla.

IX. Renueve su cuota de licencia de la Escuela *Evangel* anualmente (15 de septiembre)

A. *Tumistore.org* (Recursos de *Evangel* | Cuota de licencia anual del equipo del decano de *Evangel*)

B. Las cuotas anuales deben mantenerse actualizadas para mantener el estado aprobado de la Escuela *Evangel* con The Urban Ministry Institute.

C. Las cuotas de inscripción para la Escuela de Decanos cubren la primera licencia del año completa.

X. Renueve su estado de certificación de Decano (cada 3 años)

A. Asistir a una escuela de decanos *Evangel*

B. Con la aprobación del Director nacional de plantación de iglesias y su pastor o autoridad espiritual (se requiere referencia), asista al curso de plantación de iglesias en la cumbre de TUMI

Seminario 5
Fases de Preparar, Lanzar, Agrupar, Nutrir y Transicionar de Evangel

Dr. Hank Voss

> La libertad no es un elemento en la vida cristiana. . . . es la vida cristiana.
> ~ Jacques Ellul. *The Ethics of Freedom*. [Las éticas de la libertad].

I. El contenido central de *Evangel*

A. Cinco sesiones mayores

Tema de la sesión	Bloque
Sesión 1 Ver el gran panorama	Articule los temas teológicos y bíblicos para el avance del reino de la iglesia en el mundo. Nombre tres expresiones de la iglesia especialmente importantes para plantar iglesias entre los pobres. Explique las cinco fases de PLANT y su relación con la misión apostólica bosquejada en el Nuevo Testamento. Describa la visión y los valores de la plantación de la iglesia y la demografía particular de la comunidad del área a la que su equipo está llamado a servir. Explique cómo se desarrolla la sabiduría a través del proceso PTR.
Sesión 2 Preparar	Articular los temas básicos de la fase de preparación de la plantación de iglesias. Explique por qué la libertad en Cristo es importante en la plantación de iglesias interculturales. Describir los componentes básicos de una teología bíblica de los pobres. Definir las características básicas del equipo en lo que se refiere a la plantación de iglesias. Resuma las prácticas estándar de la plantación de la iglesia y la expresión de plantación de iglesia que usará.

Tema de la sesión	Bloque
Sesión 3 Lanzar y Agrupar	Articular los principios clave para la evangelización y el seguimiento. Explicar el significado de *oikos* para la evangelización. Describir cómo el tema de "A Cristo la Victoria" puede moldear la adoración, el discipulado y la evangelización de su iglesia. Describir cómo su plantación de la iglesia completará proyectos. Delinear su plan para la predicación, el seguimiento, el bautismo y el discipulado.
Sesión 4 Nutrir y Transicionar	Articular los temas clave para nutrir a los creyentes a través del discipulado, la predicación, la enseñanza y el desarrollo del liderazgo. Principios básicos del estado para una predicación y enseñanza bíblica efectiva. Identificar los criterios para la transición del plantador de iglesias al pastor o del plantador de iglesias al liderazgo autóctono.
Sesión 5 Reuniéndolo todo	Articular la necesidad de un ritmo de revisión sostenido. Identificar cómo los cambios y desafíos requieren que nos adaptemos si queremos ganar. Identificar cuándo usted y su equipo tomarán el tiempo necesario para revisar el progreso de la plantación de la iglesia a fin de adaptarse para ganar. Completar una cartilla de la plantación de la iglesia con su visión, valores, líneas de autoridad, entrenadores de campo, fechas límite de objetivos, tiempos de revisión y expresión de la iglesia.

B. Actividades de la sesión

1. Adoración y devocionales (cinco devocionales)

2. Seminario de enseñanzas (catorce seminarios)

3. Ejercicios de equipo (ocho ejercicios de equipo)

4. Presentaciones del equipo (cinco presentaciones del equipo)

5. Servicio de comisión y puesta en marcha

II. Mecánica de la sesión

A. Adoración y Devocionales (cinco devocionales)

1. Adoración en canción

2. Credo Niceno

3. Enseñanza

B. Seminario de enseñanzas

1. Catorce seminarios

2. Los seminarios duran veinticinco minutos

3. Resumen del seminario *Evangel*

C. Ejercicios de equipo

1. Ocho ejercicios en equipo

2. La mayoría involucra tareas de lectura, discusiones en equipo, hojas de trabajo del equipo, y equipo de oración

3. Asignaciones obligatorias de prerrequisitos para la Escuela de plantación de iglesias *Evangel*

Se requiere que solicite a los plantadores de iglesias, a los miembros del equipo de plantador de la Iglesia y a los entrenadores de campo que completen las tareas de lectura antes de la Escuela *Evangel*. Estos se encuentran en *Asuntos al frente: Lecturas previas para la Escuela de plantación de iglesias urbanas Evangel*. Estos se enumeran junto con las sesiones en el Apéndice titulado *Resumen de sesiones de Evangel*.

D. Presentaciones del equipo

   1. Los equipos harán cinco presentaciones de equipo a los decanos de *Evangel* y a los entrenadores asesores

   2. Oportunidad para la evaluación

   3. Oportunidad de ánimo

   4. Oportunidad para el aprendizaje entre iguales

E. Servicio de comisión y puesta en servicio

   1. Los entrenadores y decanos del asesor deberán decidir qué equipos serán establecidos antes del servicio de comisión.

   2. Idealmente, esta decisión se tomará al finalizar la sesión cuatro y será mutua entre el Líder del equipo, los asesores evaluadores y los decanos.

   3. Los equipos que no están establecidos todavía pueden participar en la ceremonia y recibir elogios por el coraje y el trabajo arduo.

III. Estructuras de la escuela

A. Presupuesto de tiempo de la Escuela *Evangel*

Ítem	Tiempo por evento	Tiempo total
5 devocionales	45 min cada uno	3 hrs, 45 min
13 seminarios	30 min cada uno	6 hrs, 30 min
8 ejercicios	1.5 hrs cada uno	12 hrs
5 presentaciones	1 hr	5 hrs
Servicio de comisión	1 hr	1 hr
Totales		28 hrs, 15 min ≈ 29 hrs

B. Formatos de Evangel

1. Formato fin de semana: 29 horas de tiempo de contenido en formato de 2 días y medio

Ítem	Jueves	Viernes	Sábado	Domingo
7:00	Viajar	Desayuno	Desayuno	Desayuno
8:00	Viajar	Bloque 2	Bloque 6	Bloque 10
9:00	Viajar	Bloque 2	Bloque 6	Bloque 10
10:00	Viajar	Bloque 2	Bloque 6	Bloque 10
11:00	Viajar	Bloque 2	Bloque 6	Bloque 10
12:00	Viajar	Almuerzo	Almuerzo	Almuerzo
1:00	Viajar	Bloque 3 y 4	Bloque 7 y 8	Viajar
2:00	Viajar	Bloque 3 y 4	Bloque 7 y 8	Viajar
3:00	Viajar	Bloque 3 y 4	Bloque 7 y 8	Viajar
4:00	Inscripción abierta	Bloque 3 y 4	Bloque 7 y 8	Viajar
5:00	Cena	Cena	Cena	Viajar
6:00	Bloque 1	Bloque 5	Bloque 9	Viajar
7:00	Bloque 1	Bloque 5	Bloque 9	Viajar
8:00	Bloque 1	Bloque 5	Bloque 9	Viajar
9:00	Tiempo libre	Tiempo libre	Tiempo libre	Viajar

2. Formato de seis sábados

    a. 8:00-1:00 durante seis sábados = 30 horas

    b. Podría hacerse un sábado al mes (por seis meses)

    c. Podría hacerse cada dos meses (por un año)

3. Formato de cuatro sábados

    a. Un mes

    b. 8:00 a 5:00 por cuatro sábados (por un mes - 36 horas)

4. Dieciséis noches

    a. Bloques de dos horas por dieciséis noches (32 horas)

    b. Podría ser cualquier noche de la semana

5. Uno a uno con un entrenador asesor y un equipo plantador de la iglesia

Seminar 6
Evaluación y plantadores de iglesias para/de los pobres urbanos
Dr. Hank Voss

> Hermanos míos amados, oíd: ¿No ha elegido Dios a los pobres de este mundo, para que sean ricos en fe y herederos del reino que ha prometido a los que le aman?
> ~ Santiago 2:5

> Solamente nos pidieron que nos acordásemos de los pobres; lo cual también procuré con diligencia hacer.
> ~ Gálatas 2:10

> Lejos de nosotros, dicen los cristianos, que cualquier hombre posee cultura, sabiduría o juicio; su objetivo es convencer a solamente personas inútiles, idiotas, esclavos, mujeres y niños pobres. . . . No se atreverían a dirigirse a una audiencia de hombres inteligentes. . . pero si ven a un grupo de jóvenes o esclavos o gente ruda, allí se empujan y buscan ganar la admiración de la multitud.
> ~ Celsus, siglo III DC

I. **La "E" en el abecedario: Evaluaciones de los plantadores de iglesias**

   A. Fundamentos bíblicos para la evaluación del plantador de iglesias

      1. Calificaciones para líderes de la iglesia

         a. Calificaciones del líder de la iglesia (1 Tim. 3:6; ver 3:1-13)

         b. Calificaciones del plantador de iglesias (Tito 1:5; ver 1:5-11)

      2. La advertencia de Pablo a los líderes de la iglesia de Éfeso (Hch. 20:28-31)

      3. La importancia de contar el costo (Lucas 14:26-33)

B. Investigación práctica reciente sobre evaluaciones de plantadores de iglesias

1. Thomas Graham fue uno de los primeros en América del Norte en desarrollar un Centro de evaluación formal para plantadores de iglesias (1983).[1]

2. *Cómo seleccionar plantadores de iglesias* (1988) se convirtió en un recurso de evaluación fundamental utilizado en América del Norte (por Charles Ridley). Identificó trece características de plantadores de iglesias "exitosos".

Las categorías de *Ridley*
(***Enfoque en la reproducción*, Módulo 12 de *Capstone*, págs. 30-31)**

1	*La capacidad de visión* es la capacidad de imaginar el futuro, persuadir a otras personas para que se involucren en ese sueño y llevar la visión a la realidad.
2	*Intrínsecamente motivado* significa que uno se acerca al ministerio como alguien que comienza por sí mismo, y se compromete con la excelencia a través del trabajo duro y la determinación.
3	*Crea propiedad del ministerio* sugiere que uno infunde en los demás un sentido de responsabilidad personal para el crecimiento y éxito del ministerio y capacita a los líderes para reproducir a otros líderes.
4	*Uno que se relaciona con los que no tienen iglesia* desarrolla una buena relación y rompe las barreras con las personas que no asisten a la iglesia, animándolas a examinar y comprometerse a una caminata personal con Dios. Como resultado adicional, los nuevos creyentes pueden guiar a otros a la salvación en Jesucristo.
5	*La cooperación conyugal* describe una sociedad matrimonial mediante la cual las parejas que plantan iglesias acuerdan las prioridades del ministerio, el papel y la participación de cada socio, y la integración y el equilibrio del ministerio con la vida familiar.
6	*Efectiva construcción de relaciones* es la habilidad para tomar la iniciativa de conocer gente y profundizar las relaciones como base para un ministerio más efectivo.

---

1 Ed Stetzer y Warren Bird, "The State of Church Planting in the United States: Research Overview and Qualitative Study of Primary Church Planting Entities" [El estado de la plantación de iglesias en los Estados Unidos: Panorama de la investigación y estudio cualitativo de las entidades de plantación de iglesias primarias] (The Leadership Network, 2007), 12, *www.christianitytoday.com/assets/10228.pdf*.

7	***Los iniciadores comprometidos con el crecimiento de la iglesia*** valoran el desarrollo congregacional como un medio para aumentar el número y la calidad de los discípulos. A través de este compromiso, aumentan el crecimiento numérico en el contexto del crecimiento espiritual y relacional.
8	***La capacidad de respuesta a la comunidad*** describe las habilidades para adaptar el ministerio de uno a la cultura y a las necesidades de los residentes del área objetivo.
9	***Quien utiliza la dotación de los demás*** equipa y libera a otras personas para ministrar basado en su talento espiritual.
10	***Un principiante que es flexible y adaptable*** puede ajustarse al cambio y la ambigüedad, cambiar las prioridades cuando sean necesarias y manejar múltiples tareas al mismo tiempo. Este líder puede adaptarse a sorpresas y emergencias.
11	***Construcción de cohesión de grupos*** describe a alguien que permite que el grupo trabaje en colaboración para alcanzar objetivos comunes, y que maneja hábilmente la división y los elementos de desunificación.
12	***Un principiante que demuestra resiliencia*** muestra la capacidad de mantenerse emocional, espiritual y físicamente a través de contratiempos, pérdidas, desilusiones y fracasos.
13	***Uno que ejercita la fe*** traduce las convicciones personales en decisiones personales y ministeriales y acciones resultantes.

3. En los últimos veinticinco años, varias denominaciones de plantación de iglesias, redes de plantación de iglesias, agencias e iglesias han desarrollado más de cien evaluaciones.

    a. DCHPE (S.H.A.P.E. – siglas en inglés[2])

        (1) Dones espirituales

        (2) Corazón o pasión

        (3) Habilidades

---

2   Ed Stetzer, *Planting Missional Churches* [Plantando iglesias misionales], First Ed. Nashville, TN: B&H Academic, 2006, Págs. 81–82.

(4) Personalidad (tipos)

(5) Experiencias

b. Busque un don apostólico[3]

(1) Gran fe

(2) Guerrero de oración

(3) Llamado apostólico (corazón, evangelista, mentor)

C. Beneficios de la evaluación

1. Visión realista para plantadores de iglesias

   a. Las evaluaciones ayudan a proporcionar una visión realista de sí mismo

   b. Las evaluaciones ayudan a proporcionar una visión realista de la tarea de plantar iglesias

   c. Un estudio de 1,000 plantadores de iglesias realizado por la Junta de Misiones de América del Norte de las Iglesias Bautistas del Sur determinó que las plantaciones de iglesias donde el plantador de iglesias tenía una visión realista de la tarea de plantar iglesias tenían un 400% más probabilidades de sobrevivir que las que no lo hicieron. [4]

2. La separación de los pastores de los lobos

3. Buena mayordomía (Mt. 25:14-30)

   a. Gente

---

3   Mark Hammond y Don Overstreet, *God's Call to the City*. [El llamado de Dios a la ciudad]. Bloomington, IN: Crossbooks, 2011. Págs. 157–82.

4   Stetzer y Bird, "The State of Church Planting in the United States: Research Overview and Qualitative Study of Primary Church Planting Entities" [El estado de la plantación de iglesias en los Estados Unidos: resumen de la investigación y estudio cualitativo de las entidades de plantación de iglesias primarias]. 6–7.

b. Tiempo

c. Dinero

II. Plantación de iglesias *de* y *para* los pobres urbanos

A. La marca distintiva de las escuelas de plantación de iglesias *Evangel* es su compromiso de equipar a los plantadores de iglesias *de* y *para* los pobres urbanos.[5]

1. Dios ha elegido a los pobres (Santiago 2:5; 1 Cor. 1:27-29).

    a. Al priorizar a los pobres, estamos "trabajando con el grano del universo".

    b. *eklegomai* – "implica preferencia y selección de entre muchas opciones".

2. ¿Quiénes son los pobres?

    a. Los pobres son un tema principal en las Escrituras.

    b. Son "aquellos cuya necesidad los desespera lo suficiente como para confiar solo en Dios".

    c. Son "aquellos a quienes se les ha negado el *shalom* de Dios".

3. Cuatro respuestas fundamentales

    a. Respeto (como lo demostró Pablo con Onésimo)

    b. Amor, compasión y justicia

    c. Predicar el Evangelio

    d. Esperar grandes cosas: el principio de la ironía divina en la selección de liderazgo

---

5   Don Davis, "Nuestro distintivo: Avanzar el reino entre los pobres urbanos", en *Multiplicando obreros para la cosecha urbana: Cambiar el paradigma para la educación del liderazgo de los servidores*, 15a ed. Wichita, KS: The Urban Ministry Institute, 2013. Págs. 23–29.

(1) La visión de TUMI y *Evangel* (*Multiplicando obreros*, 31-32)

(2) Cómo obtuvo su nombre *Capstone* (Sal. 118:22-23)

B. Más recursos en la misión y los pobres

1. De TUMI

   a. "La misión cristiana y los pobres"[6]

   b. "Jesús y los pobres", en *Fundamentos de las misiones cristianas*[7]

   c. "*World Impact* sobre 'Capacitando a los urbanos pobres'"[8]

   d. "La teología de los pobres para plantadores de iglesias"[9]

   e. "Ética al revés" (*Plantando iglesias entre los pobres de la ciudad: Una antología de recursos de plantación de iglesias urbanas*, Vol. 1, pág. 109)

2. Otros recursos

   a. Los pobres en la teología bíblica: *Neither Poverty Nor Riches* [Ni pobreza ni riquezas] de Craig Blomberg[10]

---

6 Don L. Davis, *Enfoque en la Reproduccion*, vol. 12, *The Capstone Curriculum. [Currículo Piedra Angular]*. Wichita, KS: The Urban Ministry Institute, 2005. Págs. 175–226.

7 Ibid., 12:251–56.

8 Don Davis, "*World Impact* sobre 'Capacitando a los urbanos pobres'" en *Listos para la siega: Una guía para la plantación de iglesias saludables en la ciudad*, ed. Don Allsman, Don L. Davis, y Hank Voss. Wichita, KS: TUMI Press, 2015. Págs. 197–202.

9 Terry Cornett, "La teología de los pobres para plantadores de iglesias," en *Listos para la siega: Una guía para la plantación de iglesias saludables en la ciudad*, ed. Don Allsman, Don L. Davis, y Hank Voss. Wichita, KS: TUMI Press, 2015. Págs. 157–170.

10 Craig Blomberg, *Neither Poverty nor Riches: A Biblical Theology of Material Possessions*, NSBT [Ni pobreza ni riquezas: una teología bíblica de las posesiones materiales, NSBT]. Grand Rapids: Eerdmans, 1999.

b. Los pobres en la Gran Tradición. *The Good Work's Reader* [El buen trabajo del lector] de Tom Oden[11]

III. La evaluación y los pobres urbanos: un camino estrecho entre dos acantilados

A. Pidiéndole a David que use la armadura de Saúl

1. 1 Samuel 17:38–40

2. Esperar demasiado o agregar cargas innecesarias

B. Perder los dones y llamamientos del Espíritu Santo en el trabajo

1. Hechos 4:13

2. Esperando muy poco de la "gente común sin educación" y condescendiéndolas.

IV. Suposiciones sobre la evaluación de plantadores de iglesias de y para los pobres urbanos

A. Dios es quien levantará a los obreros para sus campos de cosecha.

1. El Padre levanta a los obreros (Mateo 9:38).

2. La historia de los 300 guerreros de Gedeón

B. Los evaluadores de plantaciones de iglesias deben ser bíblicamente normados, teológicamente formados y culturalmente cortados.

1. Bíblicamente normados: sumisa a la tradición autoritativa

2. Teológicamente formados: atentos a la Gran Tradición

3. Culturalmente cortados: evitando cuidadosamente la hegemonía y respetando la cultura de destino del plantador de iglesias

---

11 Thomas C. Oden, *The Good Works Reader.* [El lector de buenas obras]. Grand Rapids: Eerdmans, 2007.

C. La evaluación "en contexto" proporciona un recurso invaluable para los entrenadores de campo de la plantación de la iglesia y las agencias enviadoras.

1. El endoso de la iglesia local es un requisito previo para el proceso.

2. El énfasis local y regional ayuda a los entrenadores de campo y decanos a aprovechar las visitas al sitio y los "proyectos ministeriales".

D. No todos los plantadores de iglesias son iguales: prepárese para evaluar tanto los llamamientos como los dones.

1. Reconocer y apoyar diferentes llamamientos de plantadores de iglesias: ¿San Pablo y Santo Tomás o un San Juan?

   a. *Llamado apostólico del misionero plantador de iglesias* (la perspectiva "paulina", por ejemplo, "Pablo y Timoteo en Filipenses 1:1)

   (1) La perspectiva paulina o apostólica se acerca a la plantación de iglesias desde la perspectiva de alguien que tiene una "pasión abrumadora para ir a aquellos que nunca han escuchado las buenas nuevas de Cristo".[12]

   (2) Valora la misión apostólica y la confianza en la obra del Espíritu Santo de levantar líderes que se auto-gobiernan, se auto-sostienen y se auto-propagan (por ejemplo, Héctor Cedillo, David Garrison).[13] Los plantadores de iglesias apostólicas pueden trabajar dentro de su propia cultura o ser plantadores de iglesias transculturales.

---

12 Don L. Davis, *Vision for Mission: Nurturing an Apostolic Heart*. [Visión para la misión: Nutriendo un corazón apostólico]. Wichita, KS: TUMI Press, 2000. Pág. 10.

13 Don L. Davis, ed., *Plantando iglesias entre los pobres de la ciudad: Una antología de recursos de plantación de iglesias urbanas, Vol. 2*. Wichita, KS: TUMI Press, 2015. Págs. 401, 419; David Garrison, *Church Planting Movements: How God Is Redeeming a Lost World*. [Movimientos de plantación de iglesias: Cómo Dios está redimiendo a un mundo perdido]. Midlothian, VA: WIGTake, 2004.

(3) La subcategoría de un plantador de iglesias apostólicas que trabaja de manera intercultural requiere un alto grado de competencia cultural. Este llamado apostólico intercultural es ilustrado por Tomás, quien, según los registros de la tradición, viajó fuera del Imperio Romano para predicar el evangelio durante todo el camino a la India.

b. *Pastor de plantación de iglesias* (La perspectiva del "Líder de la iglesia local", por ejemplo, "supervisores y diáconos" en Filipenses 1:1 o el apóstol Juan en Éfeso)

(1) El pastor de plantación de Iglesias busca crear una congregación fuerte que será un centro emisor y una sede nutriente para las nuevas iglesias.[14] El reverendo Eric Mason describe su razón de ser para abrazar este papel: "Encontré eso con el ministerio de la ciudad interina, tiene que estar ahí a largo plazo porque son comunidades extremadamente relacionales. Cuando participa activamente en un vecindario del interior de la ciudad, desarrolla un 'capital fiduciario' que proporciona una fuente de información para el ministerio. Construir esa confianza lleva tiempo. . . . El centro de la ciudad se basa en el capital social. . . . Cuando alguien sale del ministerio en la comunidad, eso impacta el ímpetu del trabajo allí".[15]

(2) Valora la antigua práctica cristiana de "estabilidad" (por ejemplo, San Benito, Eugene Peterson)[16]

---

14 El Pastor de Plantación de Iglesias combina elementos del "modelo de pastor fundador" y el "Modelo de Cabeza de Playa" como se discutió en los "Modelos de plantación de iglesias" del Dr. Davis en Don Allsman, Don L. Davis, y Hank Voss, eds., *Listos para la siega: Una guía para plantar iglesias saludables en la ciudad.* Wichita, KS: TUMI Press, 2015. Pág. 89.

15 Jessi Strong, "Rooted in the City of Brotherly Love" [Enraizado en la ciudad del amor fraternal], *Bible Study Magazine* [Revista de estudio bíblico], noviembre de 2014, *http://www.biblestudymagazine.com/eric-mason#sthash.goHTyLV9.dpuf*. Ver también el sitio en la red de la iglesia en *epiphanyfellowship.org*.

16 Eugene H. Peterson, *Under the Unpredictable Plant: An Exploration in Vocational Holiness.* [Bajo la plantación impredecible: una exploración en la santidad profesional]. Grand Rapids, MI: Eerdmans, 1994. Págs. 18–24.

2. Reconocer y apoyar diferentes dones.

   a. Algunos dones, habilidades y entrenamiento necesarios son necesarios para todos los líderes del equipo de la plantación de la iglesia.

   b. Algunos dones, habilidades y entrenamiento necesarios son diferentes para los plantadores de iglesias que plantan una iglesia pequeña, una iglesia en una comunidad o una iglesia central. Los evaluadores deben permanecer conscientes de esta diversidad en el cuerpo de Cristo.

V. Evaluación del plantador de iglesias *Evangel*

  A. Alistamiento: Pasos para aceptar un posible equipo de plantación de iglesias en su Escuela *Evangel*

   1. Entrevista con el plantador de iglesia en potencia.

   2. Completar la evaluación del plantador de iglesias *Evangel*.

   3. Presentar y recibir el formulario de referencia del pastor para/del pastor del solicitante.

   4. Entrevistar al pastor con el solicitante.

   5. Enviar un enlace de "El llamado a un futuro evangélico antiguo" al líder del equipo y pídales que firmen.

   6. Enviar un enlace al Líder del equipo para comprar y leer *Raíces Sagradas: Un tratado para recuperar la Gran Tradición*.

   7. Enviar la aplicación *Evangel* al líder de equipo.

  B. Entrenamiento básico de la Escuela *Evangel*

  C. Visite *www.tumi.org/evangel*

Seminario 7
Los entrenadores y el equipo de plantador de iglesias en Evangel
Rev. Dr. Don L. Davis

> Nadie se atreve a enseñar un arte que no haya dominado por primera vez a través del estudio. ¡Qué imprudente es para los inexpertos asumir la autoridad pastoral cuando el cuidado de las almas es el arte de las artes!
>
> ~ Gregory the Great. *The Book of Pastoral Rule*
> [El Libro de la Regla Pastoral], 1.1.

I. **La popularidad reciente del "entrenador" en nuestra cultura**

II. **Ejemplos bíblicos e históricos de un entrenador**

   A. Ejemplos bíblicos de entrenamiento

   Entrenar no es gritar, avergonzar o simplemente ofrecer información. Por el contrario, el entrenamiento implica la formación de personas para la excelencia a través de un comando claro y una dirección edificante.

   1. El SEÑOR Dios. A través de una enseñanza cuidadosa, preguntas abiertas y comentarios constantes, Dios dirigió a sus líderes en sus ministerios

       a. *Moisés*. Burlándose con Dios con respecto a su mandato de sacar a Israel de la esclavitud. Ex. 4:14 – "Entonces Jehová se enojó contra Moisés, y dijo: ¿No conozco yo a tu hermano Aarón, levita, y que él habla bien? Y he aquí que él saldrá a recibirte, y al verte se alegrará en su corazón".

       b. *Josué*. Cuando Josué creyó que los amorreos podrían vencer a los israelitas. Jos. 7:10-13 – "Y Jehová dijo a Josué: Levántate; ¿por qué te postras así sobre tu rostro? [11] Israel ha pecado, y aun han quebrantado mi pacto que yo les mandé; y también han tomado del anatema, y hasta han hurtado, han mentido, y aun lo han guardado entre sus enseres. [12] Por esto los hijos de Israel no podrán hacer frente a sus enemigos, sino que delante de sus enemigos volverán la espalda, por cuanto han venido a ser anatema; ni estaré más con vosotros, si no destruyereis el anatema de en medio de vosotros. [13] Levántate, santifica al pueblo, y di: Santificaos para mañana; porque Jehová el Dios de Israel dice así: Anatema hay en medio de ti, Israel; no podrás hacer frente a tus enemigos, hasta que hayáis quitado el anatema de en medio de vosotros".

   c. *Samuel.* Continuó de duelo por Saúl. 1 Sam. 16:1 – "Dijo Jehová a Samuel: ¿Hasta cuándo llorarás a Saúl, habiéndolo yo desechado para que no reine sobre Israel? Llena tu cuerno de aceite, y ven, te enviaré a Isaí de Belén, porque de sus hijos me he provisto de rey".

   d. *David.* Cuando Natán enfrentó indirectamente a David con el significado de sus acciones con Betsabé y Urías, 2 Sam. 12.

   e. *Isaías.* Voluntario para representar a Dios a su gente. Isa. 6:8 – "Después oí la voz del Señor, que decía: ¿A quién enviaré, y quién irá por nosotros? Entonces respondí yo: Heme aquí, envíame a mí".

   f. *Jeremías.* Cuando estaba temblando ante el llamado de Dios para ser su profeta. Jer. 1:11 – "La palabra de Jehová vino a mí, diciendo: ¿Qué ves tú, Jeremías? Y dije: Veo una vara de almendro".

2. Nuestro Señor Jesucristo: *proporcionando tanto el mandato como la provisión*

   a. Llamando a los apóstoles, Mc. 3:13-15

   b. Reprendiendo a Pedro en Cesarea de Filipos, Mat. 16:15-23

   c. Al dar el mandato de la Gran Comisión, Mat. 28:18-20

3. Pablo, *empleando autoridad y ejemplo*, 1 Cor. 11:1; 2 Tim. 2:2

   a. El entrenar es como *una buena crianza*, 1 Tes. 2:10-12 – Vosotros sois testigos, y Dios también, de cuán santa, justa e irreprensiblemente nos comportamos con vosotros los creyentes; [11] así como también sabéis de qué modo, como el padre a sus hijos, exhortábamos y consolábamos a cada uno de vosotros, [12] y os encargábamos que anduvieseis como es digno de Dios, que os llamó a su reino y gloria.

  b. Diga la verdad y que nadie ignore su papel, Tito 2:15 – Esto habla, y exhorta y reprende con toda autoridad. Nadie te menosprecie.

B. Principios bíblicos para aquellos que son mentores y entrenadores

 1. ¡Un mentor sólido *se examina a sí mismo* y no impone estándares a otros que no está dispuesto a cumplir! Mt. 23:1-3 – "Entonces habló Jesús a la gente y a sus discípulos, diciendo: [2] En la cátedra de Moisés se sientan los escribas y los fariseos. [3] Así que, todo lo que os digan que guardéis, guardadlo y hacedlo; mas no hagáis conforme a sus obras, porque dicen, y no hacen".

 2. Un mentor sólido *habla la verdad en amor*, Ef. 4:9-15.

 3. Un mentor sólido "vuela al frente"; *lideran con el ejemplo*, Flp. 4:9.

 4. Un mentor sólido *lee constantemente las condiciones y el contexto* que afectan a aquellos a quienes dirigen y entrenan.

  a. Miran hacia adelante, previendo problemas y peligros por delante, Prov. 22:3 – El avisado ve el mal y se esconde; Mas los simples pasan y reciben el daño.

  b. Planifican su trabajo, y trabajan un plan, Prov. 21:5 – Los pensamientos del diligente ciertamente tienden a la abundancia; Mas todo el que se apresura alocadamente, de cierto va a la pobreza.

  c. Mantienen sus planes libremente, contando con la edición y reorientación de Dios.

   (1) Prov. 16:9 (LBLA) – La mente del hombre planea su camino, pero el Señor dirige sus pasos.

   (2) Jer. 10:23 (LBLA) – Yo sé, oh Señor, que no depende del hombre su camino, ni de quien anda el dirigir sus pasos.

(3) Sal. 37:23 (LBLA) – Por el Señor son ordenados los pasos del hombre, y el Señor se deleita en su camino.

5. Un mentor sólido *se adapta rápidamente a situaciones cambiantes*; no insisten en confiar en estrategias que no logran resultados, Hch. 16:6-10 – Y atravesando Frigia y la provincia de Galacia, les fue prohibido por el Espíritu Santo hablar la palabra en Asia; [7] y cuando llegaron a Misia, intentaron ir a Bitinia, pero el Espíritu no se lo permitió. [8] Y pasando junto a Misia, descendieron a Troas. [9] Y se le mostró a Pablo una visión de noche: un varón macedonio estaba en pie, rogándole y diciendo: Pasa a Macedonia y ayúdanos. [10] Cuando vio la visión, en seguida procuramos partir para Macedonia, dando por cierto que Dios nos llamaba para que les anunciásemos el evangelio.

6. Un mentor sólido *diagnostica con precisión*; responden a las necesidades de aquellos a quienes conducen, 1 Tes. 5:12-14 – Os rogamos, hermanos, que reconozcáis a los que trabajan entre vosotros, y os presiden en el Señor, y os amonestan; [13] y que los tengáis en mucha estima y amor por causa de su obra. Tened paz entre vosotros. [14] También os rogamos, hermanos, que amonestéis a los ociosos, que alentéis a los de poco ánimo, que sostengáis a los débiles, que seáis pacientes para con todos.

7. Un mentor sólido es paciente; *respetan las etiquetas de tiempo que deben pagarse* para que aquellos a quienes conducen aprendan y crezcan, 2 Tim. 4:1-2 – Te encarezco delante de Dios y del Señor Jesucristo, que juzgará a los vivos y a los muertos en su manifestación y en su reino, [2] que prediques la palabra; que instes a tiempo y fuera de tiempo; redarguye, reprende, exhorta con toda paciencia y doctrina.

III. Características de entrenadores excelentes

A. La necesidad de *humildad*, Stg. 3:1 – Hermanos míos, no os hagáis maestros muchos de vosotros, sabiendo que recibiremos mayor condenación.

B. La necesidad de un *ejemplo de calidad*, 1 Cor. 11:1 – Sed imitadores de mí, así como yo de Cristo.

C. La necesidad de *aprovechar la información y la experiencia comprobada*, 2 Cor. 8:22-23 – Enviamos también con ellos a nuestro hermano, cuya diligencia hemos comprobado repetidas veces en muchas cosas, y ahora mucho más diligente por la mucha confianza que tiene en vosotros. [23] En cuanto a Tito, es mi compañero y colaborador para con vosotros; y en cuanto a nuestros hermanos, son mensajeros de las iglesias, y gloria de Cristo.

D. La necesidad *de instrucción y comando claro y convincente*, 1 Tim. 4:10-15 – Que por esto mismo trabajamos y sufrimos oprobios, porque esperamos en el Dios viviente, que es el Salvador de todos los hombres, mayormente de los que creen. [11] Esto manda y enseña. [12] Ninguno tenga en poco tu juventud, sino sé ejemplo de los creyentes en palabra, conducta, amor, espíritu, fe y pureza. [13] Entre tanto que voy, ocúpate en la lectura, la exhortación y la enseñanza. [14] No descuides el don que hay en ti, que te fue dado mediante profecía con la imposición de las manos del presbiterio. [15] Ocúpate en estas cosas; permanece en ellas, para que tu aprovechamiento sea manifiesto a todos.

E. Una docena sucia: Orientación probada de grandes entrenadores

1. "Busque oportunidades para demostrar que se preocupa. Los gestos más pequeños a menudo hacen la mayor diferencia" (John Wooden).

2. "Las cosas que no son importantes, que no tienen nada que ver con ganar o perder, no tienen que ser una regla" (Peter Richmond, *Badasses: The Legend of Snake, Foo, Dr. Death, and John Madden's Oakland Raiders* [Badasses: La leyenda de la serpiente, Foo, Dr. Muerte, y los Oakland Raiders de John Madden]).

3. "Todo líder es diferente. Cada banco es diferente. Cada negocio es diferente. Entonces, mientras las complejidades cambian, el trabajo de entrenar permanece igual: mantenga a sus clientes en el centro del trabajo, empújelos a usar sus puntos fuertes más y atenuar sus debilidades e iluminar los puntos ciegos porque eso es lo que realmente se interpone en el camino" (Stacy Feiner, *Talent Mindset* [Talento mental]).

4. "Creo que entrenar se trata de, tomar jugadores y analizar su capacidad, ponerlos en una posición en la que puedan sobresalir en el marco de la victoria del equipo. Y espero haberlo hecho en mis 33 años como entrenador" (Don Shula).

5. "Para tener éxito a largo plazo como entrenador o en cualquier posición de liderazgo, tienes que estar obsesionado de alguna manera" (Pat Riley).

6. "El fútbol es un deporte de equipo tal, que ningún individuo lo hace. Nadie entrena o nadie asiste al entrenador o algún jugador, es un gran deporte de equipo, así que no me dejo llevar por un montón de elogios" (Jimmy Johnson).

7. "Si ganas un Super Tazón antes de que te despidan, eres un genio y todos te escuchan. Pero, un entrenador es solo una persona cuya mejor clase en la escuela primaria fue el recreo y cuya mejor clase en la escuela secundaria fue la educación física. Nunca pensé que fuera otra cosa que un tipo cuya mejor clase fue educación física" (John Madden).

8. "¿Qué es un entrenador? Somos profesores. Educadores. Tenemos las mismas obligaciones que todos los maestros, excepto que probablemente tengamos más influencia sobre los jóvenes que cualquiera menos sus familias. Y, en muchos casos, más que a sus familias" (Joe Paterno).

9. "Siento que un gran entrenador es alguien que tiene una visión, establece un plan, tiene las personas adecuadas para ejecutar ese plan y luego acepta la responsabilidad si ese plan no se lleva a cabo" (Mike Singletary).

10. "Estoy seguro de que si no hubiera sido entrenador, habría sido una especie de profesor" (John Madden).

11. "No tuve nada que ver con escoger un entrenador, y no quería hacerlo. Pero no pensé que escogerían uno que no me gustara" (Bear Bryant).

12. "Un entrenador es alguien que puede dar corrección sin causar resentimiento" (John Wooden).

IV. Los entrenadores de *Evangel*

A. Responsabilidades del asesor entrenador

1. Evaluación del líder y el equipo (Vea la última página de este seminario "Formulario de evaluación del equipo para el asesor").

2. Retroalimentación formal al Líder del equipo (Ver *Plantando iglesias entre los pobres de la ciudad: Una antología de recursos de plantación de iglesias urbanas*, Vol. 2, Págs. 179-80.)

B. Responsabilidades del entrenador de campo

1. Comunicación (contacto, contenido y conexión [a la visión más amplia])

    a. Con el plantador de iglesias

    b. Con el equipo de la iglesia

    c. Con la autoridad espiritual del plantador de iglesias.

2. Evaluación (plantar iglesias es una guerra, las actividades de plantación de iglesia son una serie de batallas y operaciones)

3. Comentarios (si lo desea, y si es posible)

Formulario de evaluación del equipo para el entrenador asesor
World Impact

Entrenador: _____ Equipo: _____

Criterio/Pregunta	No está listo	Algunas reservas	Equipado	Excepcional
1 ¿Cómo son sus relaciones con los demás?				
2 ¿Cómo es su comunicación? ¿Se escuchan el uno al otro? ¿Todos están siendo escuchados?				
3 ¿Hay suficiente consenso dentro del equipo?				
4 ¿Pueden resolver los problemas a medida que surgen?				
5 ¿Comprenden el proceso PTR? ¿Están mostrando indicios de que podrán flexibilizar y ajustar su plan en un momento posterior?				
6 ¿Funciona el líder del equipo con fuerza?				
7 ¿Han considerado todos los puntos relevantes?				
8 ¿Podrán implementar sus planes?				
9 ¿Son abiertos y enseñables?				
10 ¿Comprendieron los ejercicios y los completaron satisfactoriamente?				

Comentarios:

Cosas que necesitan seguimiento:

Seminario 8
Cómo encender una batería espiritual muerta:
Redescubriendo nuestros llamados como los mayordomos de Dios
Don L. Davis

- Implica todo lo que somos y poseemos; no es una cuestión de dinero solamente.
- Refleja el corazón de la naturaleza de Dios como creador, dueño, sustentador y consumador de todas las cosas.
- Revela el nivel de visión espiritual que tenemos como viajeros y peregrinos en esta dimensión del reino "ya/todavía no".

I. **Dios es Creador, Sustentador y último *Telos* de todas las cosas; Él solo es el dueño y el propósito del universo.**

   Sal. 24:1-2 (LBLA) – Del Señor es la tierra y todo lo que hay en ella; el mundo y los que en él habitan. [2] Porque Él la fundó sobre los mares, y la asentó sobre los ríos.

   1 Cró. 29:11-12 (LBLA) – Tuya es, oh Señor, la grandeza y el poder y la gloria y la victoria y la majestad, en verdad, todo lo que hay en los cielos y en la tierra; tuyo es el dominio, oh Señor, y tú te exaltas como soberano sobre todo. [12] De ti proceden la riqueza y el honor; tú reinas sobre todo y en tu mano están el poder y la fortaleza, y en tu mano está engrandecer y fortalecer a todos.

   Sal. 50:12 (LBLA) – Si yo tuviera hambre, no te lo diría a ti; porque mío es el mundo y todo lo que en él hay.

   A. Todas las cosas fueron creadas por Dios, todas las cosas son sostenidas por él, y todas las cosas existen para su máxima alabanza y gloria.

   B. Desde una perspectiva bíblica, la propiedad es un concepto singular: todas las cosas le pertenecen a él.

   C. Todas las cosas son responsables ante él.

   Implicación: Debido a que Dios es nuestro dueño, no debemos pensar en el ministerio en términos de nuestro propio esfuerzo o energía. De la A a la Z, todo lo que tiene lugar en nuestras vidas es supervisado por Dios como la fuente y el fin de todas las cosas que nos afectan.

> Cuando el Poseedor del cielo y la tierra le trajo a la existencia y le colocó en este mundo, Él le colocó aquí no como un dueño, sino como un mayordomo, como tal, Él le confió una temporada con bienes de diversos tipos, pero la propiedad exclusiva de estos todavía descansan en Él, y nunca pueden estar alejados de Él. Así como usted no es de usted sino el de Él, tal es también todo lo que disfruta.
> ~ John Wesley
>
> Daniel el travieso estaba saliendo de la iglesia con su papá y su madre. Mientras se acercaban al pastor, Daniel preguntó, para gran vergüenza de su padre: "¿Qué vas a hacer con el barrio de mi padre?"
>
> "Sea cual sea lo que acumule en la vida, Dios espera que construya algo sobre él".

II. Como Padre amoroso y Soberano sabio, Dios ha confiado sus ricos recursos al cuidado de Sus siervos y Su pueblo.

Stg. 1:17 (LBLA) – Toda buena dádiva y todo don perfecto viene[a] de lo alto, desciende del Padre de las luces, con el cual no hay cambio ni sombra de variación.

Ex. 19:5 (LBLA) – "Ahora pues, si en verdad escucháis mi voz y guardáis mi pacto, seréis mi especial tesoro entre todos los pueblos, porque mía es toda la tierra.

1 Cró. 29:14-16 (LBLA) – Pero ¿quién soy yo y quién es mi pueblo para que podamos ofrecer[a] tan generosamente todo[b] esto? Porque de ti proceden todas las cosas, y de lo recibido de tu mano te damos. [15] Porque somos forasteros y peregrinos delante de ti, como lo fueron todos nuestros padres; como una sombra son nuestros días sobre la tierra, y no hay esperanza. [16] Oh Señor, Dios nuestro, toda esta abundancia que hemos preparado para edificarte una casa para tu santo nombre procede de tu mano, y todo es tuyo.

A. Encargo y representación son los dos conceptos principales de servir a Dios: como servidores del Señor Altísimo, cada uno de nosotros ha recibido una parte de su riqueza, un conjunto específico de relaciones y oportunidades determinadas por el Señor.

B. Cada uno de nosotros tiene oportunidades y posibilidades únicas para emplear las relaciones y recursos que él nos ha confiado como discípulos del reino por venir.

C. Las relaciones y los recursos son encargos de Dios, nunca se convertirán en nuestros ídolos o en nuestro enfoque.

Implicación 1: Dios nos ha confiado como sus siervos sus posesiones más valiosas y el mandato más significativo.

Administradores de los misterios de Dios, 1 Cor. 4:1-2 – Así, pues, téngannos los hombres por servidores de Cristo, y administradores de los misterios de Dios. 2 Ahora bien, se requiere de los administradores, que cada uno sea hallado fiel.

El Tesoro del Espíritu dentro de nosotros, 2 Cor. 4:6-7 – Porque Dios, que mandó que de las tinieblas resplandeciese la luz, es el que resplandeció en nuestros corazones, para iluminación del conocimiento de la gloria de Dios en la faz de Jesucristo. [7] Pero tenemos este tesoro en vasos de barro, para que la excelencia del poder sea de Dios, y no de nosotros.

Implicación 2: El corazón de la renovación espiritual es la afirmación de que nuestras vidas tienen su fuente en Dios, quien nos llama, nos proporciona su poder, quien nos guía, quien trabaja en nuestras vidas, y nos da todo lo que necesitamos para la vida y devoción. Ningún ministro del evangelio debe pretender que cualquier parte de su vida o ministerio se basa en su propio poder e ingenio. ". . . 'No por el poder ni por la fuerza, sino por mi Espíritu', dice el Señor de los ejércitos" (Zac. 4:6 – LBLA).

Ningún hombre fue honrado por lo que recibió. El honor es la recompensa por lo que dio.

Si su gastos exceden sus ingresos, entonces su mantenimiento será su perdición.

Nos ganamos la vida con lo que obtenemos de la vida, pero hacemos una vida con lo que damos.

III. Como administradores de los misterios y recursos del Señor, se nos invita a invertirlos ambiciosa, valiente e ingeniosamente para que sus propósitos puedan cumplirse a través de nosotros.

Lucas 21:1-4 (LBLA) – "Levantando Jesús la vista, vio a los ricos que echaban sus ofrendas en el arca del tesoro. [2] Y vio también a una viuda pobre que echaba allí dos pequeñas monedas de cobre; [3] y dijo: En verdad os digo, que esta viuda tan pobre echó más que todos ellos; [4] porque todos ellos echaron en la ofrenda[c] de lo que les sobraba, pero ella, de su pobreza, echó todo lo que tenía para vivir".

2 Cor. 9:6-12 (LBLA) – *Pero esto digo: El que siembra escasamente, escasamente también segará; y el que siembra abundantemente, abundantemente también segará. [7] Que cada uno dé como propuso en su corazón, no de mala gana ni por obligación, porque Dios ama al dador alegre. [8] Y Dios puede hacer que toda gracia abunde para vosotros, a fin de que teniendo siempre todo lo suficiente en todas las cosas, abundéis para toda buena obra; [9] como está escrito: El esparció, dio a los pobres; su justicia permanece para siempre. [10] Y el que suministra semilla al sembrador y pan para su alimento, suplirá y multiplicará vuestra sementera y aumentará la siega de vuestra justicia; [11] seréis enriquecidos en todo para toda liberalidad, la cual por medio de nosotros produce acción de gracias a Dios. [12] Porque la ministración de este servicio no sólo suple con plenitud lo que falta a los santos, sino que también sobreabunda a través de muchas acciones de gracias a Dios.*

Mt. 25:14-30 (LBLA) – *"Porque el reino de los cielos es como un hombre que al emprender un viaje, llamó a sus siervos y les encomendó sus bienes. [15] Y a uno le dio cinco talentos, a otro dos, y a otro uno, a cada uno conforme a su capacidad; y se fue de viaje. [16] El que había recibido los cinco talentos, enseguida fue y negoció con ellos y ganó otros cinco talentos. [17] Asimismo el que había recibido los dos talentos ganó otros dos. [18] Pero el que había recibido uno, fue y cavó en la tierra y escondió el dinero de su señor. [19] Después de mucho tiempo vino el señor de aquellos siervos, y arregló cuentas con ellos. [20] Y llegando el que había recibido los cinco talentos, trajo otros cinco talentos, diciendo: "Señor, me entregaste cinco talentos; mira, he ganado otros cinco talentos." [21] Su señor le dijo: "Bien, siervo bueno y fiel; en lo poco fuiste fiel, sobre mucho te pondré; entra en el gozo de tu señor." [22] Llegando también el de los dos talentos, dijo: "Señor, me entregaste dos talentos; mira, he ganado otros dos talentos." [23] Su señor le dijo: "Bien, siervo bueno y fiel; en lo poco fuiste fiel, sobre mucho te pondré; entra en el gozo de tu señor." [24] Pero llegando también el que había recibido un talento, dijo: "Señor, yo sabía que eres un hombre duro, que siegas donde no sembraste y recoges donde no esparciste, [25] y tuve miedo, y fui y escondí tu talento en la tierra; mira, aquí tienes lo que es tuyo." [26] Pero su señor respondió, y le dijo: "Siervo malo y perezoso, sabías que siego donde no sembré, y que recojo donde no esparcí. [27] "Debías entonces haber puesto mi dinero en el banco, y al llegar yo hubiera recibido mi dinero con intereses. [28] "Por tanto, quitadle el talento y dádselo al que tiene los diez talentos." [29] Porque a todo el que tiene, más se le dará, y tendrá en abundancia; pero al que no tiene, aun lo que tiene se le quitará. [30] Y al siervo inútil, echadlo en las tinieblas de afuera; allí será el llanto y el crujir de dientes".*

A. La mayordomía implica coraje y sacrificio de un tipo extremo; Estamos llamados a comprometernos con su trabajo de todo corazón, pero no de manera autodependiente; ir a lo seguro es la manera segura de perder lo que se le ha dado.

B. Él espera que nosotros invirtamos, que nos disciplinemos para disfrutar y emplear sus recursos de tal manera que lo glorifiquemos en cada dimensión de nuestra mayordomía.

C. El ministro excesivamente celoso puede pensar que todo depende de sus esfuerzos, pero este es el colmo de la preocupación egoísta y el orgullo flagrante; en última instancia, solo Dios puede garantizar el fruto o la transformación en la vida de cualquier persona.

Sal. 127:1 (LBLA) – Si el Señor no edifica la casa, en vano trabajan los que la edifican; si el Señor no guarda la ciudad, en vano vela la guardia.

Sal. 33:16-20 (LBLA) – El rey no se salva por gran ejército; ni es librado el valiente por la mucha fuerza. [17] Falsa esperanza de victoria es el caballo, ni con su mucha fuerza puede librar. [18] He aquí, los ojos del Señor están sobre los que le temen, sobre los que esperan en su misericordia, [19] para librar su alma de la muerte, y conservarlos con vida en tiempos de hambre. [20] Nuestra alma espera al Señor; El es nuestra ayuda y nuestro escudo.

El axioma de mayordomía: Dios nunca llama a una persona o a su pueblo a hacer algo sin prever que posean todo lo que puedan necesitar para cumplir su voluntad.

Fil. 4:11-13 (LBLA) – No que hable porque tenga escasez, pues he aprendido a contentarme cualquiera que sea mi situación. [12] Sé vivir en pobreza, y sé vivir en prosperidad; en todo y por todo he aprendido el secreto tanto de estar saciado como de tener hambre, de tener abundancia como de sufrir necesidad. [13] Todo lo puedo en Cristo que me fortalece.

Este principio le permitirá . . .

- Relajarse con el Señor, incluso en medio de las situaciones más difíciles
- No sobreestimar su importancia o importancia al servir a Cristo
- Relajarse mientras se involucra en las diversas dimensiones del ministerio que Dios ha dado, y

- Confiadamente esperar que Dios trabaje para su gloria, incluso si su manera, método y tiempo son dramáticamente diferentes a los suyos

> **Si tuviera mi vida para vivir**
>
> Me atrevería a cometer más errores la próxima vez,
> Me relajaría, me animaría, sería más tonto de lo que he sido este viaje,
> Tomaría menos cosas en serio, tomaría más riesgos,
> Subiría más montañas y nadaría más ríos,
> Yo comería más helado y menos frijoles,
> Tal vez tendría más problemas reales,
> Pero tendría menos imaginarios.
> Ya ve, soy una de esas personas que viven
> Sensible y cordialmente hora tras hora, día tras día.
> Oh, habría tenido mis momentos, y si tuviera que hacerlo de nuevo,
> Tendría más de ellos. De hecho, trataría de no hacer nada más,
> Solo momentos, uno después del otro en lugar de vivir tantos años antes de tiempo.
> He sido una de esas personas que nunca van a ningún lado sin un termómetro, una botella de agua caliente, un impermeable y un paracaídas.
> Si tuviera que hacerlo de nuevo, viajaría más ligero de lo que tengo.
> Si tuviera que vivir mi vida, comenzaría descalzo a principios de la primavera,
> Y mantenerme así más adelante en el otoño,
> Yo iría a más cenas,
> Me gustaría montar más carruseles,
> Yo recogería más margaritas.

IV. Finalmente, Dios ha prometido recompensarnos de acuerdo con la calidad y el alcance de nuestras inversiones hacia Sus grandes propósitos.

1 Cor. 4:2 (LBLA) – Ahora bien, además se requiere de los administradores que cada uno sea hallado fiel.

Gál. 6:7-9 (LBLA) – No os dejéis engañar, de Dios nadie se burla; pues todo lo que el hombre siembre, eso también segará. [8] Porque el que siembra para su propia carne, de la carne segará corrupción, pero el que siembra para el Espíritu, del Espíritu segará vida eterna. [9] Y no nos cansemos de hacer el bien, pues a su tiempo, si no nos cansamos, segaremos.

1 Cor. 3:10-15 (LBLA) – Conforme a la gracia de Dios que me fue dada, yo, como sabio arquitecto, puse el fundamento, y otro edifica sobre él. Pero cada uno tenga cuidado cómo edifica encima. [11] Pues nadie puede poner otro fundamento que el que ya está puesto, el cual es Jesucristo. [12] Ahora bien, si sobre este fundamento alguno edifica con oro, plata, piedras preciosas, madera, heno, paja, [13] la obra de cada uno se hará evidente; porque el día la dará a conocer, pues con fuego será revelada; el fuego mismo probará la calidad de la obra de cada uno. [14] Si permanece la obra de alguno que ha edificado sobre el fundamento, recibirá recompensa. [15] Si la obra de alguno es consumida por el fuego, sufrirá pérdida; sin embargo, él será salvo, aunque así como por fuego.

A. Las inversiones inteligentes en los propósitos de Dios pagan dividendos tangibles reales en la calidad de vida, las relaciones y el ministerio que él nos ha dado.

B. La promesa de Dios es categórica con respecto a la siembra y la cosecha; si sembramos sabiamente, obtendremos una cosecha de retorno si perseveramos no nos damos por vencidos.

C. En última instancia, Cristo mismo recompensará nuestra fidelidad hacia él, que va más allá de cualquier cosa que nuestra familia, iglesia, denominación o religión pueda reunir o comprender.

Recuerde . . .

¡Nada sacrificado o comisionado por el Señor Jesús será en vano!

1 Cor. 15:58 – Así que, hermanos míos amados, estad firmes y constantes, creciendo en la obra del Señor siempre, sabiendo que vuestro trabajo en el Señor no es en vano.

La historia la cuenta el jefe de contabilidad de uno de los hombres más ricos que jamás haya existido: John D. Rockefeller, Sr. Alguien le preguntó al contador un día: "¿Cuánto dejó John D.? Sabemos que era un hombre inmensamente rico". Sin un momento de vacilación, el contador respondió: "¡Todo!"

Seminario 9
Publicidad y financiación de su Escuela Evangel
Rev. Bob Engel

I. **Apropiándose de su Escuela *Evangel*: Cinco claves para buscar recursos**

   A. Su visión

   B. Plan para administrar/dar

   C. Relaciones

   D. Oración

   E. Son los recursos del Señor

II. **Registrando su escuela**

   A. Sesenta días antes del alojamiento (formulario que se encuentra en *www.tumi.org/evangel*)

   B. Portal cibernético de TUMI para publicitar (*www.tumi.org/evangel* y redes sociales)

III. **Opciones de publicidad**

IV. **Opciones de recaudar apoyo**

Seminario 10
Apoyo y recursos de Evangel
Rev. Bob Engel

I. *Listos para la siega: Una guía para la plantación de Iglesias saludables en la ciudad*

II. *Plantando iglesias entre los pobres de la ciudad: Una antología de recursos de plantación de iglesias urbanas*

    A. *Volumen 1: Perspectivas teológicas y misionológicas para plantadores de iglesias*

    B. *Volumen 2: Recursos y herramientas para los entrenadores y equipos*

III. *Asuntos al frente: Lecturas previas para la Escuela de plantación de iglesias urbanas Evangel*

IV. *Juego de herramientas de plantador de iglesias*

    A. *Juego de herramientas de plantador de iglesias* para cada equipo de decanos

    B. Mesa de exhibición en su Escuela *Evangel*

V. *Paquete de recursos de Evangel* (vea el Apéndice para los detalles completos del contenido en el paquete)

VI. Subvención de *Evangel*

    A. Depende de los fondos para el próximo año

    B. Recomendación del decano de *Evangel*

Asignaciones y ejercicios del decano

Asignacion 1
Lea y responda: Lecturas sobre los pobres

Nota: Utilice el formulario disponible en el módulo de capacitación para esta asignacion.

Instrucciones

Lea los siguientes artículos sobre los pobres y responda las siguientes preguntas:

- *Nuestro distintivo: Avanzando el reino entre los pobres urbanos*
- *World Impact sobre "Capacitando a los urbanos pobres"*
- *Respondiendo al llamado de Dios a los pobres*

Responda las siguientes preguntas sobre estos artículos (1-3 páginas en total):

1. ¿Qué le desafió en estas lecturas?

2. ¿Qué cambios necesita hacer, si los hay?

3. ¿Cuáles son las implicaciones que tienen estas lecturas para su Escuela *Evangel*?

Asignacion 2
Lea y responda:
Raíces Sagradas: Un tratado sobre la necesidad de recuperar la Gran Tradición

Nota: Utilice el formulario disponible en el módulo de capacitación para esta asignacion.

Instrucciones

1. Lea *Raíces Sagradas: Un tratado sobre la necesidad de recuperar la Gran Tradición*.

2. Escriba un resumen (resumen conciso) de su punto principal, como lo vea, resumiendo su tema principal y su argumento. (Articule su argumento de una manera respetuosa si está de acuerdo con el autor o no). Luego, haga una evaluación concisa de lo que lee. (Responda en cuanto a por qué está de acuerdo o en desacuerdo con la tesis). Esta práctica le ayuda a fortalecer su capacidad para involucrar diferentes opiniones de manera respetuosa y aprender a escuchar a los demás y responder con claridad y respeto. De esta manera, aprende a dialogar y discutir con otros cuyas creencias son diferentes a las suyas.

Asignacion 3
Lea y responda:
¡Consiga pretender! Viviendo como ciudadano y embajador del Reino de Dios

Nota: Utilice el formulario disponible en el módulo de capacitación para esta asignacion.

Instrucciones

1. Lea *¡Consiga pretender! Viviendo como ciudadano y embajador del Reino de Dios*.

2. Escriba un resumen (resumen conciso) de su punto principal, como lo vea, resumiendo su tema principal y su argumento. (Articule su argumento de una manera respetuosa si está de acuerdo con el autor o no). Luego, haga una evaluación concisa de lo que lee. (Responda en cuanto a por qué está de acuerdo o en desacuerdo con la tesis). Esta práctica le ayuda a fortalecer su capacidad para involucrar diferentes opiniones de manera respetuosa y aprender a escuchar a los demás y responder con claridad y respeto. De esta manera, aprende a dialogar y discutir con otros cuyas creencias son diferentes a las suyas.

Asignacion 4
Mire y responda:
La centralidad de la iglesia

Nota: Utilice el formulario disponible en el módulo de capacitación para esta asignacion.

Instrucciones

1. Vea *La centralidad de la iglesia* (Crowns of Beauty, Dr. Davis).

2. Escriba un resumen (resumen conciso) de su punto principal, como lo vea, resumiendo su tema principal y su argumento. (Articule su argumento de una manera respetuosa si está de acuerdo con el autor o no). Luego, haga una evaluación concisa de lo que lee. (Responda en cuanto a por qué está de acuerdo o en desacuerdo con la tesis). Esta práctica le ayuda a fortalecer su capacidad para involucrar diferentes opiniones de manera respetuosa y aprender a escuchar a los demás y responder con claridad y respeto. De esta manera, aprende a dialogar y discutir con otros cuyas creencias son diferentes a las suyas.

Asignacion 5
Lea y responda: ¿Qué es una iglesia?

Nota: Utilice el formulario disponible en el módulo de capacitación para esta asignacion.

Instrucciones

1. Lea *¿Qué es una iglesia?*

2. Escriba un resumen (resumen conciso) de su punto principal, como lo vea, resumiendo su tema principal y su argumento. (Articule su argumento de una manera respetuosa si está de acuerdo con el autor o no). Luego, haga una evaluación concisa de lo que lee. (Responda en cuanto a por qué está de acuerdo o en desacuerdo con la tesis). Esta práctica le ayuda a fortalecer su capacidad para involucrar diferentes opiniones de manera respetuosa y aprender a escuchar a los demás y responder con claridad y respeto. De esta manera, aprende a dialogar y discutir con otros cuyas creencias son diferentes a las suyas.

Ejercicio del decano 1
¿Cómo ayudará Evangel a las nuevas plantaciones de iglesias a adoptar la iglesia y el mundo?
Una hora

Nota: Utilice el formulario disponible en el módulo de capacitación para este ejercicio del Decano.

Es esencial que las nuevas iglesias posean una teología del reino que conduzca a una asociación unificada con otras iglesias por el bien de dar testimonio del mundo. En este ejercicio, analizará cómo las plantaciones de iglesias de su escuela abarcarán tanto a una familia específica de iglesias como a los testigos de reino compartido con otras "embajadas" en su localidad.

Instrucciones del ejercicio

1. Abra en oración, dedicando su tiempo al Señor y buscando su sabiduría (5 min).

2. Discuta la experiencia de su equipo de el decano con las denominaciones, las asociaciones de la iglesia y las expresiones locales de la iglesia (10 min).

    a. ¿De qué familia de iglesia (tradición) formó parte cuando fue bautizado? ¿A qué familia de iglesia pertenece ahora?

    b. ¿Cuál ha sido su participación en asociaciones o redes eclesiásticas que se centraron especialmente en la plantación de iglesias o en movimiento de plantación de iglesias?

    c. ¿Qué barreras ha visto que las iglesias locales trabajen juntas en asociaciones del reino? ¿Qué beneficios ha visto para las iglesias locales al asociarse con otras iglesias por el bien de dar testimonio del reino al mundo?

3. Discuta las siguientes preguntas

    a. ¿Con qué familia de iglesia o familias (tradición/es) se asociará su escuela *Evangel* para plantar iglesias entre los pobres?

b. ¿Cómo se asegurará de que la plantación de la iglesia de su escuela tengan relaciones locales con otras iglesias locales comprometidas con la tarea de plantar iglesias y ministerios de compasión del reino (persiguiendo el shalom juntos)?

c. ¿Hay caminos para la concesión de licencias y la ordenación abiertos para los plantadores de iglesias con los que está trabajando entre los pobres?

d. ¿Qué nivel de licencia u ordenación requerirá de los plantadores de iglesias antes de venir a *Evangel*?

e. ¿Cómo se asegurará de que las plantaciones de las iglesias enviadas desde su escuela se comprometan con la búsqueda continua de movimientos de plantación de iglesias?

4. Establezca objetivos EMART (específicos, medibles, alcanzables, relevantes, de tiempo limitado) para garantizar que los plantadores de iglesias de su escuela estén conectados a las asociaciones de iglesias urbanas. Si no hay un camino claro para la concesión de licencias y ordenación para los plantadores de iglesias que asisten a su escuela, establezca metas para garantizar que se avance en este tema durante los próximos seis meses en relación con su escuela *Evangel*. En la escuela de Decanos, agregará estos objetivos al cronograma de su proyecto.

5. Designe un vocero que presente su calendario visual y el estatuto escolar.

Ejercicio del decano 2
Viendo el panorama general: Estableciendo el contexto

Nota: Utilice el formulario disponible en el módulo de capacitación para este ejercicio del Decano.

Este ejercicio del decano es una adaptación del ejercicio de la Escuela *Evangel* que se encuentra en las páginas 81-84 de *Listos para la siega: Una guía para la plantación de iglesias saludables en la ciudad.* Después de revisar las pautas e instrucciones de ejercicio, complete con su Equipo de Decanos.

Instrucciones del ejercicio

1. Discuta "Un llamado a un futuro evangélico antiguo", en *Listos para la siega*, págs. 85-88, y "Modelos de plantación de iglesias", págs. 89–91.

2. Complete una historia de una página de su equipo.

    - Cómo se formó nuestro equipo
    - Expresiones de la iglesia que nuestra Escuela *Evangel* buscará
    - Recursos disponibles para nosotros
    - ¿Por qué este equipo de decanos quiere albergar una Escuela *Evangel*?
    - Describa los dones de su equipo de decanos.

3. Llevar a cabo un Análisis FODA (Fortalezas, Debilidades, Oportunidades, Amenazas) para la escuela de su iglesia.

    - Fortalezas internas
    - Debilidades internas
    - Oportunidades externas
    - Amenazas externas

4. Durante el almuerzo de hoy, siéntese con los miembros de su equipo de decanos y analice las respuestas a las siguientes preguntas personales del equipo.

   a. ¿Dónde nació y cómo fue su vida cuando creció?

   b. ¿Cómo fue que usted "renació", es decir, cómo llegó a Cristo y cómo fue para usted "crecer" espiritualmente?

Ejercicio del decano 3
Viendo el panorama general
Estableciendo valores y visión de su Escuela Evangel
Una hora, diez minutos

Nota: Utilice el formulario disponible en el módulo de capacitación para este ejercicio del Decano.

Su equipo de decanos tendrá que ser capaz de articular claramente la visión y los valores que guían su capacitación de los equipos de plantación de iglesias urbanas. Este ejercicio del decano es una adaptación del ejercicio de la Escuela *Evangel* que se encuentra en las páginas 97–105 de *Listos para la siega: Una guía para la plantación de iglesias saludables en la ciudad.*

Instrucciones del ejercicio

1. Abrir en oración (5 min).

2. Comprender cómo se definen "los valores y la visión" para este ejercicio, repase *Listos para la siega*, página 67 ("Uso de la sabiduría en el ministerio") y páginas 97-105 ("Viendo el panorama general: Definiendo los valores y la visión") (10 min).

3. Discutir nuestras perspectivas críticas de misión (que se encuentran en la página 14). Determine de tres a cinco valores que utilizará para ayudarlo a tomar decisiones. Recuerde, estos valores son principios rectores, suposiciones o fuerzas motrices que lo guiarán a tomar una decisión cuando tenga incertidumbre sobre qué camino tomar. ("La sabiduría es elegir lo que es mejor entre las verdades viables"). Puede aprovechar estos valores compartidos cuando llegue al fragor de la batalla (25 min).

    a. ¿Con qué valores resuena más?

    b. ¿Hay valores importantes para su equipo además de estos siete?

    c. Si tuviera que elegir los cinco valores más importantes para su equipo, ¿cuáles serían?

4. Elabore una declaración de visión de dos a tres oraciones para su escuela *Evangel* para los próximos tres a cinco años (30 min).

a. *Elaboración* de una declaración de visión

   (1) Quién, qué, cuándo, dónde y cómo

   (2) Personalizado, detallado, distintivo

   (3) Distíngase de los demás que hacen lo mismo

   (4) Identifique la audiencia objetivo (por ejemplo, origen étnico, geográfico, económico, personalidad)

   (5) Enfatice la acción agresiva y futurista

   (6) Cuantitativo

   (7) No debería cambiar después de un año o dos

   (8) Tenga una "cosa principal" enfocada (en este caso, establecer su Escuela *Evangel*)

   (9) Limitado a dos o tres oraciones

   (10) Tenga un horizonte de más de dos años

b. Preguntas para la reflexión

   (1) ¿Cuánto tiempo tomaremos?

   (2) ¿A qué fronteras geográficas apuntaremos?

   (3) ¿A qué grupo étnico o de personas no alcanzadas nos dirigiremos?
   [Un grupo de personas se considera no alcanzado (UPG siglas en inglés) cuando no hay una iglesia autóctona en ese grupo de personas (una iglesia que se parece a la gente y está dirigida por la gente de la cultura).]

   (4) ¿A qué grupo de personas no comprometidas y no alcanzadas nos dirigiremos (si corresponde)? *[Los grupos de personas no alcanzadas no están comprometidos (UUPG siglas en inglés) cuando no hay una estrategia para llegar a ese grupo, es decir, no hay una intención tangible de apuntar a las personas que se agrupan con el evangelio.]*

(5) ¿Qué nos distingue de otros esfuerzos de plantación de iglesias?

(6) ¿Cuál será nuestro enfoque general para alcanzar la visión?

Nuestra visión de la Escuela *Evangel* es la siguiente (2-3 oraciones):

Nuestras perspectivas críticas de misión son las siguientes:

5. Designe un vocero que presente los valores y la visión de la escuela.

Ejercicio del decano 4
Evaluando la efectividad del equipo

Nota: Utilice el formulario disponible en el módulo de capacitación para este ejercicio del Decano.

Su equipo de Decanos tendrá que trabajar en conjunto para acceder, capacitar y entrenar a los equipos plantadores de Iglesias urbanas. Este ejercicio lo ayudará a evaluar qué tan preparado está para trabajar en equipo. El ejercicio lo ayuda a evaluar y seguir las diez áreas de efectividad del equipo discutidas en el Seminario *Evangel enfatiza al equipo*.

Instrucciones del ejercicio

1. Realice la prueba de efectividad del equipo individualmente (10 minutos, no necesita promediar los resultados del equipo para este ejercicio).

2. Discuta los resultados como equipo

    a. ¿Nuestros resultados generalmente están de acuerdo, o hay grandes diferencias de opinión?

    b. ¿Parecemos equilibrados en estas diez áreas o tenemos fortalezas y debilidades obvias?

    c. ¿Qué áreas necesitan mejoras?

    d. ¿En qué áreas de fortaleza podemos construir a medida que planificamos nuestra estrategia?

    e. ¿Hemos estado enfocando nuestra oración en las áreas correctas?

3. Discuta qué posibles compañeros de equipo podrían ser para diversos papeles en su Equipo de Decanos (Decanos, Entrenadores, Personal de Apoyo, Intercesores, Donantes).

4. ¿Cuáles son los diversos papeles y responsabilidades de los miembros de nuestro equipo actual? ¿Qué papeles o habilidades nos faltan, y cómo llenaremos esos puestos, o los cumpliremos?

5. De todos los diez elementos esenciales de los equipos efectivos, ¿cuál cree que es la característica más importante de un buen

miembro del equipo? ¿Cómo se calificaría con ese rasgo en este momento? Sea específico.

6. ¿Cómo vamos a seguir evaluando la efectividad de nuestro equipo a medida que avanzamos? ¿Qué herramientas usaremos para hacerlo?

7. Elija un portavoz que esté preparado para presentar las fortalezas y debilidades de su equipo, así como también quién desempeñará las funciones de Decanos, Entrenadores, Personal de apoyo e Intercesores para su Escuela de plantación de iglesias urbanas *Evangel*.

Principios de la cartilla de diagnóstico de eficacia del equipo

Una forma de rastrear el crecimiento en estos principios es mediante el uso de la tabla de diagnóstico adjunta. Una vez por trimestre, solicite a los miembros del equipo que evalúen cómo les está yendo al equipo en cada una de las diez áreas de efectividad del equipo usando la tabla de calificación en la página siguiente. (El cuadro de calificación le pide a cada miembro que asigne el rendimiento del equipo en cada característica, un número del 1 al 10, siendo 10 el mejor y 1 el peor.)

Después de que cada miembro del equipo (incluido el líder del equipo) haya calificado al equipo en cada área, recopile los resultados y encuentre la calificación promedio para cada característica. (Ejemplo: en la característica de articulación, el miembro del equipo # 1 le asignó 6, miembro # 2 un 7, miembro # 3 un 4 y miembro # 4 un 7. Cuando los cuatro puntajes se suman y se dividen por el número de miembros del equipo el puntaje promedio para la característica de articulación es 6.)

Luego trace el número 6 en la tabla de evaluación de efectividad del equipo bajo la característica de articulación. Después de que cada característica se haya trazado en la cartilla, conecte los puntos con una línea. El cuadro ayudará al equipo a ver cómo se percibe a sí mismo.

Las preguntas que deben hacerse son:

- ¿Parecemos equilibrados en cada una de estas áreas o tenemos fortalezas y debilidades obvias?
- ¿Qué áreas necesitan más mejora y cómo están afectando nuestra efectividad? ¿Hay algún cambio inmediato que debemos hacer?
- ¿En qué áreas de fortaleza debemos construir a medida que planificamos nuestra estrategia?
- ¿Hemos estado enfocando nuestra oración en las áreas correctas?

Tabla de calificación de eficacia del equipo

Por favor califique a su equipo en cada una de las siguientes características de la efectividad del equipo. Para cada característica, 1 representa un desempeño pobre, 5 un desempeño promedio y 10 un desempeño excelente. (Por favor use el formulario disponible en el módulo de capacitación.)

ARTICULACIÓN
1 2 3 4 5 6 7 8 9 10

INCORPORACIÓN
1 2 3 4 5 6 7 8 9 10

COOPERACIÓN
1 2 3 4 5 6 7 8 9 10

IDENTIFICACIÓN
1 2 3 4 5 6 7 8 9 10

ORGANIZACIÓN
1 2 3 4 5 6 7 8 9 10

PREPARACIÓN
1 2 3 4 5 6 7 8 9 10

IMPLEMENTACIÓN
1 2 3 4 5 6 7 8 9 10

COORDINACIÓN
1 2 3 4 5 6 7 8 9 10

EVALUACIÓN
1 2 3 4 5 6 7 8 9 10

ADAPTACIÓN
1 2 3 4 5 6 7 8 9 10

Tabla de evaluación de efectividad del equipo

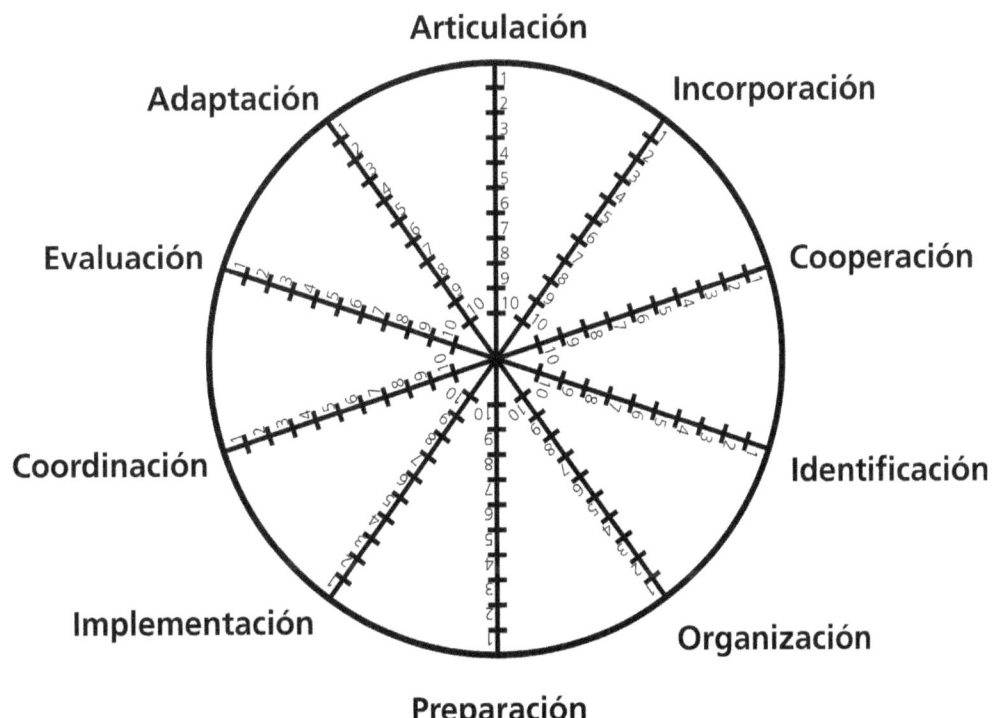

Ejercicio del decano 5
Usando la sabiduría en el ministerio
El proceso de PTR

Nota: Utilice el formulario disponible en el módulo de capacitación para este ejercicio del Decano.

Instrucciones de ejercicio

Lea las páginas 67-78 en *Listos para la siega* (Seminario 3: *Uso de la sabiduría en el ministerio*). Luego, discuta lo siguiente con su equipo:

1. ¿Por qué es tan crítica la sabiduría bíblica y su aplicación en todos nuestros intentos de lograr un ministerio y una misión creíbles en el nombre de Dios?

2. ¿Cuáles son los elementos básicos de PTR?

3. ¿Qué ideas particulares en el marco de PTR pueden ayudarnos a organizar nuestros esfuerzos a medida que nos acercamos al desafío/llamado de plantar una iglesia entre un grupo de personas no alcanzadas en la ciudad?

4. ¿Qué trampas debemos evitar a medida que avanzamos en la implementación de una estrategia de PTR para plantar una iglesia?

Ejercicio del decano 6
¿Cómo Evangel reclutará y evaluará a los plantadores de iglesias para y de los pobres?
Una hora

Nota: Utilice el formulario disponible en el módulo de capacitación para este ejercicio del Decano.

Su equipo de decanos tendrá que reclutar candidatos potenciales para su escuela de plantación de iglesias urbanas *Evangel*. En este ejercicio, identificará su plan de reclutamiento inicial para los líderes del equipo plantador de la iglesia.

Instrucciones del ejercicio

1. Abra en oración, dedicando su tiempo al Señor y buscando su sabiduría (5 min).

2. Reflexione en el seminario de hoy sobre evaluación, los pobres de las áreas urbanas y la visión para las escuelas de plantación de iglesias urbanas *Evangel*. ¿Qué una o dos ideas importantes se destacan para usted (5 min)?

3. Complete la cartilla de reclutamiento de plantadores de iglesias (en su formulario en el módulo de entrenamiento):

Reclutamiento de plantadores de iglesias
Áreas de donde reclutaremos
¿A quién sustituiremos para reclutar para *Evangel*?
¿Qué estrategias buscaremos para el reclutamiento?

4. Al reflexionar sobre su propia visión y valores *Evangel*, ¿qué metas necesita establecer para los próximos seis meses en el área de reclutamiento de plantadores de iglesias? Establezca al menos una meta EMART (específica, medible, alcanzable, relevante, con límite de tiempo) para cada categoría de la tabla de reclutamiento de plantadores de iglesias. Está bien posponer la toma de una decisión siempre que establezca un objetivo para el momento en que tomará

la decisión (por ejemplo, tomar una decisión sobre a quién delegar para el 1 de enero del 2018).

5. Transfiera sus objetivos a su formulario de administración de proyectos.

Ejercicio del decano 7
¿Cómo vamos a entrenar en y después de Evangel?
Una hora

Nota: Utilice el formulario disponible en el módulo de capacitación para este ejercicio del Decano.

El entrenamiento es la "E" en el ABC de la plantación de iglesias urbanas. En este ejercicio, identificará los elementos clave del enfoque de entrenamiento de su escuela.

Instrucciones de ejercicio

1. Abra en oración, dedicando su tiempo al Señor y buscando su sabiduría (5 min).

2. Discuta la experiencia de su decano del equipo con el entrenador (10 min).

    a. ¿Cuál ha sido su experiencia con el entrenador en general, y entrenando equipos de iglesias en particular?

    b. ¿Quién es un entrenador que respeta y de quien ha aprendido?

    c. ¿Qué recursos ha encontrado útiles para el entrenamiento?

    d. ¿Qué fue lo que le llamó la atención de los seminarios sobre entrenamiento?

3. Complete la tablilla de reclutamiento de entrenadores asesores y reclutamiento de entrenadores de campo (en su formulario en el módulo de entrenamiento):

Reclutando entrenador asesor	Reclutando entrenadores de campo
¿Cómo nuestra escuela reclutará asesores evaluadores?	¿Cómo nuestra escuela reclutará entrenadores de campo?
¿Qué requisitos requeriremos de nuestros entrenadores evaluadores?	¿Qué requisitos requeriremos de nuestros entrenadores de campo?

Reclutando entrenador asesor	Reclutando entrenadores de campo
¿Qué capacitación proporcionaremos a nuestros entrenadores asesores?	¿Qué capacitación brindaremos a nuestros entrenadores de campo?
¿De qué manera nuestros entrenadores asesores aprovecharán los recursos de TUMI para plantadores de iglesias e iglesias urbanas? ¿Qué otros recursos están disponibles para nuestros entrenadores asesores?	¿De qué manera nuestros entrenadores de campo aprovecharán los recursos de TUMI para plantadores de iglesias e iglesias urbanas? ¿Qué otros recursos están disponibles para nuestros entrenadores de campo?
¿Cómo nos comunicaremos con nuestra red de asesores evaluadores?	¿Cómo nos comunicaremos con nuestra red de entrenadores de campo?
¿Cómo mantendremos a nuestros entrenadores asesores responsables de los compromisos que hacen en *Evangel*?	¿Cómo mantendremos a nuestros entrenadores de campo responsables de los compromisos que hacen en *Evangel*?

4. Al reflexionar sobre su propia visión y valores de *Evangel*, ¿qué metas necesita establecer para los próximos seis meses en el área de reclutamiento de asesores y entrenadores de campo? Establezca al menos una meta EMART (específica, medible, alcanzable, relevante, con límite de tiempo) para cada categoría de la tablilla de reclutamiento de asesores y entrenadores de campo. Está bien posponer tomar una decisión siempre y cuando se establezca un objetivo para cuando tomará la decisión.

5. Transfiera sus objetivos a su formulario de administración de proyectos.

Ejercicio del decano 8
¿Por qué es tan prudente como necesario desarrollar una cartilla de equipo?

Nota: Utilice el formulario disponible en el módulo de capacitación para este ejercicio del Decano.

La *cartilla de equipo* es tanto un resumen como la culminación del proceso estratégico del equipo y lo equipa para acercarse a su ministerio con unidad y sabiduría.

Instrucciones
Revise y discuta los puntos a continuación, y de inicio a cada elemento.

Desarrollar una cartilla de equipo tiene sentido porque:

____ • Ofrece al equipo un *claro plan de ministerio*.

____ • Crea *claridad y confianza* en el equipo de plantación de iglesias al comunicar su visión a los socios, simpatizantes, voluntarios y la iglesia emergente.

____ • Proporciona a World Impact y sus socios una *forma estratégica de supervisar* las iglesias.

____ • Permite la *retroalimentación continua* ya que las revisiones se realizan de acuerdo con puntos de control específicos de tiempo.

____ • Puede ayudar al equipo a *eliminar el desperdicio* a través de los gastos no estratégicos de tiempo y esfuerzo.

____ • Previene *fallas abiertas* e infunde en el equipo un *sentido de urgencia*.

____ • Hace que el equipo sea *semiautónomo*, lo que permite que el equipo lleve a cabo su propia visión sin micro-gestión.

Ejercicio del decano 9
Estudio de las cartillas

Nota: Utilice el formulario disponible en el módulo de capacitación para este ejercicio del Decano.

Instrucciones
Contraste y compare las cartillas en *Plantando iglesias entre los pobres de la ciudad*, Volumen 2, páginas 135-136. Registre sus pensamientos en el formulario disponible en el módulo de capacitación.

Entrenamiento de la Escuela Evangel
Formulario de certificación de decanos

Nota: Utilice el formulario disponible en el módulo de capacitación para esta tarea.

Nombre de su Escuela *Evangel*: _____

Fecha: _____

Decano: _____ **Decano:** _____

Decano: _____ **Decano:** _____

Decano: _____ **Decano:** _____

Expresiones de la Iglesia aprobadas (Marque todas las que correspondan):

____ Iglesia pequeña (en casa) [aproximadamente de 20-50]

____ Iglesia de la comunidad [aproximadamente de 50-150]

____ Iglesia Madre (Hub) [de 200+]

Afiliación denominacional: _____

Entrenadores de campo y duración del compromiso:

Área objetivo: _____

Etnicidad y/o grupo (s) de personas no alcanzadas:
[Un grupo de personas se considera no alcanzado (UPG siglas en inglés) cuando no hay una iglesia autóctona en ese grupo de personas (una iglesia que se parece a la gente y está dirigida por la gente de la cultura].

Grupo de personas no comprometidas y no alcanzadas (si corresponde):
[Los grupos de personas no alcanzadas no están comprometidos (UUPG siglas en inglés) cuando no hay una estrategia para llegar a ese grupo, es decir, no hay una intención tangible de apuntar a las personas que se agrupan con el evangelio].

Valores de la escuela

Declaración de visión de la escuela

Metas de la escuela

6 meses: _____

1 año: _____

2 años: _____

3 años: _____

Aprobación del Decano nacional de *Evangel*: _____ **Fecha:** _____

Aprobación del Decano nacional de *Evangel*: _____ **Fecha:** _____

Aprobación del Decano nacional de *Evangel*: _____ **Fecha:** _____

Por la gracia de Dios, trabajaremos nuestros objetivos con excelencia y bajo el logotipo de la Escuela de plantación de iglesias urbanas *Evangel*.

_____ **Fecha:** _____
Firma del decano

Firmado a favor de

_____
Nombre del equipo

Ejercicio del decano 10
¿De qué manera los decanos financiarán y publicitarán su Escuela de plantación de iglesias urbanas Evangel?
Una hora

Nota: Utilice el formulario disponible en el módulo de capacitación para este ejercicio del Decano.

Su equipo de decanos tendrá que financiar y publicitar su Escuela de plantación de iglesias urbanas *Evangel*. En este ejercicio, considerará las opciones de financiación y las formas de publicitar su escuela.

Instrucciones de ejercicio

1. Abra en oración, dedicando su tiempo al Señor y buscando su sabiduría (5 min).

2. Complete la cartilla de financiación y publicidad (on your form in the training module):

Fondos	Publicidad
Grupos de donde buscaremos financiación:	Avenidas que podemos publicitar:
¿A quién delegaremos para recaudar fondos para *Evangel*?	¿Quién será delegado para publicitar para *Evangel*?
¿Qué estrategias buscaremos para financiar?	¿Qué estrategias seguiremos para publicitar a *Evangel*?

3. Al reflexionar sobre su propia visión y valores de *Evangel*, ¿qué metas necesita establecer para los próximos seis meses en las áreas de publicidad y financiamiento? Establezca al menos una meta E.M.A.R.T. (específico, medible, alcanzable, relevante, con límite de tiempo) para cada categoría de la cartilla de publicidad y financiación. Está bien posponer tomar una decisión siempre y cuando establezca un objetivo para cuando tomará la decisión.

4. Transfiera sus objetivos a su formulario de administración de proyectos.

Apéndice

El Credo Niceno con apoyo bíblico
The Urban Ministry Institute

Creemos en un solo Dios, *(Dt. 6:4-5; Mc. 12:29; 1 Co. 8:6)*
    Padre Todopoderoso, *(Gn. 17:1; Dn. 4:35; Mt. 6:9; Ef. 4:6; Ap. 1:8)*
    Creador del cielo, la tierra *(Gn. 1:1; Is. 40:28; Ap. 10:6)*
    y de todas las cosas visibles e invisibles. *(Sal. 148; Rom. 11:36; Ap. 4:11)*

Creemos en un solo Señor, Jesucristo, el Hijo unigénito de Dios, concebido del Padre antes de todos los siglos: Dios de Dios, Luz de la Luz, Dios verdadero de Dios verdadero, Engendrado, no creado, de la misma esencia del Padre,
    (Jn. 1:1-2, 3:18, 8:58, 14:9-10, 20:28; Col. 1:15, 7; Heb. 1:3-6)
por quien todo fue hecho. *(Jn. 1:3; Col. 1:16)*

Quien por nosotros los hombres, bajó del cielo para nuestra salvación y por obra del Espíritu Santo, se encarnó en la virgen María, y se hizo hombre.
    (Mt. 1:20-23; Jn. 1:14, 6:38; Lc. 19:10)
Por nuestra causa fue crucificado en tiempos de Poncio Pilato, padeció y fue sepultado.
    (Mt. 27:1-2; Mc. 15:24-39, 43-47; Hch. 13:29; Rom. 5:8; Heb. 2:10; 13:12)
Resucitó al tercer día, según las Escrituras,
    (Mc. 16:5-7; Lc. 24:6-8; Hch. 1:3; Rom. 6:9, 10:9; 2 Ti. 2:8)
ascendió al cielo y está sentado a la derecha del Padre.
    (Mc. 16:19; Ef. 1:19-20)
Él vendrá de nuevo con gloria, para juzgar a los vivos y a los muertos, y su reino no tendrá fin. *(Is. 9:7; Mt. 24:30; Jn. 5:22; Hch. 1:11, 17:31; Rom. 14:9; 2 Cor. 5:10; 2 Tim. 4:1)*

Creemos en el Espíritu Santo, Señor y dador de vida, *(Gn. 1:1-2; Job 33:4; Sal. 104:30, 139:7-8; Lc. 4:18-19; Jn. 3:5-6; Hch. 1:1-2; 1 Cor. 2:11; Ap. 3:22)*
    quien procede del Padre y del Hijo, *(Jn. 14:16-18, 26; 15:26, 20:22)*
    y juntamente con el Padre y el Hijo recibe la misma adoración y gloria,
        (Is. 6:3; Mt. 28:19; 2 Cor. 13:14; Ap. 4:8)
    quien también habló por los profetas. *(Nm. 11:29; Miq. 3:8; Hch. 2:17-18; 2 Pe. 1:21)*

Creemos en la Iglesia, que es una, santa, universal y apostólica.
    (Mt. 16:18; Ef. 5.25-28; 1 Cor. 1.2; 10.17; 1 Tim. 3.15; Ap. 7.9)

Reconocemos un solo bautismo para el perdón de los pecados, *(Hch. 22.16; 1 Pe. 3.21; Ef. 4.4-5)*
    Esperamos la resurrección de los muertos y la vida del mundo futuro.
        (Is. 11.6-10; Miq. 4.1-7; Lc. 18.29-30; Ap. 21.1-5; 21.22-22.5)
    Amén.

El Credo Niceno con apoyo bíblico – Versículos para memorizar

Abajo hay versículos sugeridos para memorizar, uno para cada sección del Credo.

Padre
Ap. 4:11 – Señor, digno eres de recibir la gloria y la honra y el poder; porque tú creaste todas las cosas, y por tu voluntad existen y fueron creadas.

Hijo
Jn. 1:1 – En el principio era el Verbo, y el Verbo era con Dios, y el Verbo era Dios.

La misión del Hijo
1 Cor. 15:3-5 – Porque primeramente os he enseñado lo que asimismo recibí: Que Cristo murió por nuestros pecados, conforme a las Escrituras; y que fue sepultado, y que resucitó al tercer día, conforme a las Escrituras; y que apareció a Cefas, y después a los doce.

Espíritu Santo
Rom. 8:11 – Y si el Espíritu de aquel que levantó de los muertos a Jesús mora en vosotros, el que levantó de los muertos a Cristo Jesús vivificará también vuestros cuerpos mortales por su Espíritu que mora en vosotros.

La Iglesia
1 Pe. 2:9 – Mas vosotros sois linaje escogido, real sacerdocio, nación santa, pueblo adquirido por Dios, para que anunciéis las virtudes de aquel que os llamó de las tinieblas a su luz admirable.

Nuestra esperanza
1 Tes. 4:16-17 – Porque el Señor mismo con voz de mando, con voz de arcángel, y con trompeta de Dios, descenderá del cielo; y los muertos en Cristo resucitarán primero. Luego nosotros los que vivimos, los que hayamos quedado, seremos arrebatados juntamente con ellos en las nubes para recibir al Señor en el aire, y así estaremos siempre con el Señor.

Declaración de fe de World Impact
World Impact

Hay un Dios vivo y verdadero, infinitamente perfecto en gloria, sabiduría, santidad, justicia, poder y amor, uno en Su esencia pero eternamente existente en tres personas: Dios el Padre, Dios el Hijo y Dios el Espíritu Santo. Dios creó soberanamente el mundo de la nada, así que Su creación, depende completamente de Él, ni abarca parte de Dios, ni condiciona Su esencial perfección.

Los libros que forman el canon del Antiguo y Nuevo Testamento son verbalmente inspirados por Dios, inerrantes en los escritos originales, la única regla infalible de fe y práctica.

Dios creó a la humanidad a Su propia imagen, en un estado de justicia original de la cual la humanidad subsecuentemente cayó por una revuelta voluntaria, y consecuentemente es culpable, corrupta por herencia y sujeta a la ira divina.

Jesucristo, el Hijo eterno, sin dejar de ser Dios unió su naturaleza divina a una naturaleza humana en Su encarnación, y continúa siendo Dios y hombre, en dos distintas naturalezas y una persona, por siempre. Fue concebido por el Espíritu Santo, nació de la virgen María, exhibió Su deidad y por múltiples milagros, cumplió los requerimientos de la Ley por Su vida impecable, derramó Su sangre como expiación vicaria y propiciatoria por el pecado de la humanidad, resucitó de los muertos en el mismo cuerpo, ahora glorificado. Ascendió a los cielos y ahora intercede en gloria por Sus redimidos como el gran Sumo Sacerdote y Abogado, y como la Cabeza de la iglesia y Señor de todo creyente individual.

El Espíritu Santo convence al mundo de pecado, justicia y juicio, a través del ministerio de la regeneración y santificación, aplica salvación y coloca a los creyentes dentro de la Iglesia, guía y consuela a los hijos de Dios, habita, dirige, da dones y faculta a la Iglesia, de una manera devota y en servicio, para que cumpla la Gran Comisión, y sella y mantiene al creyente hasta que Cristo regrese.

Cada ser humano, no importando su raza o posición, que recibe al Señor Jesucristo por fe, nace de nuevo y forma parte de la familia de Dios y recibe vida eterna. Esto sucede solamente por la gracia de Dios y no tiene base de ningún mérito humano.

La Santa Iglesia es la única institución específicamente ordenada por Dios para funcionar en la promoción del reino de Dios hasta que Cristo venga otra vez. Está constituida por todos aquellos regenerados por el Espíritu de Dios, en una unión mística y comunión con Cristo, la Cabeza del cuerpo, y con los otros creyentes. Las congregaciones vecinas son la manifestación local de la iglesia universal. En obediencia al mandato de Cristo, estas congregaciones predican la Palabra de Dios, equipan al pueblo de Dios para la obra del ministerio, y administran la cena del Señor y el Bautismo.

El Señor Jesucristo regresará corporal, visible y personalmente para recibir a los suyos, para conformar a los creyentes a Su propia imagen y a establecer Su reino milenial. Él juzgará a los vivos y a los muertos y efectuará una separación final de los redimidos y los perdidos, asignando a los no creyentes el castigo eterno y a los creyentes la gloria eterna, disfrutando de la comunión con Él.

El fin principal de la humanidad es dar honor y glorificar al Dios Todopoderoso. La salvación personal es sólo el medio que nos lleva a ese fin.

¡Levántese Dios! Concierto de oración

Adoración, Admisión y Disponibilidad

ADORACIÓN
- Deleite y disfrute en Dios; Abrumadora gratitud
- Reconociendo a Dios en Su persona y obras

ADMISIÓN
- Impotencia
- Conciencia de la desesperada necesidad de Dios

DISPONIBILIDAD
- Morir a la preocupación por uno mismo y el amor al mundo; sin confianza en la sabiduría carnal, los recursos o método
- Consagrarnos como sacrificios vivos para Dios

Despertar y avanzar

DESPERTAR
- Refresco: derramamiento del Espíritu Santo sobre el pueblo de Dios; Renovación: obediencia al gran mandamiento – Amar a Dios y al prójimo
- Revolución: nueva orientación radical a Cristo como Señor

AVANZAR
- Movimientos: alcances a regiones pioneras no alcanzadas; movilización: de cada asamblea para cumplir con la Gran Comisión
- La mentalidad militar: Adoptar una mentalidad de guerra para sufrir y soportar la dureza en la guerra espiritual

Afirmación y reconocimiento

AFIRMACIÓN
- Dando testimonio sobre lo que el Señor ha hecho
- Desafiar a los demás diciendo la verdad en amor

RECONOCIMIENTO
- Esperando pacientemente a que Dios actúe según su tiempo y sus métodos; Vivir con confianza como si Dios estuviera respondiendo nuestras peticiones
- Actuando como si Dios hiciera exactamente lo que dice que hará

Nuestro distintivo
Avanzando el reino entre los pobres urbanos

Dios ha elegido a los pobres

Uno no tiene que leer muchas páginas en el Nuevo Testamento para descubrir dónde la Iglesia primitiva tuvo la idea de que los pobres fueron escogidos especialmente por Dios para recibir el Evangelio y difundirlo por toda la tierra. Jesús, él mismo, había anunciado públicamente que estaba predicando el Evangelio intencionalmente a los pobres (Lucas 4:18; 6:20) e incluso sugirió que esta acción ayudó a demostrar que él era, de hecho, el Mesías (Mateo 11:2-6).

Sobre la base de las enseñanzas de Jesús, no es raro encontrar declaraciones muy explícitas en las epístolas acerca de la elección de Dios, y las expectativas de aquellos que carecen de poder, recursos o dinero. Por ejemplo, Santiago enseña:

> Hermanos míos amados, oíd: ¿No ha elegido Dios a los pobres de este mundo, para que sean ricos en fe y herederos del reino que ha prometido a los que le aman?
>
> ~ Santiago 2:5

De manera similar, Pablo escribe:

> . . . sino que lo necio del mundo escogió Dios, para avergonzar a los sabios; y lo débil del mundo escogió Dios, para avergonzar a lo fuerte; y lo vil del mundo y lo menospreciado escogió Dios, y lo que no es, para deshacer lo que es, a fin de que nadie se jacte en su presencia.
>
> ~ 1 Corintios 1:27-29

Estas ideas no son un tema nuevo presentado por los escritores del Nuevo Testamento. En cambio, reflejan fielmente las enseñanzas del Antiguo Testamento acerca de cómo Dios se relaciona con los pobres. Un erudito resume la enseñanza del Antiguo Testamento acerca de los pobres en tres principios.

1. Dios tiene una preocupación particular por los pobres.

2. El pueblo de Dios debe manifestar una preocupación similar [por los pobres].

Sidebar izquierdo:

Las palabras "elegir" y "elegido" en Santiago 2 y 1 Corintios 1 provienen de la palabra griega *eklégomai* que significa "dar favor al sujeto elegido". . . Implica preferencia y selección de entre muchas opciones. "En otros contextos, se usa para describir la elección de Dios de los" elegidos "(Marcos 13.20) y Jesús escogió a sus discípulos (Lucas 6.13).

Douglas J. Moo, *James* [Santiago], *Tyndale Old Testament Commentary Series* [Serie de comentarios Tyndale del Antiguo Testamento], Gen. Ed. Leon Morris. Leicester, England-Grand Rapids, MI: IVP-Eerdmans, 1985. Págs. 53-54.

3. Los pobres con frecuencia se identifican con los piadosos y los justos.

¿Quiénes son los pobres?

> En la enseñanza de Jesús, las posesiones materiales no son consideradas malas, sino peligrosas. A menudo se demuestra que los pobres son más felices que los ricos, porque les resulta más fácil tener una actitud de dependencia de Dios.
>
> ~ R.E. Nixon. *"Poverty."* [Pobreza]. *The Illustrated Bible Dictionary*. eds. J.D. Douglas, et al. Leicester, England: IVP, 1980. pág. 1255.

Para entender la elección de Dios de los pobres, es necesario entender quiénes son los "pobres". La forma en que las Escrituras usan el término "pobre" es similar y diferente de la forma en que a menudo usamos el término.

1. La palabra griega usada en el Nuevo Testamento significa esencialmente lo mismo que nuestra palabra en español "pobre". Describe a alguien que es económicamente desposeído, alguien que no tiene suficiente dinero o recursos. Sin embargo, cuando los escritores del Nuevo Testamento usan esta palabra, también parecen confiar en la comprensión del Antiguo Testamento de la palabra "pobre". Por lo tanto, en el Nuevo Testamento, los pobres son tanto "aquellos que no tienen suficiente dinero" (comprensión griega) y además de "algo más" (la comprensión hebrea).

2. Este "algo más" era un entendimiento desarrollado con el tiempo en las escrituras hebreas. En el Antiguo Testamento, "los pobres" son aquellos que son tan débiles y dependientes que son vulnerables a ser objeto de abuso por parte de aquellos que tienen influencia en la sociedad. El énfasis *está en el lado equivocado de la relación* con quienes están en el poder. Por lo tanto, en el Antiguo Testamento, los pobres llegaron a significar aquellas personas que se caracterizaron por tres cosas:

   a. La falta de dinero y recursos que necesitan,

   b. Los que tienen dinero y recursos se aprovechaban de ellos, y

   c. El resultado es que humildemente debían recurrir a Dios como su única fuente de protección.

3. Por lo tanto, desde un punto de vista teológico, podríamos decir que las Escrituras definen a "los pobres" como:

Aquellos cuya necesidad los hace lo suficientemente desesperados como para confiar solamente en Dios.

El erudito bíblico Robert A. Guelich señala exactamente estos puntos cuando escribe sobre el desarrollo del término "pobre" en el Antiguo Testamento.

> El término más común de estas palabras [para pobres], 'ny y su posterior relativa, 'nw, tienen un alcance mucho más amplio que simplemente para referirse a un status socioeconómico... El 'ny se refiere a los débiles y dependientes que eran vulnerables a la explotación por aquellos que tienen la base de poder. Así, el acento recae en una relación socioeconómica en lugar de posesiones materiales como tal. Aún esta relación impotente y dependiente causa en alguno confiar en Dios para sus necesidades y su reivindicación. Esta postura humilde de los pobres carentes de pretensión ante Dios refleja la dimensión religiosa y sale con frecuencia en los Salmos... Pero la dimensión religiosa nunca es exclusiva de la socioeconómica. Ambos elementos son parte integrante de 'ny.... En resumen, los pobres en el judaísmo se refieren a aquellos en necesidad desesperada (elemento socioeconómico) cuya impotencia los condujo a una relación de dependencia con Dios (elemento religioso) para el suministro de sus necesidades y su reivindicación.
> ~ Robert A. Guelich. *The Sermon on the Mount*. [El sermón del monte]. Waco: Word Books, 1982. Págs. 68-69.

Esta comprensión nos ayuda a percibir cómo Lucas pudo registrar la enseñanza de Jesús como "Bienaventurados los pobres porque vuestro es el reino de Dios" (Lucas 6:20), mientras que Mateo registra: "Bienaventurados los pobres de espíritu porque de ellos es el reino de los cielos" (Mateo 5:3). En ambos relatos el punto es el mismo: Bienaventurados los que se han convertido en tan desesperados como para confiar en Dios. Sólo las personas que están dispuestas a reconocer su impotencia pueden recibir esta ayuda de Dios. Como Clarence Jordan señala:

> Cuando uno dice 'No necesito ser pobre en las cosas; Soy pobre en espíritu', y otro dice: 'No necesito ser pobre en espíritu; Soy pobre en las cosas', ambos se justifican tal como son, y están diciendo al unísono: 'Yo no necesito'. Con ese grito en sus labios, ningún hombre puede arrepentirse.
> ~ Clarence Jordan. *Sermon on the Mount* [Sermón del monte], Rev. ed. Valley Forge: Koinonia-Judson Press, 1980. Pág. 20.

¿Cuáles son algunas experiencias de vida además de la pobreza que a menudo ayudan a las personas a darse cuenta de su desesperada necesidad de Dios?

Obviamente, las personas que no son pobres pueden llegar a este punto de estar suficientemente desesperados como para confiar en Dios (la Biblia registra muchos ejemplos, como Zaqueo o José de Arimatea, para hacer esto más aparente). *También está claro que mucha gente pobre puede negarse a reconocer su necesidad ante Dios.* Sin embargo, Jesús y los apóstoles consistentemente enseñan que es aún más difícil para los ricos reconocer su necesidad de Dios (Mateo 19:24; Marcos 10:23; Santiago 2:6-7) y que los pobres deberían responder con fe. Esta confianza en la elección de Dios de los pobres es tan profunda que un académico puede decir: "En el Nuevo Testamento los pobres reemplazan a Israel como el centro del evangelio" (C.M.N. Sugden, "*Poverty and Wealth*," [Pobreza y Riqueza], *New Dictionary of Theology*, [Nuevo Diccionario de Teología], eds. Sinclair B. Ferguson, et al. [Downers Grove: InterVarsity Press, 1988], pág. 524).

Cuatro respuestas fundamentales

> Vivir en obediencia radical a Jesucristo significa identificarse con los pobres y oprimidos. Si eso no está claro en el Nuevo Testamento, entonces nada lo es.
> ~ Jim Wallis. *Agenda for Biblical People*. [Agenda para personas bíblicas]. New York: Harper & Row, 1976. Pág. 94.

Cuando reconocemos que las Escrituras tratan a los pobres como un grupo con un significado teológico, nos obliga a considerar cuál será nuestra respuesta. Tanto como cristianos y como misioneros, hay al menos cuatro respuestas que deberíamos hacer.

1. Respeto

La elección de Dios de los pobres fundamentalmente desafía la forma normal que la gente responde a los pobres. Dentro de la sociedad, las personas evitan a los pobres, desdén de sus formas y esperan poco de ellos en cualquier área. Ciertamente no son vistos como el lugar natural para buscar líderes.

Dios, sin embargo, se identifica con los pobres. Dice la Sagrada Escritura que oprimir a los pobres es mostrar desprecio a Dios mismo (Proverbios 14:31). La identificación de Dios con los pobres y la elección de Dios de los pobres (Santiago 2:5) debe hacer una profunda diferencia de quien reconoce a Cristo como Señor. En pocas palabras:

- Si respetamos a Dios, respetaremos a los pobres.

- Si obedecemos a Dios, nos identificaremos con los pobres.
- Si creemos en Dios, veremos a los pobres como líderes en potencia de Su Iglesia.

Lamentablemente, muchas personas miran a aquellos que son pobres principalmente como objetos de benevolencia. Esas personas ven a los pobres sólo como aquellos que necesitan su ayuda. Si bien es ciertamente adecuado ayudar a los pobres (vea punto 2 en la siguiente abajo), esa ayuda creará dependencia y una pérdida de dignidad, si es que no está firmemente junto con un profundo respeto por los pobres como los que Dios ha elegido. Creemos que no es un sacrificio, sino, un privilegio y placer ser llamados a hacer discípulos entre los pobres urbanos no alcanzados.

2. Amor, compasión y justicia

Los cristianos están llamados a responder a los demás con amor, compasión y justicia. Esta respuesta a los pobres es la misma respuesta que los cristianos dan a todas las personas en todas partes. Lo que la hace única es que el sistema mundial mitiga aplicando esta preocupación a los pobres. El teólogo Thomas C. Oden dice:

> Aunque la caridad cristiana es debida a todos, los pobres son la preocupación particular de Cristo, precisamente porque son los más necesitados.
> ~ Thomas C. Oden. *Pastoral Theology: Essentials of Ministry*.
> [Teología Pastoral: Fundamentos del ministerio].
> San Francisco: Harper & Row, 1983. Pág. 268.

Dios subraya nuestra respuesta a los pobres, no para jugar a los favoritos, sino porque de lo contrario podrían ser pasados por alto.

> Una de las maneras que San Francisco describió su relación con los pobres (y otros) fue a través de la palabra "cortesía". Utilizamos la palabra 'cortesía' en el sentido de modales. Originalmente, significaba el comportamiento y la etiqueta que se esperaba de uno que servía en una corte de la nobleza. . . . Para San Francisco. . . . cortesía era una forma de buscar y actuar hacia los demás.
> ~ Lawrence Cunningham. *St. Francis of Assisi*.
> [San Francisco de Asís]. San Francisco: Harper & Row, 1981.

Las Escrituras constantemente subrayan la responsabilidad del pueblo de Dios de compartir con los pobres y ayudarles a escapar de los efectos de la pobreza absoluta. La Palabra de Dios hace recaer la responsabilidad en nosotros para trabajar por la justicia para los pobres. Un trabajo de *shalom* (paz, plenitud, abundancia, integridad) significa que nunca estaremos con una carpa para dejar a los pobres en su pobreza mientras que cualquiera de nosotros tiene los medios para influir en el cambio.

3. Predicar el Evangelio

De todas nuestras respuestas a los pobres, nada es más importante que predicar el Evangelio. Eso es exactamente lo que Jesús hizo. Nada es más revolucionario que liberar a los pobres y ponerlos en una relación con Dios a través de Cristo.

Ningún proyecto o programa puede lograr lo que la salvación significa para los pobres. Al llegar a reconocer a Jesús como Señor y Salvador, los pobres experimentan liberación radical mediante la adquisición de una identidad completamente nueva.

- Pasan de estar en la parte inferior de la estructura social para ser un (a) hijo(a) adoptado(a) del Rey de reyes.
- La gracia de Dios, su protección y sus recursos están disponibles a través de Cristo.
- Se les da autoridad sobre el pecado, el infierno y la muerte, y toda cosa mala que busque destruirlos.
- Son incorporados a una nueva comunidad (la Iglesia) que ofrece igualdad, respeto, amor, lugar para compartir, compañerismo y la posibilidad de ejercitar sus dones y el llamado de Dios.

La salvación significa que la presencia del Dios vivo está activa entre los pobres trayendo libertad, integridad y justicia. Esto significa que ahora son parte de un "sacerdocio real", "miembros de una nación santa", en la cuál sirven como "embajadores de Cristo" anunciando esperanza y reconciliación a quienes los rodean y que aún no han experimentado liberación.

4. Esperar grandes cosas

No hay, quizá, más sorprendente declaración que viene de los labios de Jesús, que da a sus discípulos en Juan 14:12-14:

> De cierto, de cierto os digo: El que en mí cree, las obras que yo hago, él las hará también; y aun mayores hará, porque yo voy al Padre. Y todo lo que pidiéreis al Padre en mi nombre, lo haré, para

que el Padre sea glorificado en el Hijo. Si algo pidiéreis en mi nombre, yo lo haré.

> La intercesión de un hombre pobre es aceptable e influyente con Dios.
>
> ~ *The Pastor of Hermas.* [El Pastor de Hermas]. lb. 3.
> *Ante-Nicene Fathers* [Padres Anti-Nicenos], Vol. 2.
> Eds. A. Roberts y J. Donaldson. Peabody: Hendrickson, 1995. Pág. 32.

En la superficie, la idea de lograr cosas más grandes que Jesús parece absurda. Y, sin embargo, en pocos años el libro de los Hechos registra más conversiones que nunca habían ocurrido dentro de la vida y el ministerio de Jesús.

Hay dos principios que sustentan esta afirmación sorprendente. En primer lugar, Jesús dijo que el discipulado reproduce estudiantes que son como él (Lucas 6:40). En segundo lugar, cuando Jesús regresó al Padre y envió al Espíritu Santo (Juan 14:16; Hechos 2:38), puso su poder a la disposición de todos los que creen (Juan 14:14).

Sería fácil esperar poco de los pobres debido a su falta de recursos. Sin embargo, cuando las Escrituras disciplinan nuestro pensamiento, surge una nueva dinámica. Esperamos que las congregaciones de los pobres urbanos realicen obras más grandes que las de Jesús en la tierra porque entran en una relación de discipulado con Jesús, quien les da libremente su Espíritu Santo.

Al plantar iglesias debemos:

- *Alentar a los pobres a creer en la vocación, dones y habilidades que Dios les ha dado* (tanto en forma individual como corporalmente) Debemos tener fe en lo que Dios hará a través de ellos incluso antes de que ellos mismos se lo crean.

- *Establecer altos estándares.* El único objetivo aceptable para cualquier cristiano es que tiene que ser como Jesús. Ser pobre no es una excusa para ignorar los mandamientos de Dios o eludir las responsabilidades que le da a cada creyente.

- *Enseñar a la gente a confiar en Jesús, no en nosotros.* Los recursos de los misioneros son limitados. Los recursos de Dios son ilimitados.

- *Inculcar la pasión por la reproducción* (la evangelización, el seguimiento, el discipulado y la plantación de iglesias). "No me elegisteis vosotros a mí, sino que yo os elegí a vosotros, y os he puesto para que vayáis y llevéis fruto, y vuestro fruto permanezca; para que todo lo que pidiereis al Padre en mi nombre, él os lo dé" (Juan 15:16).

Un misionero veterano, que ha servido en las ciudades de Estados Unidos y Brasil, describe a las iglesias exitosas entre los pobres urbanos de esta manera:

> Las iglesias . . . que usaban una metodología "le ayudamos en su necesidad" no estaban ganando a la clase trabajadora más baja. Se ayudó a la gente, pero no cambió la dirección espiritual de sus vidas. . . . [Mientras que] las iglesias que carecían de recursos financieros y terrenales se llenaron de gente pobre, fueron dirigidas por predicadores laicos que apenas sabían leer, y hacían duras exigencias sobre las personas. De los nuevos miembros se esperaba que fueran fieles diezmadores, que llevaran ropa que se ajustara a un rígido código de vestimenta, que llevaran sus Biblias a la iglesia, así como que dedicaran una gran cantidad de tiempo para los servicios de adoración, servicios de sanidad, reuniones de oración en las casas, reuniones en las calles, visitas y actividades de alcance. Las iglesias que dieron más y se esperaba lo mínimo, no estaban creciendo, pero las que dieron el mínimo beneficio material y se les exigió, la mayoría estaban creciendo más rápido. Ellas exigieron conversión del pecado y predicaban que Cristo tenía el poder para que esto sucediera, y que este poder podía ser recibido con fe y oración.
>
> ~ Charles D. Uken. *"Discipling White, Blue-Collar Workers and Their Families."* [Disciplinando obreros blancos, collar azul y sus familias]. *Discipling the City: A Comprehensive Approach to Urban Mission* [Disciplinando la ciudad: Un acercamiento comprensivo de la misión urbana], 2a ed. Ed. Roger S. Greenway. Grand Rapids: Baker Book House, 1992. Pág. 180.

Honramos a Dios y a los pobres cuando los respetamos lo suficiente como para creer que funcionarán como plenos discípulos de Jesucristo.

Resumen de los recursos de TUMI de y para los pobres urbanos

The Urban Ministry Institute [El Instituto Ministerial Urbano – TUMI siglas en inglés] ha desarrollado más de setecientos recursos para equipar a los líderes de la iglesia para participar en el ministerio y la misión urbana. Actualmente, estos recursos se utilizan en cientos de iglesias y ministerios urbanos de todo el mundo. Los recursos se dividen en tres categorías: Plantación de iglesias, formación espiritual y discipulado, y desarrollo de liderazgo.

I. Plantación de iglesias

A. ¿Cuáles son las dos herramientas prácticas más importantes para los líderes de equipo de la plantación de la iglesia y los entrenadores de campo?

1. Don Allsman, Don L. Davis, y Hank Voss, eds., *Listos para la siega: Una guía para la plantación de iglesias saludables en la ciudad.* Wichita, KS: TUMI Press, 2015.

2. Paquete de recursos de la Escuela *Evangel*

B. ¿Cuáles son los dos libros teológicos más importantes para los plantadores de iglesias?

1. Davis, Don. *Raíces Sagradas: Un tratado sobre cómo recuperar la Gran Tradición.* Wichita, KS: The Urban Ministry Institute, 2010.

2. Ladd, George Eldon. *A Theology of the New Testament* [Una teología del Nuevo Testamento]. Grand Rapids: Eerdmans, 1993.

C. ¿Cuál es el recurso suplementario más importante producido por TUMI para plantadores de iglesias urbanas y entrenadores de campo?

1. Don L. Davis, ed., *Plantando iglesias entre los pobres de la ciudad: Una antología de recursos de plantación de iglesias urbanas, Volumen 1: Perspectivas teológicas y misionológicas para plantadores de iglesias.* Wichita, KS: TUMI Press, 2015.

2. Don L. Davis, ed., *Plantando iglesias entre los pobres de la ciudad: Una antología de recursos de plantación de iglesias urbanas, Volumen 2: Recursos y herramientas para los entrenadores y equipos*. Wichita, KS: TUMI Press, 2015.

3. Este conjunto de dos volúmenes (con cerca de 1,000 páginas de recursos) es una antología de gran parte de nuestra investigación, diálogo y percepción obtenida en las últimas dos décadas de plantación de iglesias entre los pobres. Es una colección completa de diversos materiales, que cubren numerosos temas y asuntos, todos diseñados para ayudarlo a comprender mejor las raíces teológicas, misiológicas, culturales y antropológicas del trabajo válido de plantación de iglesias en la ciudad. Para aquellos interesados en la plantación de iglesias entre la población más necesitada de la ciudad, este conjunto es una necesidad absoluta.

D. ¿Cuántos cursos hay disponibles de TUMI sobre plantación de iglesias?

1. *Enfoque en la reproducción*

    a. Uno de los cuatro cursos de misiones urbanas del Currículo Piedra Angular, este curso de ocho segmentos cubre los principios fundamentales de plantación de iglesias.

    b. Este es el curso más importante disponible para los plantadores de *World Impact*.

2. *Ganando el mundo*

    a. El enfoque del curso es sobre movimientos de plantación de iglesias.

    b. Este curso se puede descargar y tomar de forma gratuita en *www.biblicaltraining.org*.

3. *Visión para la misión: Nutriendo un corazón apostólico*

    a. Una clase de Serie *Fundamentos para el ministerio*

    b. Impactó significativamente a numerosos misioneros de *World Impact* para continuar con la plantación de iglesias. http://www.tumistore.org/foundations-nurturing-an-apostolic-heart-course/

E. ¿Qué es la Escuela de plantación de iglesias urbanas *Evangel*, Entrenamiento de decanos?

La Escuela de plantación de iglesias urbanas *Evangel* equipa a entrenadores de plantación de iglesias (Decanos) para organizar una Escuela de plantación de iglesias urbanas *Evangel* en su ciudad. Los equipos de decanos que asisten y completan nuestro "Entrenamiento Básico" de plantación de iglesias serán calificados para asistir a nuestro "Campamento intensivo" [*Boot Camp*], es decir, a la Escuela de decanos de plantación de iglesias urbanas *Evangel*. En el "Campamento intensivo", los equipos de decanos que completen con éxito nuestra capacitación espiritual, estratégica y táctica recibirán la certificación para capacitar a plantadores de iglesias urbanas y su equipo para plantar iglesias sanas y multiplicadoras entre los pobres.

F. ¿Qué es la Escuela de plantación de iglesias urbanas *Evangel*?

Nuestra Escuela de plantación de iglesias urbanas *Evangel* entrena plantadores de iglesias para plantar iglesias sanas de y para los pobres de la ciudad, aplicando la sabiduría bíblica para evangelizar, equipar y capacitar eficazmente a la gente de la ciudad no alcanzada para responder al amor de Cristo y tomar su lugar en representar el reino de Cristo donde viven y trabajan. *Listos para la siega: Una guía para la plantación de iglesias saludables en la ciudad*, el texto oficial de la Escuela *Evangel*, bosqueja un proceso de plantación de iglesias que respeta las culturas, entornos, comunidades y situaciones únicas que se reflejan en la norteamérica urbana. El enfoque de PLANT esbozado aquí proporciona instrucción sabia práctica y espiritualmente vital para los equipos de plantación de iglesias urbanas. Lleno con devocionales, seminarios, ejercicios y hojas de trabajo, con docenas de gráficos, diagramas y artículos, este recurso enriquecedor capacitará a los equipos de plantación de iglesias para diseñar una estrategia consistente con la visión que Dios les ha dado, el tipo de estrategia que resulta en la creación de iglesias saludables que declaran el reino, y el lanzamiento de reproducción de movimientos de plantación de iglesias.

G. Para obtener más recursos de plantación de iglesias de TUMI, vaya a: *www.tumi.org/churchplanting*.

II. **Formación espiritual y discipulado**

   A. Sermones y recursos de predicación

   1. Una abundancia de sermones, conferencias y presentaciones de conferencias están disponibles para su descarga gratuita en dos sitios en la red de TUMI:

      a. Sermones disponibles para descargar en *https://soundcloud.com/tumimedia/sets*

      b. En *http://www.tumimedia.org*

         (1) Sermones, conferencias y presentaciones de conferencias

         (2) Los temas se pueden buscar fácilmente utilizando la herramienta de búsqueda tópica

   2. ¿Qué tipo de series están disponibles para su descarga gratuita?

      a. Los sermones del Leccionario Común A, B y C revisados

      b. Cursos (por ejemplo, Dirigiendo una adoración efectiva) y series de sermones (por ejemplo, Apocalipsis) y muchos más.

   B. Canciones y recursos de adoración

   1. El Dr. Davis ha escrito más de 1,500 canciones, muchas de las cuales están disponibles de forma gratuita. (A partir del 10 de octubre de 2014, hay 44 canciones y bandas sonoras disponibles para su descarga gratuita en *https://soundcloud.com/tumimedia/sets.*)

   2. Escuche el curso de doce sesiones sobre *Effective Worship Leading* [Dirigiendo una adoración efectiva] en *www.tumimedia.org*. Vea también el recurso técnico de TUMI para aprender la guitarra titulado *Making Joyful Noises* [Haciendo ruidos gozosos].

C. Recursos de disciplina espiritual

1. El anuario de TUMI (*http://www.tumistore.org/church-resources/*)

    a. Una guía devocional para orar y leer las Escrituras, publicada cada año por TUMI

    b. Cada año se enfoca en un tema diferente.

2. Calendario de TUMI (*http://www.tumistore.org/church-resources/*)

    a. Los textos de las escrituras de TUMI para la predicación, lectura y oración tomadas del RCL (Leccionario Comun Revisado) cada año

    b. Cada año rediseñado con nuevas obras de arte

3. *Master the Bible* [Domine la Biblia] (*http://www.tumistore.org/master-the-bible/*)

    a. Plan de cuatro años para memorizar más de 800 pasajes de las Escrituras. Vea una reseña en *http://www.tumi.org/forum/showthread.php?t=80*

    b. Recurso para que las iglesias planeen cómo ayudar a su gente a memorizar las Escrituras. Incluye, libro, dvds, marcadores, carteles

4. Recursos de oración

    a. *Prayer Mountain!* [¡Montaña de oración!] Centro de retiros gratuito en el Centro de conferencias *Oaks* de *World Impact* para que todos los plantadores de iglesias realicen un retiro espiritual personal

    b. Recursos de la red de oración *Levántese Dios*

        (1) Don Davis, *Let God Arise* [Levántese Dios] (TUMI, 2000)

        (2) *www.letgodarise.com*

D. Recursos de discipulado

1. *Pelea la buena batalla de la fe: Haciendo su parte en el drama desplegado de Dios* ya está disponible (1 de enero de 2015). Es un currículo de seguimiento para nuevos creyentes basado en el libro de Efesios y se puede comprar en *http://www.tumistore.org/fight-the-good-fight/*.

2. *Fit to Represent: Vision for Discipleship Seminar* [Ajustado para representar: Seminario visión para el discipulado] está disponible ahora en *http://www.tumistore.org/fit-to-represent-vision-for-discipleship-seminar/*.

E. ¿Cuáles son las mejores herramientas de discipulado de hombres y mujeres desarrolladas por TUMI y *World Impact* hasta la fecha? (*http://www.tumi.org/siafu*)

1. Don Davis. *La guía de la red SIAFU: Unidos por Cristo en la ciudad.* TUMI, 2013.

2. Don Davis. *La guía de la reunión del capítulo de SIAFU.* TUMI, 2013.

F. Más de 700 recursos desarrollados para iglesias urbanas y líderes comprometidos con el ministerio urbano disponibles en *http://www.cafepress.com/tumi*.

1. Los recursos incluyen ilustraciones, videos, ropa, libros, etc.

2. Más de 30 recursos disponibles en español

III. Desarrollo de liderazgo

A. Libros

1. Don Davis. *Raíces Sagradas: Un tratado sobre cómo recuperar la Gran Tradición.* Wichita, KS: The Urban Ministry Institute, 2010.

2. Don Allsman. *Jesús recortado de la imagen: Por qué los cristianos se aburren y cómo restaurarlos a la fe vibrante.* Wichita, KS: The Urban Ministry Institute, 2010.

3. Efrem Smith. *The Post-Black and Post-White Church: Becoming the Beloved Community in a Multi-Ethnic World*. [La iglesia post-negra y post-blanca: Convertiéndose en la comunidad amada en un mundo multiétnico]. Vol. 59, *Jossey-Bass Leadership Network Series*. San Francisco: Jossey-Bass, 2012.

B. Clases de desarrollo de liderazgo

1. La red satelital de TUMI

   a. En la actualidad, más de 180 ministerios, iglesias y denominaciones urbanas han puesto en marcha institutos de formación de líderes de TUMI para capacitar líderes en el contexto de su ministerio.

   b. Aprenda cómo iniciar un satélite en su ministerio visitando *www.tumi.org/satellite*.

2. El Currículo Piedra Angular

   a. El programa de entrenamiento de liderazgo principal de TUMI. Dieciséis clases usualmente tomadas durante un período de cuatro años con cursos en cuatro áreas temáticas: Estudios Bíblicos; Ministerio Cristiano; Misión Urbana; y Teología Cristiana.

   b. Los cursos del Currículo Piedra Angular se pueden transferir a varios colegios y universidades acreditadas para aquellos interesados en continuar su educación. Para obtener más información sobre El Currículo Piedra Angular, visite *www.tumi.org/capstone*.

3. Cursos de Serie *Fundamentos para el ministerio* (13 actualmente disponibles)

   a. Los ejemplos de cursos incluyen *Church Matters* [Asuntos de la Iglesia]. Un curso que cubre los períodos principales de la iglesia y enfatiza cómo las iglesias evangélicas pueden renovarse mediante la recuperación de la Gran Tradición y la búsqueda de una espiritualidad compartida. *http://www.tumistore.org/foundations-church-matters-course/*

b. Entre los ejemplos de cursos incluyen *Marking Time: Forming Spirituality through the Christian Year* [Marcando el tiempo: Formando espiritualidad a través del año cristiano]. Este curso introduce a los evangélicos a una teología del tiempo arraigada en la práctica del año cristiano. El curso analiza la forma en que una espiritualidad compartida puede equipar a las iglesias que trabajan entre los pobres con recursos vitales para el discipulado, la predicación y la adoración. *http://www.tumistore.org/foundations-marking-time-course/*

C. Conferencias

1. Cumbre anual de TUMI. Más de doscientos líderes de todo el mundo participan en el desarrollo del liderazgo urbano a través de la red satelital TUMI. Encuentre más información en *www.tumi.org/satellite*.

2. Conferencias SIAFU para hombres y mujeres. Conferencias regionales de hombres y mujeres para alentar el alcance misional en las ciudades. Ver *http://www.tumi.org/siafu* para más información.

La historia de The Urban Ministry Institute

The Urban Ministry Institute es un centro de formación evangélica no denominacional dedicado a equipar al liderazgo de servicio para la iglesia urbana, especialmente entre los pobres.

Alcanzar a las ciudades del mundo es uno de los mayores desafíos misioneros que enfrenta la Iglesia hoy en día. Las ciudades crecen rápidamente, se vuelven más diversas, más divididas y cada vez menos alcanzadas por el evangelio.

- El número de habitantes de la ciudad ha crecido rápidamente, de 13% de todas las personas en 1900 a 50% de todas las personas de hoy.
- Las etnias en norteamérica se comunican en 157 idiomas distintos. Con más de 60 millones de habitantes (el 25% de la población), se sienten cada vez más atraídos por la ciudad.
- De los más de 60 millones de personas que viven en las ciudades de los Estados Unidos, 16 millones están en la pobreza y más del 90% no tienen una iglesia.
- La educación teológica tradicional es a menudo inaccesible para los líderes cristianos urbanos emergentes porque es:
  - Demasiado cara
  - No disponible para los líderes que no han completado la escuela secundaria o la universidad
  - Irrelevante para la experiencia cultural de muchas iglesias del centro de la ciudad

World Impact ha estado compartiendo el evangelio en las ciudades de norteamérica desde 1971. Como organización misionera cristiana, *World Impact* evangeliza y discipula a los pobres urbanos no alcanzados, ayudándoles a formar congregaciones dinámicas que ministren el amor de Cristo en la ciudad.

The Urban Ministry Institute es una parte importante de la manera en que los líderes de estas y otras iglesias pueden recibir capacitación bíblica de calidad y estar equipados para la tarea del ministerio. *The Urban Ministry Institute* está dirigido por profesores experimentados que combinan muchos años de experiencia en el campo misionero con credenciales teológicas formales.

El Rev. Dr. Don L. Davis (B.A., Wheaton College, M.A., Graduado de la escuela de Wheaton, Ph.D., Universidad de Iowa) es el Director de *The Urban Ministry Institute*.

> El Instituto abrió en la primavera de 1996 y actualmente tiene clases, organiza coloquios y patrocina seminarios para laicos y pastores que ministran en la ciudad.

Bob Stevenson (A.A., Pasadena City College; B.A., Universidad Estatal de San Diego) es el Director de Satélites de *The Urban Ministry Institute*.

En el verano de 1995, Don Davis y su familia se mudaron a Wichita, Kansas para comenzar *The Urban Ministry Institute*. El Instituto abrió en la primavera de 1996 y actualmente tiene clases, organiza coloquios y patrocina seminarios para laicos y pastores que ministran en la ciudad. Nuestra misión es equipar el liderazgo de la iglesia urbana, especialmente entre los pobres, para avanzar en el reino de Dios en la ciudad. Brindamos capacitación bíblica y teológica que es barata y accesible para líderes cristianos entre los más desfavorecidos de la ciudad.

Nuestra sincera convicción es que Dios ha seleccionado a los pobres para que sean ricos en fe y herederos del reino de Dios. Creemos sin equivocarnos que algunos de los mejores discípulos y misioneros de nuestro tiempo surgirán desde las iglesias de los pobres urbanos. Nos hemos dedicado a hacer todo lo posible para levantar obreros espirituales calificados para Cristo y su reino entre los más pobres entre los pobres de las ciudades interinas de los Estados Unidos. Toda nuestra programación, enseñanza y patrocinios son para este fin.

Descripción general de la estructura y estrategia de The Urban Ministry Institute

Nuestra estructura

The Urban Ministry Institute es un ministerio de *World Impact*, una organización interdenominacional misionera cristiana dedicada a compartir el amor de Dios en las ciudades de norteamérica. Como organización misionera, *World Impact* busca evangelizar a los pobres de las zonas urbanas, discipularlos en la Palabra de Dios y plantar iglesias transculturalmente en barrios urbanos donde no existe una iglesia evangélica. *The Urban Ministry Institute*, como un brazo de capacitación de este ministerio único, existe para equipar el liderazgo de iglesias urbanas nuevas, emergentes y existentes, especialmente entre los pobres, para avanzar en el reino de Dios.

Si bien la educación teológica tradicional y los seminarios han sido los pilares del desarrollo del liderazgo cristiano, los pobres urbanos a menudo son pasados por alto o completamente ignorados en sus programas. A pesar de lo exitoso que han sido los seminarios tradicionales en la formación de líderes calificados para las iglesias, la educación teológica tradicional es simplemente demasiado engorrosa para el desarrollo de líderes entre los pobres urbanos. Su programación es demasiado costosa, generalmente se ofrece lejos del contexto de las necesidades urbanas, tiende a ser inaccesible para los pobres debido a las calificaciones académicas, y, en gran parte, permanece culturalmente distante de su experiencia y trabajo.

Desde 1995, *The Urban Ministry Institute* (TUMI) ha servido tanto al ministerio nacional de *World Impact* como a los trabajadores cristianos del área de Wichita, pastores y misioneros urbanos, brindando capacitación teológica y ministerial económica y excelente orientada a las necesidades específicas y el contexto de los pobladores de la ciudad. Desde nuestros inicios, hemos impartido más de cien cursos a nivel de seminario, hemos otorgado nuestros certificados y diplomas académicos a las clases de estudiantes locales que se graduaron y proporcionamos recursos continuos en todo el país a los líderes cristianos que participan en actividades de alcance urbano y ministerios. Buscamos que estos recursos sean lo más asequibles y culturalmente sensibles posible. Además, todos nuestros cursos, conferencias, seminarios y talleres son facilitados por nuestra experimentada facultad de TUMI, académicos cristianos ordenados con muchos años en el cuidado pastoral y el ministerio urbano.

The Urban Ministry Institute existe para equipar el liderazgo de las iglesias urbanas nuevas, emergentes y existentes, especialmente entre los pobres, para avanzar el Reino de Dios.

Nuestro enfoque es proporcionar a misioneros, pastores laicos, ministros en entrenamiento y liderazgo de iglesias urbanas los recursos necesarios para llevar a cabo un ministerio urbano eficaz.

Nuestra estrategia

El personal y la facultad de *The Urban Ministry Institute* creen de todo corazón que Dios está levantando en números significativos hombres y mujeres entre los pobres urbanos que sirven a su reino de maneras extraordinarias, en toda la nación. Deseamos brindar el entrenamiento más excelente, asequible y accesible que resultará en una nueva generación de hombres y mujeres equipados, capaces de discipular y construir una comunidad cristiana en Wichita y en todo el mundo, todo para la gloria de Dios. Debido a esta visión, nuestro enfoque es proporcionar a misioneros, pastores laicos, ministros en capacitación y líderes de iglesias urbanas los recursos necesarios para llevar a cabo un ministerio urbano eficaz.

Si bien prestamos considerable atención a proporcionar recursos a las iglesias urbanas para ayudarles a establecer nuevos y crecientes cristianos en Cristo, el corazón de nuestra visión es equipar a los líderes de la iglesia urbana. Esto implica dos cosas: 1) proporcionar líderes y obreros cristianos nuevos y emergentes en las iglesias urbanas con los recursos teológicos esenciales y el apoyo necesario para un ministerio urbano efectivo, y 2) proporcionar una inversión continua para los líderes de iglesias urbanas experimentados que pretenden afilar sus propios ministerios y capacitar a otros para el ministerio también (consulte los siguientes apéndices para nuestra estructura y estrategia).

¿Por qué desarrollar centros de extensión para la educación teológica?

¿Los líderes cristianos de entre los pobres urbanos merecen acceso a aportes teológicos formalizados y excelentes? Para aquellos de nosotros que responderían "Sí", las preguntas inmediatas son *"¿Cómo sucederá esto?"* y *"¿Qué aspecto tendría?"*

Para los pobres urbanos, rara vez dicha educación tomará la forma de educación tradicional en el seminario. Aunque a menudo son excelentes y completos en su capacitación, los seminarios tradicionales son demasiado caros, demasiado distantes culturalmente y demasiado alejados de los problemas inmediatos que dominan las preocupaciones teológicas de los pobres para ser la respuesta principal para su educación teológica.* En cambio, los centros de extensión innovadores para la educación teológica necesitan establecer que:

- se encuentran en el contexto de la iglesia urbana,
- priorizan las necesidades de las personas que ya están en el ministerio, y
- se dirigen a las realidades culturales y socioeconómicas de los líderes cristianos del centro de la ciudad.

Creemos que tales nuevos enfoques innovadores se encuentran directamente en la tradición evangélica, que brindan una oportunidad educativa única para la inversión de calidad y que son una respuesta esencial a los desafíos del entorno urbano.

---

*   Robert E. Freeman ofrece una perspectiva útil cuando dice: "El seminario protestante tradicional de EE. UU. En los últimos sesenta o setenta años se ha convertido en dos cosas prominentes: a) una comunidad de académicos que realizan investigaciones como académicos profesionales (lo cual es muy necesario para tratar con los muchos asuntos complejos de la actualidad), y b) un lugar donde los candidatos para el ministerio ordenado (y la beca cristiana) están capacitados. El seminario de extensión. . . de ninguna manera tiene la intención de reemplazar o restar importancia a la primera función crucial, pero tiene la intención de operar en paralelo a este último mediante un nuevo método que permite una selección más amplia y tal vez superior de estudiantes, ya que permite la participación de líderes probados. . . . La tarea del seminario no es hacer líderes, el llamado del seminario es entrenar a los líderes que Dios ya ha hecho" (Freeman, 1999, pág. 2).

Una tradición evangélica

El impulso evangélico en el corazón de la iglesia siempre ha tenido un sentido de urgencia sobre la tarea de la misión y los no alcanzados. Esta urgencia ha llevado a los educadores cristianos a identificar y preparar a los llamados al liderazgo para su misión y ministerio.

El misionólogo evangélico Ralph Winter ha escrito extensamente sobre cuántas de las órdenes misioneras monásticas en el catolicismo medieval surgieron como una respuesta específica a la misión "doméstica" y "extranjera". Él nos recuerda que en estas órdenes:

> No solo había monjes que eran célibes, sino que tenían órdenes secundarias y terciarias, así como todo tipo de laicos. . . . Después de las invasiones bárbaras arremolinó a través de lo que es la España moderna, Francia e Italia durante un par de cientos de años. . . . puede haber habido de 2,000 a 3,000 estudiantes del continente estudiando la Biblia en estos. . . monasterios [irlandeses] (Winter, 1969, pág. 300).

En la experiencia estadounidense de principios de 1900, la iglesia evangélica descubrió que no podía entrenar líderes lo suficientemente rápido como para responder a la oleada de nuevos conversos entre los pobres urbanos en el hogar o a las oportunidades emergentes entre los nuevos campos misioneros en el extranjero. Los nuevos "institutos bíblicos" fueron creados para que "los líderes puedan estar equipados para un mejor servicio en sus iglesias, y en los barrios marginales y lugares desfavorecidos de nuestras grandes ciudades" (Cook 1930, 1) y convertirse en una fuente de capacitación para el emergente movimiento interdenominacional de misiones extranjeras (ver Carpenter, 1990, 92-132). Lo que comenzó con un énfasis en equipar principalmente a los laicos para el servicio rápidamente cambió a ser también un nuevo medio para "entrenar a hombres y mujeres para el servicio cristiano 'a tiempo completo' como pastores o misioneros" (Daniel 1980, 333).

Desde la década de 1950, la iglesia evangélica ha reconocido que los seminarios tradicionales que sirven a las iglesias y denominaciones establecidas tan bien a menudo no son totalmente capaces de satisfacer las mismas necesidades para las iglesias emergentes misiones o para los movimientos entre los que culturalmente o económicamente están al margen de una sociedad. La Educación Teológica por Extensión (TEE siglas en inglés) surgió como un medio innovador de educar a los líderes para el ministerio y la misión en estos contextos. ETE se puede definir como:

> Una forma de educación teológica que se caracteriza por estos tres elementos esenciales: materiales de autoaprendizaje, trabajo práctico en la propia congregación del alumno y encuentros o seminarios regulares con estudiantes y profesores (Ross Kinsler).

O más ampliamente:

> ETE es un entrenamiento de liderazgo teológico, que utiliza cualquier método que logra objetivos establecidos, que llega a las personas en el área geográfica (proximidad) con una interrupción cultural mínima (Ralph Porter).

En situaciones misioneras en todo el mundo, decenas de miles de líderes de iglesias han sido entrenados usando métodos innovadores en educación teológica que les permiten a las personas acceder a la capacitación teológica formal sin abandonar sus trabajos, sus iglesias, su cultura o sus redes sociales.

Hoy, cuando la tarea misionera se ha transformado de las antiguas distinciones de "Hogar" y "Extranjero" a un modelo que es "de todas partes a todas partes" la necesidad de una educación teológica innovadora que combine lo mejor de lo viejo (seminarios, Institutos Bíblicos, ETE) con nuevas formas de educación a distancia nunca han sido más importantes. La urgencia de alcanzar a aquellos que no han escuchado en todas las naciones nos obliga a encontrar nuevas formas de invertir en todos aquellos a quienes Dios ha llamado para dirigir su iglesia, especialmente entre aquellos que están al margen de cualquier sociedad.

Una oportunidad educativa

Tal vez el argumento educativo más importante para la innovación en la formación teológica sea la creciente conciencia de que el aprendizaje ocurre mejor cuando una persona puede avanzar y retroceder entre la teoría y la práctica.

> El aprendizaje se facilita mejor en un ambiente donde hay tensión dialéctica y conflicto entre la experiencia concreta inmediata y el desapego analítico (Kolb, 1984, pág. 9).

La mejor educación ocurre cuando un alumno se mantiene "en contexto" para que los conceptos y habilidades aprendidas en el aula puedan aplicarse y probarse inmediatamente en el mundo real del ministerio práctico.

Robert E. Freeman observa que:

> Estar ausente o extraído de la participación activa de la iglesia en el ministerio pone al alumno en un aprendizaje sobre o para la situación en lugar de un aprendizaje en o de la situación (Freeman, 1999).

El modelo de seminario por extensión ofrece educación "basada en el campo" a los estudiantes que ya están haciendo ministerio, no simplemente preparándose para ello. Por lo tanto, hacer educación teológica usando modelos de extensión "no es un intento de sacar lo mejor de una mala situación". Es parte de una tendencia mundial basada en investigaciones sustanciales sobre cómo las personas aprenden" (Ward y Rowen, 1972).

Los estudiantes adultos aprenden mejor cuando pueden hacer una aplicación directa de sus conocimientos.

> Cuando pueden poner algo en uso inmediatamente, esa experiencia de aprendizaje permanece con ellos. . . El servicio cristiano [es] un componente vital en el proceso de aprendizaje [educación teológica por extensión]. Cada clase subsiguiente brinda la oportunidad de retroalimentación y discusión sobre las experiencias en el servicio cristiano esa semana. Cada nuevo conocimiento ganado puede aplicarse de inmediato. Lo que hizo el estudiante adulto y cómo funcionó se convirtió en un tema importante de discusión (Snook, 1992, págs. 16-17).

Invertir en aquellos que ya están involucrados en el liderazgo cristiano mientras permanecen en su situación ministerial no solo hace posible la educación teológica formal para muchos, sino que también la mejora.

Una respuesta esencial
La rápida expansión de los pobres urbanos en todo el mundo de hoy presenta a la iglesia con un gran desafío y una oportunidad notable. A medida que el alcance misionero entre los pobres continúa dando sus frutos, los enfoques innovadores para el desarrollo del liderazgo son de vital importancia. En los países en desarrollo, los seminarios de extensión no tradicionales son una parte aceptada de los modelos de capacitación

en liderazgo y pueden ser accesibles para los pobres, aunque a menudo necesitan ser reorientados para servir a una clientela predominantemente urbana en lugar de rural.

En los países occidentales prósperos, sin embargo, se ha prestado mucha menos atención a los pobres como grupo de líderes potenciales para la iglesia. (Su condición marginal en la sociedad se ha traducido a menudo en un estatus marginal dentro de una iglesia occidental próspera y bien dotada). Incluso cuando ha surgido la preocupación por los pobres urbanos como líderes, las preguntas a menudo se han centrado en el acceso a modelos existentes de educación tradicional en el seminario. Con poca frecuencia se ha examinado críticamente la utilidad del modelo tradicional de seminario para los pobres urbanos de América del Norte y las iglesias han sido lentas en desarrollar el tipo de modelos de extensión en contexto que han demostrado ser útiles en otros entornos.

Los líderes cristianos emergentes de entre los pobres urbanos de América del Norte presentan una serie de desafíos a los que los educadores teológicos deben responder que:

- Ya están "en el ministerio" y con frecuencia son bi-vocacionales, por lo que la educación teológica debe ajustarse a sus horarios y al hecho de que a menudo deben limitar sus cursos y seguir su educación teológica de forma no secuencial. La educación teológica debe venir en trozos "del tamaño de un bocado" y encontrar la manera de enseñar los temas centrales en todo el plan de estudios en lugar de depender de cursos extensos de prerrequisitos.

- Los líderes cristianos de los mismos grupos de la iglesia pueden ser analfabetos funcionales, semi-analfabetos a muy letrados. La educación teológica debe encontrar la manera de fortalecer la alfabetización y proporcionar formas de acceder a la información que no hacen que las habilidades de lectura sean el factor crítico.

- La asequibilidad es un tema clave para obtener educación teológica. Debe haber una convicción de que no se puede permitir que la pobreza se interponga entre los líderes eclesiales que funcionan y los recursos teológicos que necesitan para un ministerio más efectivo.

- Las diferencias en cultura, clase y etnicidad deben tomarse en serio en el currículo teológico. Los problemas que se enfrentan, los estilos de pensamiento que predominan, los temas teológicos que se priorizan y los lenguajes que se usan pueden ser significativamente diferentes de la cultura dominante. La contextualización de la educación teológica es imperativa.

- El liderazgo en la comunidad cristiana se ha ganado basado en la vivencia del llamado de Dios y en la experiencia práctica. La aceptación en un programa de educación teológica debe basarse en estos criterios y no en requisitos puramente educativos. La educación teológica debe ser para aquellos (ya sean laicos u ordenados) que ya están haciendo ministerio.

- El desarrollo del liderazgo se lleva a cabo en un contexto de misión y alcance. Se debe poner especial énfasis en la evangelización y la incorporación de nuevos creyentes a la iglesia.

- El desarrollo del liderazgo se lleva a cabo en un contexto de necesidad humana. La educación teológica debe proporcionar una forma de entender la pobreza, la justicia, el desarrollo y el papel de la Iglesia en el ministerio holístico.

Es esencial que la Iglesia en norteamérica cree modelos innovadores de educación teológica para responder a estos desafíos. Prácticamente, la evangelización de nuestras ciudades urbanas depende de ello. Teológicamente, la fidelidad a la elección de Dios de los pobres como líderes clave de la fe (Santiago 2.5) lo exige.

The Urban Ministry Institute

The Urban Ministry Institute existe como una forma de dotar de recursos a la visión de los educadores teológicos que están comprometidos con la búsqueda de nuevos modelos para invertir en los pobres urbanos y aquellos que ministran entre ellos. Nos comprometemos a crear materiales, redes y programas educativos que harán que la tarea sea más fácil y más efectiva.

Debido a que somos parte de una agencia misionera interdenominacional (ver Apéndice 1) con un enfoque específico en los pobres urbanos, nos encontramos en una posición única para enfocarnos en los temas de educación teológica a través de la lente de una visión misionera.

Creemos que *The Urban Ministry Institute* se ve mejor no como la forma de hacer educación teológica entre los pobres urbanos, sino como una forma de educación teológica que puede servir como un recurso y un trampolín para continuar innovando por otros que comparten nuestra tarea común.

Conclusión

Los seminarios de extensión, centrados en los pobres urbanos y adaptados a las necesidades de los líderes cristianos en sus situaciones ministeriales, son una parte clave de la preparación de la Iglesia para cumplir su misión en el futuro inmediato. El desarrollo, el refinamiento y la proliferación de tales centros para la educación teológica merecen ser una alta prioridad en la visión de la Iglesia, la creación de estrategias y la asignación de recursos para el ministerio.

Lista de referencia

Carpenter, Joel A. 1990. "Propagating the Faith Once Delivered" [Propagando la fe una vez entregada], en *Earthen Vessels: American Evangelicals and Foreign Missions* [Vasijas de barro: evangélicos estadounidenses y misiones extranjeras], *1880-1980*, eds. Joel A. Carpenter y Wilbert R. Shenk. Grand Rapids, MI: Wm. B. Eerdmans Publishing Co.

Cook, J. W. 1930. *The Bible Institute Movement* [El Movimiento del Instituto Bíblico]. Tesis de maestría no publicada: Northwestern Evangelical Seminary. Citado en Jonathan N. Thigpen, "A Brief History of the Bible Institute Movement in America" [Una breve historia del movimiento del Instituto Bíblico en América], en *Developing a Dynamic Bible Institute*. [Desarrollando un instituto bíblico dinámico] 1997. Wheaton, IL: Evangelical Training Association.

Daniel, Eleanor, John W. Wade, y Charles Gresham. 1980. *Introduction to Christian Education* [Introducción a la educación cristiana]. Cincinnati: Standard Publishing. Citado en Jonathan N. Thigpen, "A Brief History of the Bible Institute Movement in America" [Una breve historia del movimiento del Instituto Bíblico en América] en *Developing a Dynamic Bible Institute*. [Desarrollando un instituto bíblico dinámico] 1997. Wheaton, IL: Evangelical Training Association.

Freeman, Robert E. [Citado el 14 de julio de 1999]. Why Does Fuller Do Extended and Distance Education? [¿Por qué Fuller hace educación extendida y a distancia?] en *Fuller Theological Seminary Internet Website*. URL: *www.fuller.edu/swm/faculty/ ML525/ supplemental/ linkwhyext.html*.

Kolb, David A. 1984. *Experiential Learning: Experience as the Source of Learning and Development* [Aprendizaje experiencial: La experiencia como fuente de aprendizaje y desarrollo]. Englewood Cliffs: Prentice-Hall.

Snook, Stewart G. 1992. *Developing Leaders through Theological Education by Extension* [Desarrollando líderes a través de la educación teológica por extensión]. Una monografía BGC. Wheaton, IL: Billy Graham Center-Wheaton College.

Ward, Ted y Samuel F. Rowen. "The Significance of the Extension Seminary" [La Importancia del Seminario de Extensión], en *Evangelical Missions Quarterly* [Misiones Evangélicas Trimestralmente] 9, no. 1 (otoño de 1972).

Winter, Ralph D. 1969. "Theological Education in Historical Perspective" [Educación teológica en perspectiva histórica], en *Theological Education by Extension* [Educación teológica por extensión], editado por Ralph D. Winter. South Pasadena, CA: William Carey Library.

¿Qué es un satélite de The Urban Ministry Institute?

Identificar y reclutar socios en el ministerio es la única opción para nosotros si realmente queremos plantar iglesias entre los pobres urbanos no alcanzados, y equipar a hombres y mujeres piadosos para servir a la Iglesia en la ciudad. La asociación es un principio comprobado que lleva a resultados dramáticos. Su poder se ha visto en cada esfuerzo donde el pueblo de Dios ha tratado de expandir el reino de Dios. El Señor Dios nos ha hecho socios con él mientras servimos como sus propios embajadores (2 Cor. 5:20). En lugar de competir entre ellos, o incluso peor, ignorar por completo los esfuerzos de los demás, Dios desea que unamos nuestras fuerzas en unidad para movilizar a su Iglesia para la evangelización, el discipulado y el crecimiento de congregaciones saludables entre los pobres urbanos no alcanzados. (Flp. 1:27ss.). ¡Qué visión tan emocionante y transformadora!

Un "satélite" del Instituto es un ministerio hermano, ya sea ubicado en una iglesia, organización cristiana, prisión o misión que cumpla con nuestros requisitos para equipar a los líderes de la iglesia urbana, especialmente entre los pobres, con el fin de avanzar el reino de Dios en la ciudad. Un satélite es un socio, un grupo de cristianos que se han comprometido a entrenar líderes para la iglesia urbana, manteniendo su propia identidad e independencia, mientras se aprovechan de nuestro personal, planes de estudio y experiencia al luchar juntos para levantar obreros fieles para la cosecha (Mateo 9:35-38). Nuestro deseo es proporcionar a cada satélite los recursos teológicos más asequibles y excelentes que podamos, lo que le permitirá crear su propio programa de capacitación único que mejor se adapte a sus estudiantes y su situación ministerial.

Creemos profundamente en la capacidad del Espíritu Santo de levantar hombres y mujeres fieles que puedan enseñar a los estudiantes urbanos que merecen la Palabra de Dios y prepararlos para el ministerio. Nuestro deseo es encontrar nuevas formas de cooperar con usted a medida que cumple con su carga y llamamiento para equipar a los líderes cristianos urbanos para ministrar eficazmente en sus congregaciones y comunidades. No deseamos obstaculizar o aplastar su visión para el desarrollo del liderazgo. Por el contrario, estamos listos y ansiosos de hacer todo lo posible para ayudarlo a medida que brinda capacitación en el ministerio a los líderes de su iglesia y comunidad. Como ministerio evangélico dedicado a enseñar la Palabra de Dios, queremos encontrar otras iglesias y organizaciones cristianas que compartan nuestra creencia en su poder para transformar, y asociarnos con ellas para equipar a otros a fin de que ministren la Palabra eficazmente dondequiera que Dios los dirija.

A la luz de esto, lo animamos a que considere seriamente convertirse en un centro de capacitación satelital del instituto. Prometemos nuestro esfuerzo más dedicado, piadoso y enfocado para que sea un centro de capacitación relevante y dinámico para los líderes urbanos. Nuestro ministerio matriz, *World Impact, Inc.*, se compromete a plantar la mayor cantidad posible de iglesias urbanas entre los pobres urbanos de norteamérica. El papel de *The Urban Ministry Institute* en este mandato es ayudar a todos los que desean movilizar líderes en la iglesia urbana para una vida corporal más efectiva, de alcance y de misiones pioneras.

¡Asóciese con nosotros para equipar líderes entre los pobres urbanos para la iglesia urbana!

El papel estratégico de la iglesia local en su Instituto

> Toda la revelación bíblica y la historia de la salvación están organizadas en torno a un drama profundo, el romance de Dios con su creación y, en particular, su propia gente preciosa.
>
> La Iglesia es la misma comunidad de Dios, el cuerpo de Cristo y el agente del reino de Dios en la tierra hoy.

La historia de Dios tiene a la Iglesia en su centro, y la congregación local es la expresión concreta de la Iglesia universal de Dios en todo el mundo. Como un instituto de capacitación, debe tener cuidado de respetar el papel de la congregación local en la capacitación de sus alumnos. Equipar a los líderes urbanos cristianos para el ministerio es prepararlos para ser discipuladores efectivos en el contexto de las iglesias urbanas existentes, así como para equiparlos para evangelizar y hacer justicia que conduzca a la formación de iglesias sanas espiritualmente vitales en las áreas urbanas donde Cristo aún no se conoce. Estamos convencidos de que el impacto relativo de su capacitación estará directamente relacionado con su compromiso de fortalecer y multiplicar las iglesias urbanas que se reproducen de manera saludable en su comunidad, especialmente las que se comprometen a ministrar a los pobres de las zonas urbanas.

A continuación hay varios principios relacionados con el papel central que la congregación local debería desempeñar en su Instituto.

1. La congregación local es una expresión concreta de la Iglesia militante, el puesto espiritual autorizado para hacer discípulos y demostrar la vida del reino. La Iglesia nutre y equipa a los cristianos para la guerra, lo que les permite representar a Cristo con honor mientras "toman las riendas" de Dios. Ninguna otra institución puede manejar la espada del Espíritu contra esas fuerzas espirituales que socavan nuestros barrios urbanos. Como un instituto de capacitación, una de sus primeras prioridades es asociarse con las congregaciones locales en su área para enriquecer y estimular a la cooperación entre ellos y otros ministerios en su comunidad. Debe tratar de fortalecer la adoración, el testimonio y las obras de cada iglesia local en su área, ya que este es el lugar donde los creyentes alcanzan la plena madurez en Cristo (Ef. 4:7-16; Rom. 12:4-8; 1 Ped. 4:10-12). Asegúrese de que todos sus alumnos sean miembros de buena reputación dentro de sus congregaciones locales, que estén sometidos a su liderazgo pastoral y que estén dispuestos a cumplir su ministerio como lo confirmen sus líderes y congregaciones.

2. La congregación local es tanto la base y el fin de todos los ministerios viables que buscan cumplir el Gran Mandamiento y la Gran Comisión. Como discípulos de Jesús, no solo somos llamados a abandonar el mundo para amar a Dios y a nuestro prójimo (Mat. 22:30-31), también estamos llamados a ir a todo el mundo y hacer discípulos a todas las naciones (Mat. 28:18-20). Los cristianos individuales son llamados por

Dios y dotados por el Espíritu Santo para ser embajadores de Cristo en el mundo, comenzando en sus propios vecindarios y dondequiera que el Espíritu los guíe (2 Cor. 5:20). La congregación local es el lugar que Dios ha ordenado para que los creyentes estén equipados para hacer el trabajo del ministerio, a fin de que el cuerpo de Cristo pueda crecer espiritual y numéricamente (Ef. 4:12-16). La vocación más importante de su Instituto es equipar el liderazgo de la iglesia urbana. Independientemente de los líderes urbanos a quienes capacite, ya sean pastores, obreros cristianos, misioneros, ministros de jóvenes, maestros de escuela dominical o cualquier otra persona, está mejorando el avance del reino de Dios en su localidad. Su Instituto debe esforzarse por hacer que los cristianos sean efectivos en sus iglesias locales para que cada iglesia que representan pueda ser fortalecida en Cristo, fructificando en hacer buenas obras y evangelizando a los perdidos como Dios le guíe.

3. La congregación local puede ser movilizada estratégicamente para promover una comprensión bíblica de la libertad, la integridad y la justicia en la ciudad, así como para atacar a las comunidades urbanas no alcanzadas para la evangelización y la plantación de iglesias. Al equipar a los líderes para un ministerio espiritualmente vital en la iglesia urbana, el Espíritu Santo brindará oportunidades para que sus alumnos atiendan las necesidades apremiantes en su comunidad o más allá. Las Escrituras son inspiradas por Dios, suficientes para enseñar, corregir, reprender e instruir a sus alumnos con justicia a fin de que estén completamente equipados para cada buena obra que él les pide que hagan (2 Timoteo 3:16-17). Al entrenar a sus alumnos para ministrar, y enseñar y modelar las Escrituras en su Instituto, Dios dará abundantes frutos espirituales a través de sus alumnos, guiándolos a discipular a creyentes en crecimiento, participando en buenas obras y llegando a tocar a los perdidos en su comunidad. Capacitar a los líderes para que sean eficaces en el contexto de sus propias congregaciones locales multiplicará el ministerio en toda su comunidad, ciudad y en todo el mundo.

164 • El manual de entrenamiento básico del decano de Evangel

Tres niveles de inversión ministerial
Rev. Dr. Don L. Davis

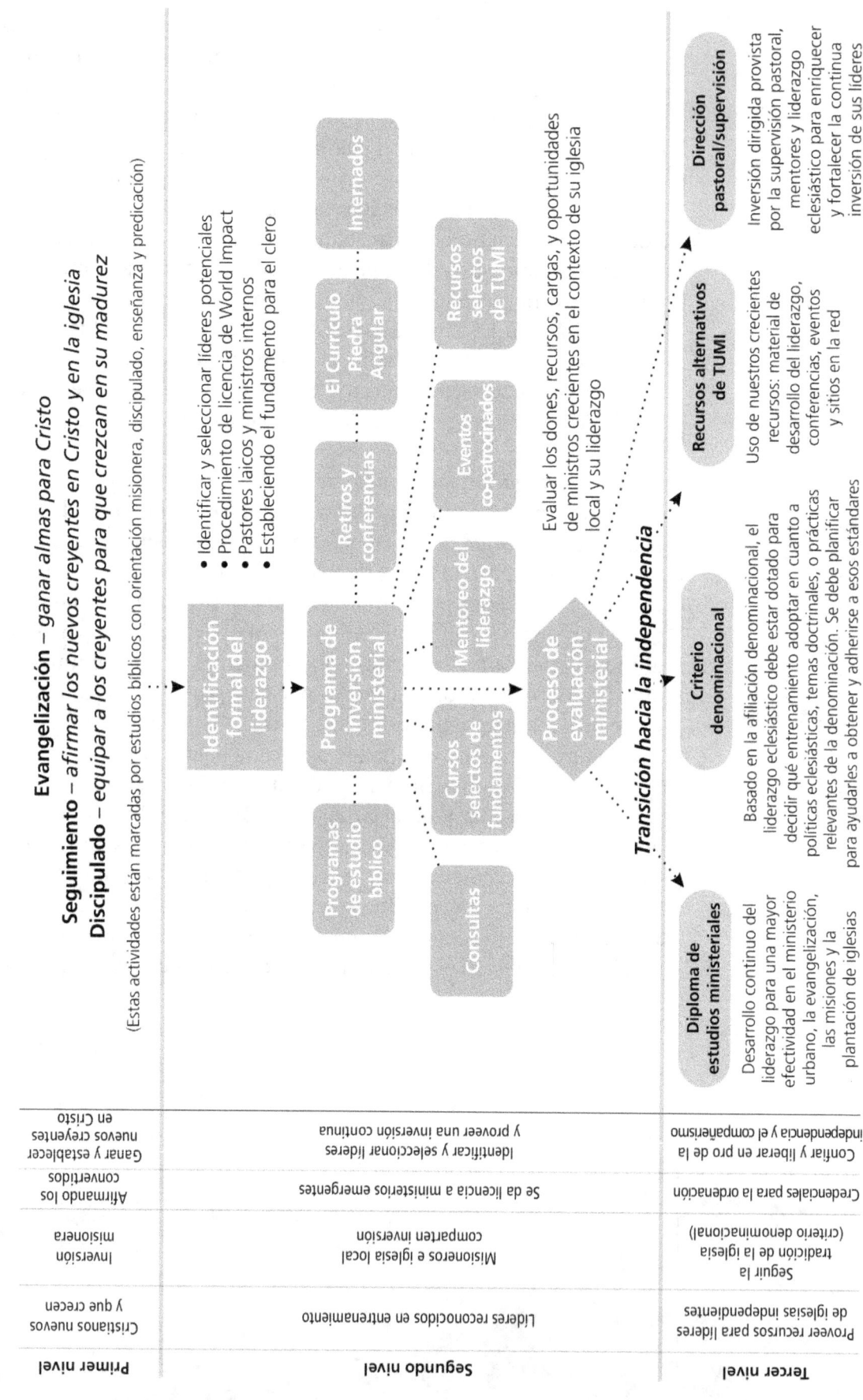

Descripción general del proceso Evangel
Proceso de planificación para la Escuela de decanos Evangel

I. **Los miembros del equipo** *Evangel*

Las Escuelas de plantación de iglesias urbanas Evangel están diseñadas para maximizar a los obreros de los campos de la cosecha.

- Líderes de equipos de la plantación de la iglesia
- Entrenadores de plantación de la iglesia
- Decanos de Evangel
- Ministerio patrocinador

Director Nacional de Plantación de Iglesias

El Director Nacional de Plantación de Iglesias de TUMI sirve como un recurso para cada nivel del proceso de Plantación de Iglesias.

II. **Paralelos entre la estructura del satélite TUMI y la estructura de la Escuela de plantación de iglesias *Evangel***

   A. **Líder local.** Ambos modelos de entrenamiento se basan en un líder local dotado que capacita a los líderes para su propio contexto.

   1. Satélite de TUMI: Coordinador del sitio TUMI

   2. Escuela de plantación de iglesias *Evangel*: Decano de *Evangel*

   B. **Mentores contextualizados.** Ambos modelos de capacitación se basan en que el líder local recluta a otros para formar un equipo de capacitación que brinde asesoramiento contextualizado a los líderes en desarrollo.

   1. Sistema de Satélites TUMI: Mentores y Profesores de TUMI

   2. Escuelas de plantación de iglesias *Evangel*: Entrenadores asesores

   C. **Contenido principal.** Ambos modelos de capacitación tienen un plan de estudios básico que puede contextualizarse localmente.

   1. TUMI: El Currículo Piedra Angular

   2. *Evangel*: Plan de estudios *Listos para la siega*

   D. **Iglesia local.** Ambos modelos de entrenamiento tienen sus raíces en la iglesia local.

   1. TUMI: Requiere referencia del Pastor para convertirse en estudiante

   2. *Evangel*: Requiere la referencia del Pastor para convertirse en Decano, Entrenador o Líder del equipo

III. Vista general del proceso

A. Cajas oscuras = interacción con la oficina nacional de TUMI

B. Cajas claras = proyecto local

Columna 1 (cajas oscuras):
- Reclutar y evaluar candidatos para decanos
- Los decanos son certificados en la escuela de decanos Evangel
- Registrarse en línea en la Escuela Evangel (www.tumi.org)
- El Decano recibe confirmación por correo electrónico, número de escuela oficial e información de la escuela publicada en www.tumi.org
- Reclutar equipos de plantación de iglesia

Columna 2 (cajas claras):
- Realizar la Escuela Evangel
- Reclutar y capacitar al personal necesario
- Reclutar y entrenar a los entrenadores necesarios
- Determinar presupuesto final y recaudar el dinero necesario para la escuela
- Invitar a los equipos aceptados a la Escuela Evangel
- Evaluar a los líderes del equipo de la plantación

Columna 3 (cajas oscuras):
- Presentar el Informe en línea en www.tumi.org con todas las cartillas, los entrenadores, el personal y la información del equipo
- Asegurarse que todos los entrenadores de campo se reúnan con los equipos durante el primer mes después de Evangel
- Recordatorio automático por correo electrónico al decano sobre el informe/renovación de cartilla
- El decano presenta un informe sobre cada plantación de iglesias (www.tumi.org) al final de cada cartilla
- O el decano envía/somete un formulario de renovación de cartilla

IV. Comprendiendo la estructura de la Escuela *Evangel*

A. Ministerio patrocinador

1. Asegura la autoridad espiritual apropiada para cada equipo de la plantación de la Iglesia

2. Los ejemplos incluyen

   a. Organizaciones misioneras (*World Impact*)

   b. Denominaciones

   (1) Viñedo/Viña

   (2) Iglesia del Pacto Evangélico

   (3) Iglesia de Dios en Cristo

   (4) Asamblea de Dios

   (5) Iglesia Reformada de América

   (6) Iglesia Cristiana Reformada

   (7) Metodista Libre

   c. Iglesias individuales o asociaciones de iglesias

   (1) Asociación de Iglesias Urbanas de Los Ángeles

   (2) *Valley Church* en Cupertino

   d. Campus satelitales de *The Urban Ministry Institute*

   (1) TUMI – Condado de Orange

   (2) TUMI – La Habana

B. TUMI Internacional

  1. TUMI proporciona recursos para todas las Escuelas *Evangel*.

     a. Entrenamiento anual de decanos

     b. Paquete de recursos *Evangel**

     c. *Listos para la siega* (y equipo de herramientas para los plantadores de iglesias)

     d. Cursos adicionales de plantación de iglesias para líderes de equipos y entrenadores

     e. Soporte en línea y seguimiento de todas las Escuelas de *Evangel*

     f. Certificado de plantación de iglesias a través de la red satelital TUMI

  2. El Director Nacional de Plantación de Iglesias (NDCP siglas en inglés) es el punto de contacto para todas las Escuelas *Evangel*.

     a. El Rev. Bob Engel sirve como el DNPI y es un recurso para todos los Decanos de *Evangel*. Él proporciona servicios de entrenamiento y consultoría según le soliciten.

     b. Supervisa el proceso continuo de certificación de decanos, las escuelas de capacitación de decanos *Evangel* y las clases de plantación de iglesias *Evangel* en la cumbre internacional de TUMI

* Este paquete contiene todo lo que necesita para alojar su propia Escuela *Evangel*, incluidas enseñanzas en video y devocionales, presentaciones de PowerPoint, plantillas de eventos, gráficos *Evangel*, archivos de música y hojas guía, y todos los documentos de respaldo del proyecto. Una increíble variedad de recursos y ayuda práctica, este paquete está diseñado para proporcionar a los decanos todo lo que necesitan para organizar sesiones exitosas, informativas y fructíferas con entrenadores y equipos de iglesias en sus eventos.

Entrenamiento de Decanos Evangel y Organizar Escuelas Evangel

Lo que TUMI *brinda* a los decanos para organizar escuelas *Evangel*	Lo que TUMI *requiere* de los decanos para organizar escuelas *Evangel*
Lo que ofrecemos a cada EQUIPO DE DECANOS:	Cada EQUIPO DE DECANOS de *Evangel* debe:
Autoridad para organizar Escuelas *Evangel* con dos decanos certificados *Paquete de recursos Evangel* (comprado por el equipo) que contiene videos, gráficos, *PowerPoints*, música/hojas guía, plantillas, etc. Juego de herramientas de plantador de iglesias Listado en el sitio de las próximas escuelas y enlace para inscribirse Compartir publicaciones en redes sociales sobre escuelas próximas y sedes	Comprar el *Paquete de recursos Evangel* antes de alojar cualquier escuela Comprar *Listos para la siega* y *Plantando iglesias entre los pobres de la ciudad: Vols. 1 y 2* para cada entrenador de campo y líder de equipo Comprar una copia de *Listos para la siega* y *Asuntos al frente: Lecturas previas para la Escuela de plantación de iglesias urbanas Evangel* para cada delegado de cada escuela Dos decanos certificados (uno de los cuales debe ser local) para albergar una Escuela *Evangel* Regístrarse en la próxima escuela 60 días antes del alojamiento en www.tumi.org/evangel Complete el *formulario de informe de la Escuela Evangel* (y subir las fotos) después de cada escuela alojada en www.tumi.org/evangel Asegúrese de que los entrenadores de campo estén orientados en PTR Pague la tarifa anual de la licencia*
Lo que ofrecemos a cada DECANO individualmente:	Cada DECANO de *Evangel* debe:
Plantando iglesias entre los pobres de la ciudad: Vols. 1 y 2, Listos para la siega, Manual del Decano de Evangel Camisa de decano *Asuntos al frente: Lecturas previas para la Escuela de plantación de iglesias urbanas Evangel* Entrenamiento para albergar una Escuela *Evangel* Certificación para albergar una Escuela *Evangel* durante tres años (con certificado y tarjeta de bolsillo)	Renovar el estado de decano cada tres años Renovar el estado asistiendo al Entrenamiento del Decano o una opción alterna aprobada por el Decano principal Si el estado del decano expira, asista al entrenamiento de decanos para renovarlo

* La primera tarifa de licencia anual se incluye con el registro de un equipo de decanos de dos o más decanos en potencia.

Con el fin de brindar un servicio y una consulta continuos a nuestros socios de la Escuela Evangel, le pedimos una tarifa de licencia anual modesta que vence el 15 de enero, lo que lo/la mantiene certificado/a como un equipo para albergar las Escuelas *Evangel*.

Las tarifas anuales se deben mantener al día para mantener el estado aprobado como Escuela *Evangel* con The Urban Ministry Institute.

Decano y Equipo del Decano Requisitos y Certificación

Las escuelas Evangel deben operar bajo la supervisión de DOS decanos certificados de Evangel.

I. Certificación del Decano

A. ENTRENAMIENTO DE DECANOS: para obtener la certificación como Decano de la Escuela *Evangel*, debe asistir a la Escuela de plantación de iglesias urbanas *Evangel*, Capacitación de Decanos.

B. CERTIFICADO POR 3 AÑOS: Su Certificación de Decano lo autoriza a ser anfitrión de las Escuelas *Evangel* durante tres años a partir de la fecha de finalización de su capacitación.

II. Renovación de Certificación de Decano

A. RENOVACIÓN: la Certificación del Decano se puede renovar por un período de 3 años mediante:

1. Asistir a la Escuela de plantación de iglesias urbanas *Evangel*, capacitación de Decanos

2. Asistir a los entrenamientos alternos (requiere la aprobación de NDCP) y la aprobación de su pastor o autoridad espiritual (se requiere referencia)

B. EXPIRACIÓN: Si su Certificación de Decano vence, su certificación puede renovarse asistiendo a la Escuela de plantación de iglesias urbanas *Evangel*, capacitación de Decanos.

III. Comisionando al equipo del Decano

A. COMISIONADO COMO EQUIPO DEL DECANO

1. Después de completar con éxito la Capacitación de Decano de *Evangel*, se le comisionará como un Equipo de Decano *Evangel* y se certificará para ser el anfitrión de Escuelas de plantación de iglesias urbanas *Evangel*.

2. Debe incluir el logotipo de la Escuela *Evangel* en cualquier material que use para su escuela.

B. CUOTA ANUAL DE LA LICENCIA DE *EVANGEL*: Con el fin de brindar un servicio continuo y una consulta a nuestros socios del Equipo del Decano *Evangel*, solicitamos una cuota de licencia anual modesta que vence el 15 de enero.

1. La primera cuota de licencia anual se incluye con la inscripción del equipo del Decano de dos o más decanos potenciales.

2. Las cuotas anuales deben mantenerse actualizadas para mantener el estado aprobado de la Escuela *Evangel* con The Urban Ministry Institute.

Tres muestras de presupuestos de la Escuela Evangel

Ejemplo de la Escuela regional en el ministerio de Newark
Presupuesto para una Escuela de Plantación de Iglesia de tres noches, dos días y medio. La escuela comenzaría un jueves por la noche y terminaría el domingo a la hora del almuerzo.

El presupuesto es para veinticinco plantadores de iglesias y miembros del equipo de la plantación de la iglesia. La escuela ofrece almuerzo y cena en este presupuesto (desayuno en el hotel o cada quien por su cuenta).

Gastos del líder de equipo		
	Reunión en el Centro de ministerio de Newark	
Listos para la siega	$35.00	
Antología, 1 y 2	$70.00	
Comidas	$90.00	El costo de la comida incluye meriendas y bebidas. $15.00 por comida por 6 comidas
Camisa tipo polo de *Evangel*	$25.00	
Cargo de Inscripción y del personal	$25.00	
Cargo total	**$245.00**	

Precio por miembro del equipo plantador de la iglesia		
	Hospedaje cada quien por su cuenta	
Listos para la siega	$35.00	
Antología, 1 y 2		
Comidas	$90.00	El costo de la comida incluye meriendas y bebidas. $15.00 por comida por 6 comidas
Camisa tipo polo de *Evangel*	$25.00	
Cargo de Inscripción y del personal	$25.00	
Cargo total	**$175.00**	

Gastos del entrenador de la plantación de la iglesia		
	Hospedaje cada quien por su cuenta	
Listos para la siega	$35.00	
Antología, 1 y 2	$70.00	
Comidas	$90.00	El costo de la comida incluye meriendas y bebidas. $15.00 por comida por 6 comidas
Camisa tipo polo de *Evangel*	$25.00	
Cargo de Inscripción y del personal		
Cargo total	**$220.00**	

Ejemplo de Escuela Regional en *THE OAKS*

Presupuesto para una Escuela de plantación de iglesias de tres noches, dos días y medio. La escuela comenzaría un jueves por la noche y terminaría el domingo a la hora del almuerzo.

El presupuesto es para veinticinco plantadores de iglesias y miembros del equipo de la plantación de la iglesia. La escuela ofrece almuerzo y cena en este presupuesto (desayuno en el hotel o cada quien por su cuenta).

Gastos del líder de equipo	Hospedaje en cabañas	Hospedaje con varias personas	Solo en un cuarto	
Listos para la siega		$35.00		
Antología, 1 y 2		$70.00		
Comidas y cuartos de hospedaje		$135.00		Incluye 8 comidas
Camisa tipo polo de *Evangel*		$25.00		
Cargo de Inscripción y del personal		$100.00		Cubre los gastos de alojamiento y viaje para el personal de la escuela, así como gastos varios
Cargo total		**$365.00**		

Precio por miembro del equipo plantador de la iglesia	Hospedaje por su cuenta	Hospedaje con varias personas	Solo en un cuarto	
Listos para la siega		$35.00		
Antología, 1 y 2				
Comidas y cuartos de hospedaje		$135.00		Incluye 8 comidas
Camisa tipo polo de *Evangel*		$25.00		
Cargo de Inscripción y del personal		$100.00		Cubre los gastos de alojamiento y viaje para el personal de la escuela, así como gastos varios
Cargo total		**$295.00**		

Gastos del entrenador de la plantación de la iglesia	Hospedaje por su cuenta	Hospedaje con varias personas	Solo en un cuarto	
Listos para la siega		$35.00		
Antología, 1 y 2		$70.00		
Comidas y cuartos de hospedaje		$135.00		Incluye 8 comidas
Camisa tipo polo de *Evangel*		$25.00		Cubre los gastos de alojamiento y viaje para el personal de la escuela, así como gastos varios
Cargo de Inscripción y del personal				
Cargo total		**$265.00**		

Ejemplo de Escuela Regional en Wichita Ejemplo

Presupuesto para una Escuela de plantación de iglesias de tres noches, dos días y medio. La escuela comenzaría un jueves por la noche y terminaría el domingo a la hora del almuerzo.

El presupuesto es para veinticinco plantadores de iglesias y miembros del equipo de la plantación de la iglesia. La escuela ofrece almuerzo y cena en este presupuesto (desayuno en el hotel o cada quien por su cuenta).

Gastos del líder de equipo				
	Hospedaje por su cuenta	Cuarto compartido	Solo en un cuarto	
Listos para la siega	$35.00	$35.00	$35.00	
Antología, 1 y 2	$70.00	$70.00	$70.00	
Comidas	$90.00	$90.00	$90.00	El costo de la comida incluye meriendas y bebidas. $15.00 por comida por 6 comidas
Hotel		$110.00	$219.00	$73.00 por noche en Wesley Inn
Camisa tipo polo de *Evangel*	$25.00	$25.00	$25.00	
Cargo de Inscripción y del personal	$100.00	$100.00	$100.00	Cubre los gastos de alojamiento y viaje para el personal de la escuela, así como gastos varios
Cargo total	**$320.00**	**$430.00**	**$539.00**	

Precio por miembro del equipo plantador de la iglesia				
	Hospedaje por su cuenta	Cuarto compartido	Solo en un cuarto	
Listos para la siega	$35.00	$35.00	$35.00	
Antología, 1 y 2				
Comidas	$90.00	$90.00	$90.00	El costo de la comida incluye meriendas y bebidas. $15.00 por comida por 6 comidas
Hotel		$110.00	$219.00	$73.00 por noche en Wesley Inn
Camisa tipo polo de *Evangel*	$25.00	$25.00	$25.00	
Cargo de Inscripción y del personal	$100.00	$100.00	$100.00	Cubre los gastos de alojamiento y viaje para el personal de la escuela, así como gastos varios
Cargo total	**$250.00**	**$360.00**	**$469.00**	

Gastos del entrenador de la plantación de la iglesia				
	Hospedaje por su cuenta	Cuarto compartido	Solo en un cuarto	
Listos para la siega	$35.00	$35.00	$35.00	
Antología, 1 y 2	$70.00	$70.00	$70.00	
Comidas	$90.00	$90.00	$90.00	El costo de la comida incluye meriendas y bebidas. $15.00 por comida por 6 comidas
Hotel		$110.00	$219.00	$73.00 por noche en Wesley Inn
Camisa tipo polo de *Evangel*	$25.00	$25.00	$25.00	Cubre los gastos de alojamiento y viaje para el personal de la escuela, así como gastos varios
Cargo de Inscripción y del personal				
Cargo total	**$220.00**	**$330.00**	**$439.00**	

Evaluación del plantador de iglesia de Evangel
Descripción del proceso del líder del equipo de Pre-Evangel

I. **Alistamiento: pasos para aceptar un posible equipo plantador de iglesia en su Escuela *Evangel***

   A. **Sostenga una entrevista con el plantador de iglesias en potencia.** Los decanos de *Evangel* son responsables de entrevistar y hacer una evaluación inicial de cada plantador de iglesias antes de asistir a *Evangel*. La Escuela de plantación de iglesias *Evangel* debe ser la herramienta final de evaluación, y como tal, el objetivo debe ser que todos los equipos que asisten a la escuela completen la escuela como equipos comisionados con un cartilla.

   B. **Complete evaluación del plantador de iglesia de *Evangel*.** Esta evaluación de una página se utiliza mejor como una herramienta de revisión 360. Se entrega una copia al líder del equipo de la plantación de la iglesia, una copia al cónyuge y una copia al pastor del plantador de la iglesia. Las evaluaciones son evaluadas por el decano de *Evangel*. Este recurso está especialmente dirigido a ayudar a los plantadores de iglesias que trabajan entre los pobres a identificar áreas de fortaleza y áreas potenciales de crecimiento.

   C. **Envíe y reciba el formulario de referencia del pastor al/del pastor del solicitante.** Se requiere que cada plantador de iglesias tenga al menos una referencia pastoral para traer un equipo a la Escuela de plantación de iglesias *Evangel*.

   D. **Entreviste al pastor sobre el solicitante.** Hay varios objetivos para esta entrevista:

      1. Preséntese, el nombre de su Escuela *Evangel* y confirme la recomendación del pastor.

      2. Comparta los objetivos de la Escuela de plantación de iglesias urbanas *Evangel* (del manual del decano).

      3. Pregunte si hay algo más que le gustaría compartir sobre el solicitante.

      4. Comparta la emoción que tenemos por equipar (nombre de la persona) para establecer una nueva iglesia para la gloria de Dios.

5. Pídale al pastor que cierre el tiempo en oración.

E. **Envíe un enlace a "*The Call to an Ancient-Evangelical Future*" [El Llamado a un futuro evangélico antiguo] al líder del Equipo, y pídales que firmen si están de acuerdo.** La aplicación le preguntará al potencial plantador si ha leído, está de acuerdo y ha firmado el documento.

F. **Envíe un enlace al líder del equipo y pídales que compren y lean *Raíces Sagradas: Un tratado sobre la necesidad de recuperar la Gran Tradición*.** La aplicación les pedirá que confirmen que han leído esto.

G. **Pasar la Aplicación de *Evangel* al líder de equipo.** La aplicación de *Evangel* cubre la información básica sobre un líder del equipo de la plantación de la iglesia y el equipo que se llevará a *Evangel*, y es donde el solicitante le notificará que lean y acepten la "*Ancient Future Call*" [Antigua vocación futura], y que han comprado y leído *Raíces Sagradas*.

II. Entrenamiento básico de la Escuela *Evangel*

Compra de *Asuntos al frente: Lecturas previas para la Escuela de plantación de iglesias urbanas Evangel*. Después de que se complete todo lo anterior y se apruebe y se matricule el plantador de iglesias para la escuela, compre *Asuntos al frente: Lecturas previas para la Escuela de plantación de iglesias urbanas Evangel*.

III. Enlaces de recursos

A. "*The Call to an Ancient-Evangelical Future*" [El llamado a un futuro evangélico antiguo]: www.ancientfuturefaithnetwork.org/the-call/

B. *Raíces Sagradas: Un tratado sobre la necesidad de recuperar la Gran Tradición*

1. Tapa flexible: www.amazon.com/Sacred-Roots-Primer-Retrieving-Tradition/dp/1451520484/ref=tmm_pap_swatch_0?_encoding=UTF8&qid=&sr=

2. Versión Kindle: *www.amazon.com/gp/product/B0077E8MQQ/ ref=as_li_tf_tl?ie=UTF8&camp=1789&creative=9325&creative ASIN=B0077E8MQQ&linkCode=as2&tag=theurbaninstitut*

C. Visite *www.tumi.org/evangel* para obtener más recursos sobre las evaluaciones de plantadores de iglesias.

Comprendiendo el proceso de evaluación de *Evangel*

El siguiente proceso es cómo un Decano de *Evangel* evaluará al líder de un equipo de la iglesia.

- El decano recluta potenciales plantadores de iglesias
- El líder del equipo completa la aplicación Evangel
- Si es aceptado, el líder del equipo y el equipo de la plantación de la iglesia se registran para asistir a la Escuela Evangel

- El plantador de iglesias es entrevistado por el decano (en "Starbucks" o una entrevista telefónica)
- Compre y lea "Raíces Sagradas: Un tratado sobre la necesidad de recuperar la Gran Tradición"
- Líder del equipo y equipo evaluados en la Escuela Evangel

- Evaluación de el plantador de Iglesias Evangel tomada por los líderes de equipo, y también completada por el pastor de iglesia enviadora y cónyuge
- Lea y firme "A Call to an Ancient-Evangelical Future" [Un llamado a un futuro evangélico antiguo]
- Equipo encargado o se le pide que esperen

- El pastor del líder del equipo completa el formulario de recomendación pastoral y lo envía al decano de Evangel
- Entrevista al pastor enviador para aprender más sobre el potencial plantador de iglesias

Preguntas de entrevista de plantador

Se espera que los Decanos de *Evangel* entrevisten a todos los líderes del equipo de la plantación de iglesias antes de ser aceptados como candidatos en una Escuela de plantación de iglesias urbanas *Evangel*. La aceptación de los candidatos queda a discreción del Decano. Sin embargo, las siguientes preguntas pueden ser útiles para considerar.

1. ¿Cómo conoció a Cristo? ¿Cómo es su relación actual con él?

2. ¿Cuándo fue la última vez que condujo a alguien a Cristo? ¿Cómo ha sido su experiencia con la evangelización?

3. Cuénteme de sus experiencias en el discipulado.

4. ¿Cuándo percibió por primera vez el llamado de Dios para plantar una iglesia?

5. ¿Cómo se sienten su cónyuge y su familia sobre el llamado de Dios a su vida para plantar una iglesia?

6. ¿Su pastor apoya su llamado para plantar una nueva iglesia?

7. Un Decano también puede optar por hacer preguntas basadas en las categorías de Carácter, Competencia, Comunidad y Llamado del formulario de evaluación como se describe a continuación.

Autoevaluación del plantador de la iglesia

Nombre del plantador de iglesias: _____

Para calificar, coloque un número entre 1 y 10 en cada línea, donde 1 es el más bajo y 10 es el más alto. Escriba el total de los puntos en la parte inferior y derecha.

Nombre del Evaluador: _____

Llamado	Carácter	Competencia	Comunidad
La autoridad de Dios: El líder de Dios actúa según el llamado y la autoridad reconocidos por Dios, reconocidos por el pueblo de Dios.	*La humildad de Cristo:* El líder de Dios demuestra la mente y el estilo de vida de Cristo en sus acciones y relaciones.	*El poder del Espíritu Santo:* El líder de Dios opera en los dones y la unción del Espíritu Santo.	*El crecimiento de la iglesia:* El líder de Dios equipa y capacita al cuerpo de Cristo para la misión y el ministerio.
___ Articula un llamado claro de Dios y lo cree (fe)	___ Pasión por la semejanza de Cristo	___ Obsequio espiritual de evangelización	___ Discipula a individuos fieles
___ Testimonio auténtico ante Dios y otros	___ Estilo de vida radical para el Reino	___ Don espiritual de la enseñanza	___ Facilita el crecimiento en pequeños grupos
___ Sentido profundo de convicción personal basado en la Escritura	___ Seria búsqueda de la santidad	___ Don espiritual de pastoreo	___ Pastorea y equipa a los creyentes en la congregación
___ Carga personal para una tarea o personas en particular	___ Disciplina en la vida personal (capacidad de administrar el tiempo sin supervisión)	___ Discipulado por un mentor capaz y ha demostrado sumisión alegre	___ Cultiva asociaciones y redes entre cristianos e iglesias
___ Confirmación por los líderes y el cuerpo	___ Plantador y cónyuge comparten el compromiso con la tarea y se priorizan mutuamente	___ Muestra la competencia bíblica y teológica necesaria para pastorear al pueblo de Dios	___ Avanza nuevos movimientos entre el pueblo de Dios localmente
___ El deseo de plantar una iglesia se debe principalmente al deseo de ver a los perdidos venir a Cristo no debido a problemas en la iglesia existente o problemas con el pastor	___ Provee un modelo de conducta, al hablar y un estilo de vida (el Fruto del Espíritu) y es digno de imitar	___ Capaz de evangelizar, dar seguimiento y discipular	___ Comprometido con la misión global
___ Posee una rica comprensión teológica de la iglesia y un amor aún más profundo por el cuerpo de Cristo como motivo para llamar	___ Se conoce a sí mismo, tanto fortalezas como debilidades	___ Estratégico en el uso de personas y recursos para llevar a cabo la tarea	___ Participa y lidera en tiempos congregacionales de oración intercesora
___ Preparado para sufrir y participar en la guerra espiritual	___ Muestra perseverancia y no cede fácilmente	___ Cómodo con el caos y comienza desde cero	___ Participa y lidera en el diezmo y la generosidad
	___ Tienden a ser descritos por otros como "independiente, emprendedor, motivador, trabajador, decidido, seguro de sí mismo, optimista, relacional".	___ Capacidad para identificar las tareas más importantes y centrarse en ellas	___ Comunica la visión del reino para la congregación local
	___ Entiende y aplica ritmos espirituales (Descanso, el Año Cristiano, retiros espirituales)	___ Tiene un historial de reclutamiento de personas para un equipo	___ Ha participado y dirigido la disciplina de la iglesia
		___ Tiene un historial de comenzar cosas nuevas	
		___ Demuestra competencia intercultural	
Puntuación: ___ /80	Puntuación: ___ /100	Puntuación: ___ /120	Puntuación: ___ /100

Puntaje total: ___ /400

Porcentaje total: ___ %

Evaluación del plantador de iglesia por el pastor

Nombre del plantador de iglesias: _____

Nombre del Evaluador: _____

Para calificar, coloque un número entre 1 y 10 en cada línea, donde 1 es el más bajo y 10 es el más alto. Escriba el total de los puntos en la parte inferior y derecha.

Llamado	Carácter	Competencia	Comunidad
La autoridad de Dios: El líder de Dios actúa según el llamado y la autoridad reconocidos por Dios, reconocidos por el pueblo de Dios.	***La humildad de Cristo:*** El líder de Dios demuestra la mente y el estilo de vida de Cristo en sus acciones y relaciones.	***El poder del Espíritu Santo:*** El líder de Dios opera en los dones y la unción del Espíritu Santo.	***El crecimiento de la iglesia:*** El líder de Dios equipa y capacita al cuerpo de Cristo para la misión y el ministerio.
___ Articula un llamado claro de Dios y lo cree (fe)	___ Pasión por la semejanza de Cristo	___ Obsequio espiritual de evangelización	___ Discipula a individuos fieles
___ Testimonio auténtico ante Dios y otros	___ Estilo de vida radical para el Reino	___ Don espiritual de la enseñanza	___ Facilita el crecimiento en pequeños grupos
___ Sentido profundo de convicción personal basado en la Escritura	___ Seria búsqueda de la santidad	___ Don espiritual de pastoreo	___ Pastorea y equipa a los creyentes en la congregación
___ Carga personal para una tarea o personas en particular	___ Disciplina en la vida personal (capacidad de administrar el tiempo sin supervisión)	___ Discipulado por un mentor capaz y ha demostrado sumisión alegre	___ Cultiva asociaciones y redes entre cristianos e iglesias
___ Confirmación por los líderes y el cuerpo	___ Plantador y cónyuge comparten el compromiso con la tarea y se priorizan mutuamente	___ Muestra la competencia bíblica y teológica necesaria para pastorear al pueblo de Dios	___ Avanza nuevos movimientos entre el pueblo de Dios localmente
___ El deseo de plantar una iglesia se debe principalmente al deseo de ver a los perdidos venir a Cristo no debido a problemas en la iglesia existente o problemas con el pastor	___ Provee un modelo de conducta, al hablar y un estilo de vida (el Fruto del Espíritu) y es digno de imitar	___ Capaz de evangelizar, dar seguimiento y discipular	___ Comprometido con la misión global
	___ Se conoce a sí mismo, tanto fortalezas como debilidades	___ Estratégico en el uso de personas y recursos para llevar a cabo la tarea	___ Participa y lidera en tiempos congregacionales de oración intercesora
___ Posee una rica comprensión teológica de la iglesia y un amor aún más profundo por el cuerpo de Cristo como motivo para llamar	___ Muestra perseverancia y no cede fácilmente	___ Cómodo con el caos y comienza desde cero	___ Participa y lidera en el diezmo y la generosidad
	___ Tienden a ser descritos por otros como "independiente, emprendedor, motivador, trabajador, decidido, seguro de sí mismo, optimista, relacional".	___ Capacidad para identificar las tareas más importantes y centrarse en ellas	___ Comunica la visión del reino para la congregación local
___ Preparado para sufrir y participar en la guerra espiritual	___ Entiende y aplica ritmos espirituales (Descanso, el Año Cristiano, retiros espirituales)	___ Tiene un historial de reclutamiento de personas para un equipo	___ Ha participado y dirigido la disciplina de la iglesia
		___ Tiene un historial de comenzar cosas nuevas	
		___ Demuestra competencia intercultural	
Puntuación: ____ /80	Puntuación: ____ /100	Puntuación: ____ /120	Puntuación: ____ /100

Puntaje total: ____ /400

Porcentaje total: ____ %

Evaluación del plantador de iglesia por el cónyuge

Para calificar, coloque un número entre 1 y 10 en cada línea, donde 1 es el más bajo y 10 es el más alto. Escriba el total de los puntos en la parte inferior y derecha.

Nombre del plantador de iglesias:

Nombre del Evaluador:

Llamado	Carácter	Competencia	Comunidad
La autoridad de Dios: El líder de Dios actúa según el llamado y la autoridad reconocidos por Dios, reconocidos por el pueblo de Dios.	**La humildad de Cristo:** El líder de Dios demuestra la mente y el estilo de vida de Cristo en sus acciones y relaciones.	**El poder del Espíritu Santo:** El líder de Dios opera en los dones y la unción del Espíritu Santo.	**El crecimiento de la iglesia:** El líder de Dios equipa y capacita al cuerpo de Cristo para la misión y el ministerio.
___ Articula un llamado claro de Dios y lo cree (fe)	___ Pasión por la semejanza de Cristo	___ Obsequio espiritual de evangelización	___ Discipula a individuos fieles
___ Testimonio auténtico ante Dios y otros	___ Estilo de vida radical para el Reino	___ Don espiritual de la enseñanza	___ Facilita el crecimiento en pequeños grupos
___ Sentido profundo de convicción personal basado en la Escritura	___ Seria búsqueda de la santidad	___ Don espiritual de pastoreo	___ Pastorea y equipa a los creyentes en la congregación
___ Carga personal para una tarea o personas en particular	___ Disciplina en la vida personal (capacidad de administrar el tiempo sin supervisión)	___ Discipulado por un mentor capaz y ha demostrado sumisión alegre	___ Cultiva asociaciones y redes entre cristianos e iglesias
___ Confirmación por los líderes y el cuerpo	___ Plantador y cónyuge comparten el compromiso con la tarea y se priorizan mutuamente	___ Muestra la competencia bíblica y teológica necesaria para pastorear al pueblo de Dios	___ Avanza nuevos movimientos entre el pueblo de Dios localmente
___ El deseo de plantar una iglesia se debe principalmente al deseo de ver a los perdidos venir a Cristo no debido a problemas en la iglesia existente o problemas con el pastor	___ Provee un modelo de conducta, al hablar y un estilo de vida (el Fruto del Espíritu) y es digno de imitar	___ Capaz de evangelizar, dar seguimiento y discipular	___ Comprometido con la misión global
___ Posee una rica comprensión teológica de la iglesia y un amor aún más profundo por el cuerpo de Cristo como motivo para llamar	___ Se conoce a sí mismo, tanto fortalezas como debilidades	___ Estratégico en el uso de personas y recursos para llevar a cabo la tarea	___ Participa y lidera en tiempos congregacionales de oración intercesora
___ Preparado para sufrir y participar en la guerra espiritual	___ Muestra perseverancia y no cede fácilmente	___ Cómodo con el caos y comienza desde cero	___ Participa y lidera en el diezmo y la generosidad
	___ Tienden a ser descritos por otros como "independiente, emprendedor, motivador, trabajador, decidido, seguro de sí mismo, optimista, relacional".	___ Capacidad para identificar las tareas más importantes y centrarse en ellas	___ Comunica la visión del reino para la congregación local
	___ Entiende y aplica ritmos espirituales (Descanso, el Año Cristiano, retiros espirituales)	___ Tiene un historial de reclutamiento de personas para un equipo	___ Ha participado y dirigido la disciplina de la iglesia
		___ Tiene un historial de comenzar cosas nuevas	
		___ Demuestra competencia intercultural	
Puntuación: ___ /80	Puntuación: ___ /100	Puntuación: ___ /120	Puntuación: ___ /100

Puntaje total: ___ /400

Porcentaje total: ___ %

Recursos utilizados para desarrollar la evaluación del plantador de Iglesias de *Evangel*

A menos que se indique lo contrario, todos los recursos a continuación se pueden encontrar en el Volumen 1 o 2 de *Plantando iglesias entre los pobres de la ciudad: Una antología de recursos de plantación de iglesias urbanas* (Wichita, KS: TUMI Press, 2015). Los recursos más importantes se enumeran en negrillas.

Davis, Don. "**Evaluación de líderes cristianos urbanos**". En *El manual de entrenamiento básico del decano de Evangel: Una guía para los líderes del movimiento de plantación de iglesias que equipan a plantadores de iglesias urbanas*, 258-273. Wichita, KS: TUMI Press, 2015.

———. "Teología relacionada con los credos como un modelo para el discipulado y el liderazgo: Un criterio aprobado para equipar a nuevos creyentes y desarrollar a líderes autóctonos". 1:241–52.

———. "Designando a los que proveen liderazgo a nuestros equipos que plantan iglesias". 2:134.

———. "Desarrollando líderes cristianos urbanos: Un perfil". 2:165.

———. "Diferentes tradiciones de la respuesta afro-americana: Interpretando un legado, formando una identidad, persiguiendo un destino como persona de una minoría cultural". 1:257–59.

———. "**Discipulando a los fieles: Estableciendo líderes para la Iglesia**". 1:375.

———. "Diseñado para representar: Multiplicando discípulos del reino de Dios". 2:197.

———. "La formación del equipo plantador de la iglesia y la descripción de las funciones". 1:371–74.

———. "Identificación, entrenamiento, y lanzamiento de líderes de equipo y entrenadores en *World Impact*". 2:73–77.

———. "Nutriendo al auténtico liderazgo cristiano". 2:163.

———. "Los miembros del equipo de Pablo: Compañeros, obreros, y compañeros de trabajo". 1:260–62.

———. "Pasos prácticos en la plantación de iglesias: Conociendo su llamado y su comunidad". 1:349–55.

———. "Responsabilidades de un líder de equipo de plantación de iglesias". 1:336.

———. "Facilitación de equipo: Proporcionando ingreso continuo al equipo como al líder de equipo". 2:177.

———. "Casilla de identificación del líder de equipo". 2:148-49.

———. "El latido del corazón de un plantador de iglesias: El discernimiento de una identidad pastoral/apostólica". 1:337-48.

———. "La teología de la Iglesia para el equipo de líderes". 1:200-10.

———. "Entendiendo el liderazgo como una representación: Las seis etapas del poder formal". 2:66.

Voss, Hank. *"Evaluación y plantadores de iglesias para/de los pobres urbanos."* En *El manual de entrenamiento básico del decano de Evangel: Una guía para los líderes del movimiento de plantación de iglesias que equipan a plantadores de iglesias urbanas*, 67-76. Wichita, KS: TUMI Press, 2015.

———. "Práctica de silencio y soledad de Jesús". 1:263.

———. "Siete prácticas esenciales para el sacerdocio de todos los creyentes". 1:264.

Los cuarenta ítems de la Evaluación del plantador de iglesia se discuten en múltiples puntos en los recursos anteriores.

Formulario de cartilla de Plantación de Iglesias Evangel

Nombre de la iglesia: _____

Plantador de la iglesia: _____

Correo electrónico del plantador de iglesias: _____

Teléfono móvil: _____

Entrenador de campo: _____

Correo electrónico del entrenador de campo: _____

Teléfono móvil: _____

Expresión de la Iglesia (Marque uno):

____ Iglesia pequeña (casa)

____ Iglesia *Hub* (Madre)

____ Iglesia de la comunidad

Autoridad enviadora: _____

Miembros principales del equipo y duración del compromiso:

Área objetivo: _____

Etnicidad y / o grupo (s) de personas no alcanzadas:
[Un grupo de personas se considera no alcanzado (UPG siglas en inglés) cuando no hay una iglesia autóctona en ese grupo de personas (una iglesia que se parece a la gente y está dirigida por la gente de la cultura].

Grupo de personas no comprometidas y no alcanzadas (si corresponde):
[Los grupos de personas no alcanzadas no están comprometidos (UUPG siglas en inglés) cuando no hay una estrategia para llegar a ese grupo, es decir, no hay una intención tangible de apuntar a las personas que se agrupan con el evangelio].

Duración solicitada de la cartilla: _____

Horarios para reunirse con el entrenador de campo: _____

Tiempos de evaluación formal (PTR, al menos tres veces por año):____

Valores:

Declaración de la visión:

Objetivos clave:

Aprobación del Decano:_____ Fecha: _____

Aprobación del Decano:_____ Fecha: _____

Aprobación del Asesor de *Evangel*:_____ Fecha: _____

Aprobación del Asesor de *Evangel*:_____ Fecha: _____

* La cartilla debe ser revisada y aprobada por la autoridad espiritual patrocinadora de la Iglesia del equipo de plantación.

Principios clave y otras herramientas para entrenadores de campo y entrenar asesores

Principios clave para el entrenamiento

1. Asegúrese de tener una comprensión clara de las expectativas en la relación de entrenamiento.

2. Este no es un trabajo puesto en un trabajo conjunto en el evangelio. Tómese el tiempo para conocer al plantador de iglesias, a su familia, a los niños y a los miembros del equipo. El carácter familiar y personal es crítico para el plantador orientado a la tarea. Asegúrese de que haya una buena dinámica familiar saludable y un crecimiento en la gracia y el conocimiento del Señor Jesús como un hijo redimido de Dios.

3. Espere excelencia del plantador. Esto incluye la oración, cualquier trabajo de preparación que se haya asignado y los objetivos establecidos antes de la reunión de entrenadores. Mantenga al plantador de iglesias responsable de los objetivos y tareas que él/ella ha acordado cumplir.

4. Aunque la relación es importante, esta es una reunión con el objetivo definido de guiar al plantador en su tarea comisionada para plantar una iglesia. Mantenga este tiempo asignado como un tiempo profesional. Encuentre un espacio en el que tanto usted como el plantador puedan hablar, escuchar y enfocarse.

5. Mueva al plantador hacia adelante mientras proporciona orientación. No solo revise los pasos de acción pasados, sea agresivo, en el Espíritu, para establecer nuevos pasos de acción. Aquí es donde se hacen muchas preguntas y se "saca" del plantador lo que el Espíritu ponga en su corazón.

6. Nunca hay oportunidad lo suficiente para animar al plantador. Celebre una victoria más adelante no importa lo pequeña que sea. Es una garantía de que el enemigo espiritual hará su parte para provocar el desanimo. Siempre venga preparado para compartir las escrituras con palabras de perseverancia, promesa, ánimo, identidad en Cristo.

7. Programe su próxima reunión. Asegúrese de que usted y el plantador otorguen una alta prioridad a estas reuniones. Si tiene que reprogramarla, asegúrese de hacerlo de inmediato.

Lista simple de verificación para el entrenador de campo
(Basado en el 1er año de la Cartilla de Evangel)

I. **Primer año**

A. Visita en persona al líder del equipo en el primer mes.

B. Programe tiempo para orar regularmente por el equipo y el líder del equipo por nombre.

C. Programe una reunión mensual de líderes de equipo, ya sea por medio de una llamada telefónica o por una visita.

D. Mensualmente informe a la autoridad enviadora (si corresponde).

E. Programe cuatro PTR con el último un tiempo de revisión y planificación para el próximo año. Presente el Informe *Evangel* de campo trimestral al Decano (si corresponde).

F. Ayude al líder del equipo a identificar y reclutar a un líder de equipo en potencia para una nueva plantación de iglesia.

G. Asegúrese de que la plantación de la iglesia esté conectada a una Asociación (por ejemplo, la Asociación de iglesias urbana) o red.

H. Planee para un año la celebración Antioquía.

Ejemplo de preguntas para la reunión mensual

I. **Preguntas sobre el crecimiento espiritual y la vida comunitaria del equipo (¿viven como una comunidad llamada?)**

   A. ¿Están ustedes y su equipo caminando con el Señor, buscando a Dios con atención y creciendo espiritualmente juntos?

   B. ¿Se relacionan usted y su equipo en amor, perdón y unidad? ¿Existen conflictos que deban resolverse?

   C. ¿Permanecen llamados y comprometidos usted y su equipo con su visión, unidos alrededor de ella? ¿Está el equipo trabajando bien unido hacia su propósito?

   D. ¿Están usted y su equipo funcionando como un cuerpo dotado y de servicio, especialmente en sus relaciones con los demás?

II. **Preguntas sobre su visión juntos (¿Son claros en su visión, valores y objetivos?)**

   A. ¿Entienden usted y su equipo su visión y pueden los miembros articularlos entre sí y con los que están fuera del equipo?

   B. ¿Pueden usted y su equipo articular los valores sobre los cuales se construyó la declaración de visión y todavía están comprometidos con ellos?

   C. Debido a la experiencia de su equipo en el ministerio, ¿se debe reconsiderar o reescribir alguna parte de la declaración de visión o los valores?

III. **Preguntas sobre el proceso y los resultados del ministerio del equipo (¿Funcionan de manera inteligente y eficaz en el ministerio?)**

   A. ¿Qué logros ha logrado como equipo de ministerio en su comunidad de plantación de iglesias durante el mes pasado?

   B. ¿Cuáles son los mayores problemas que ha tenido al implementar su visión?

C. ¿Cómo se ven sus horarios actuales (es decir, los horarios personales y de equipo) y cómo contribuyen cada actividad ministerial a su visión de ministerio? ¿Qué ajustes hay que hacer?

D. ¿Cuál es la calidad de sus relaciones de ministerio actualmente? ¿A qué individuos y familias se les debe dar una inversión mayor y más profunda? ¿Cómo va a lograr esto?

IV. **Preguntas para la planificación y estrategia del ministerio del equipo para el próximo período de ministerio (¿Están claros los próximos pasos que el Espíritu tiene para que tomen ellos?)**

A. ¿Cómo pretenden usted y el equipo cambiar/afirmar su plan estratégico original para el ministerio durante el próximo mes? En otras palabras, ¿qué objetivos debe perseguir para garantizar el máximo progreso hacia su visión?

B. ¿Tiene usted y el equipo tareas y fechas para todas sus tareas críticas en el plan, o al menos una fecha para establecer estos pasos específicos?

Ejemplo de carta de información del entrenador asesor de pre-*Evangel*
(Los decanos también pueden poner esto en su sitio en la red)

Saludos Entrenador Asesor de *Evangel*,

Aquí hay algo de información mientras se prepara para servir al equipo de plantación de iglesias que estará entrenando/evaluando en *Evangel*.

1) Se adjunta un horario de la Escuela de plantación de iglesias urbanas *Evangel*. Revise el horario. Es importante que entienda el calendario general del tiempo en que estamos juntos. Si tiene alguna pregunta sobre el calendario general, diríjase a: [Nombre e información de contacto].

2) Como decanos de [nombre de su Escuela *Evangel*], nos gustaría que leyera los dos bosquejos sobre el entrenamiento del Manual del decano de *Evangel* (adjunto). Lea el esquema titulado "El entrenador y el equipo plantador de Iglesias en *Evangel*". El esquema tiene solo diez páginas, preste especial atención a la página 153 ("Formulario de evaluación del equipo"). Recibirá copias de esta página para cada uno de los equipos que evalúa en *Evangel* y se utilizará para ayudarlo a determinar si el equipo está listo para ser tomado.

3) Se adjuntan también dos documentos sobre las cartillas. El primero es la cartilla de una página en la que ayudará a cada equipo a trabajar durante *Evangel*. Este es el resumen de una página de su visión, valores y estrategia del primer año. Revise el documento titulado "Cartilla de la plantación de iglesias *Evangel*-2015". Esta es la página más importante (de las muchas páginas que verá cuando llegue al campo de entrenamiento). Si solo lee una página, lea esta página. También revise la explicación de tres páginas de las cartillas del entrenamiento del decano de *Evangel* titulado "Seminario: Cartillas, entrenadores y el proceso continuo de PTR" (adjunto).

Gracia,

[Firma]

Ejemplo de carta para reuniones de entrenadores de *Evangel*

Saludos asesor y entrenador de campo *Evangel*,

¡Alabado sea el Señor por su buena disposición para servir como un entrenador de *Evangel*! Establecimos un horario para reuniones especiales, y queremos que todos ustedes estuvieran al tanto de ellas.

Reuniones especiales de entrenadores:

1) Orientación de los entrenadores. Jueves por la noche en la cena (Si se pierde esta reunión, por favor inscríbase con [nombre del Decano] cuando llegue a [nombre de la Escuela *Evangel*]).

2) Primera noche en la Escuela *Evangel*: cada entrenador tendrá la oportunidad de presentar cómo se encuentra su equipo y discutir cualquier pregunta o inquietud que tengan sobre el equipo que son responsables de evaluar ("personal" de su equipo).

3) Segundo día: reunión de entrenadores para discutir las señales de advertencia sobre su equipo; oportunidad de personal de problemas particulares u oportunidades que ve con el equipo.

4) Reunión de entrenadores finales para confirmar la preparación del equipo para ingresar al campo de cosecha urbana; firmar certificados.

5) Servicio de celebración/nombramiento: tenga en cuenta que tomará fotografías con su equipo.

Gracia,

[Firma]

Ejemplo de convenio de entrenamiento

Como su entrenador le prometo hacer lo siguiente:

- Entrar en cada sesión de entrenamiento en oración con una apertura al Espíritu Santo.

- Trabajar para ganar su plena confianza escuchando atentamente, haciendo preguntas aclaratorias y manteniendo una estricta confidencialidad (a menos que esté legalmente obligado a compartir información debido a su naturaleza).

- Ayudarle a explorar el llamado de Dios para usted . . . para hoy y para el futuro.

- Ofrecer observaciones que puedan serle de ayuda, siempre de manera amorosa.

- Ofrecer conocimientos e información que puedan ser útiles.

- Nunca ofrecer "respuestas" a menos que hayan sido solicitadas específicamente, e incluso entonces, serán compartidas solo después de que sus propias respuestas hayan sido exploradas por completo.

- Comprometerme a reunirme con usted (ya sea en persona o por teléfono) una hora por mes, y según surjan necesidades especiales.

- Supervisar su nivel de compromiso según lo medido por las tareas completadas a tiempo.

Como una persona que está siendo entrenada, prometo hacer lo siguiente:

- Entrar en cada reunión en oración con una apertura al Espíritu Santo.

- Compartir abiertamente mis pensamientos e ideas sobre mi naturaleza, mis prácticas y mis pasiones (explorando quién soy).

- Estar abierto a sus preguntas y sus ideas.

- Compromiso a reunirse con usted (ya sea en persona o por teléfono) una hora por mes durante un año.

- Elegir cuidadosamente mis compromisos y luego cumplir con cada uno de ellos.

Firmado _____ Fecha _____

Plantación de iglesias urbanas
Una bibliografía tópica
Por Rev. Dr. Don Davis y Dr. Hank Voss

> Debería leer el veinticinco por ciento de sus libros de los primeros 1.500 años de historia de la iglesia, el veinticinco por ciento de los últimos 500 años, el veinticinco por ciento de los últimos 100 años y el veinticinco por ciento de los últimos años.
> ~ Rick Warren, 2010

> Por lo tanto, siempre ha sido uno de mis principales objetivos como docente convencer a los jóvenes de que el conocimiento de primera mano no solo vale más la adquisición que el conocimiento de segunda mano, sino que, por lo general, es mucho más fácil y agradable de adquirir. . . . Es una buena regla, después de leer un libro nuevo, nunca permitirse otro nuevo hasta que haya leído uno anterior. Si eso es demasiado para ti, al menos deberías leer uno viejo por cada tres nuevos.
> ~ C. S. Lewis, 1944

I. Hacerse querer: Un plantador de iglesias ama a Dios con todo su corazón

Este manual está dedicado al reverendo Bob Engel, un plantador de iglesias fiel y ferviente. El reverendo Engel ha servido de ejemplo a muchos de alguien que "apreció" a Cristo. Al principio de su trabajo como plantador de iglesias, el Reverendo Engel encontró una lista de "Clásicos Espirituales" de un pastor llamado A. W. Tozer. Tozer creció extremadamente pobre y solo pudo completar formalmente una educación de quinto grado. Con el tiempo se convirtió en un pastor influyente en Chicago, pero lo más importante, fue conocido como un hombre apasionado en la *Pursuit of God* [Búsqueda de Dios]. Cuando se le preguntó cómo permanecía tan apasionado por Dios, Tozer señaló a sus "maestros". Estos maestros fueron los autores de unos 25 clásicos espirituales que habían ayudado a dar forma a su *Knowledge of the Holy* [Conocimiento de lo Sagrado].

El Reverendo Engel me recomendó esta lista (Hank) hace más de una década como un lugar para comenzar para aquellos interesados en profundizar su exposición a algunos de los gigantes de la fe. La mayoría de los libros en esta lista tienen más de cien años, algunos más de mil. Han demostrado ser valiosos a través de las generaciones, y gran parte de su contenido está enraizado en la Gran Tradición. Los plantadores de iglesias necesitarán leer con discernimiento, pero para aquellos dispuestos a invertir el tiempo, se obtienen muchos beneficios espirituales de estas raíces sagradas. Muchos de estos libros están disponibles para su descarga gratuita en *www.ccel.org*. Como la mayoría de estos libros han sido reimpresos por docenas de editores, solo los autores y títulos se enumeran a continuación.

1. *The Dark Night of the Soul* [La noche oscura del alma], por Juan de la Cruz

2. *Practice of the Presence of God* [La práctica de la presencia de Dios], por el hermano Lawrence

3. *A Testament of Devotion* [Un testamento de devoción], por Thomas Kelly

4. *Introduction to the Devout Life* [Introducción a la vida devota], por Francisco de Sales

5. *The Imitation of Christ* [La imitación de Cristo], por Thomas a Kempis

6. *Confessions* [Confesiones], por Agustín

7. *Private Devotions* [Devociones privadas], por Lancelot Andrewes

8. *Adornment of the Spiritual Marriage* [Adorno del matrimonio espiritual], por Jan van Ruysbroeck

9. *Amendment of Life* [Enmienda de la vida], por Richard Rolle

10. *The Ascent of Mt. Carmel* [La ascenso del monte Carmel], por Juan de la Cruz

11. *The Ascent of Mt. Zion* [El ascenso del monte Zion], por Berdardeno de Laredo

12. *Book of Eternal Wisdom* [El libro de la sabiduría eterna], por Henry Suso

13. *Centuries of Meditations* [Siglos de meditaciones], por Thomas Traherne

14. *Christian Perfection* [La perfección cristiana], por Fenelon

15. *The Cloud of Unknowing* [La nube de lo desconocido], anónimo

16. *The Goad of Love* [El aguijón del amor], por Walter Hilton

17. *A Guide to True Peace* [Una guía para la verdadera paz], por Molinos y otros

18. *Hymns* [Himnos], por Gerhard Tersteegen

19. *Letters of Direction* [Cartas de dirección], por de Tourville

20. *On the Incarnation* [En la encarnación], por Atanasio

21. *On the Love of God* [Sobre el amor de Dios], por Bernard de Clairvaux

22. *Poems* [Poemas], por Frederick Faber

23. *Poems* [Poemas], por Isaac Watts

24. *Proslogium* [Proslogion], por Anselm

25. *The Quiet Way* [El camino tranquilo], por Gerhard Tersteegen

26. *Revelations of Divine Love* [Revelaciones del amor divino], por Julian de Norwich

27. *The Scale of Perfection* [La escala de la perfección], por Walter Hilton

28. *Sermons* [Sermones], por John Tauler

29. *Song of Songs* [Cantar de cantares], de Bernard of Clairvaux

30. *The Spiritual Combat* [El combate espiritual], por Lorenzo Scupoli

31. *The Spiritual Guide* [La guía espiritual], por Michael Molinos

32. *Talks of Instruction* [Pláticas de instrucción], por Meister Eckhart

33. *Theologia Germanica* [Teología Germánica (traducción de Winkworth)], Anónimo

34. *The Vision of God* [La visión de Dios], por Nicolás de Cusa

35. *The Way of Christ* [El Camino de Cristo], por Jacob Boehme

Hay muchas otras listas de clásicos espirituales disponibles para aquellos interesados en explorar las minas profundas de los escritos espirituales de la Gran Tradición. Otras listas de clásicos espirituales e introducciones a sus contenidos se pueden encontrar en los volúmenes a continuación.

> Bernhard M Christensen. *The Inward Pilgrimage: An Introduction to Christian Spiritual Classics* [La peregrinación interior: Una introducción a los clásicos espirituales cristianos], Rev. ed. Minneapolis: Augsburg, 1996.
>
> Edward Donnelly, ed. *You Must Read: Books That Have Shaped Our Lives* [Debes leer: Libros que han dado forma a nuestras vidas]. Carlisle, PA: Banner of Truth Trust, 2015.
>
> Arthur Holder, ed. *Christian Spirituality: The Classics* [Espiritualidad cristiana: Los clásicos]. New York: Routledge, 2010.
>
> Eugene Peterson. *Take and Read: Spiritual Reading: An Annotated List* [Tomar y leer: Lectura espiritual: una lista anotada]. Grand Rapids: Eerdmans, 1995.

II. Recursos de TUMI

En general, hay pocos recursos diseñados explícitamente para plantadores de iglesias que trabajan entre los pobres urbanos. *The Urban Ministry Institute* (TUMI) ofrece una excepción a esta regla general. Entre 1995 y 2015 se han publicado más de cincuenta libros, cursos de capacitación y folletos para ayudar a quienes trabajan entre los pobres. Los recursos enumerados a continuación son relevantes tanto para la plantación de iglesias como para el crecimiento continuo y la salud de las iglesias urbanas que sirven a los pobres. Aquellos específicamente enfocados en el tema de la plantación de iglesias están marcados con un asterisco.

A. Libros selectos

> Don Davis. *Black and Human: Rediscovering King as a Resource for Black Theology and Ethics* [Negro y humano: redescubriendo al rey como un recurso para la teología y la ética negras]. [Orig. 2000]. Wichita, KS: TUMI Press, 2015.

——— . *Let God Arise! A Sober Call to Prevailing Prayer for a Dynamic Spiritual Awakening and the Aggressive Advancement of the Kingdom in America's Inner Cities* [¡Levántese Dios! Un llamado sobrio a la oración prevaleciente para un despertar espiritual dinámico y el avance agresivo del reino en las ciudades del interior de Estados Unidos]. Wichita, KS: *The Urban Ministry Institute Press*, 2000.*

——— . *Leading and Feeding Urban Church Plant Teams* [Dirigiendo y alimentando equipos de plantación de iglesias urbanas], 2a ed. Wichita, KS: *The Urban Ministry Institute Press*, 2007.*

——— . *Para la próxima generación: Manual del mentor de The Urban Ministry Institute*, 2a ed. Wichita, KS: *The Urban Ministry Institute Press*, 2008.

——— . *Raíces Sagradas: Un tratado sobre la necesidad de recuperar la Gran Tradición*. Wichita, KS: *The Urban Ministry Institute Press*, 2010.*

——— . *Multiplicando obreros para la cosecha urbana: Cambiando el paradigma para la educación de liderazgo siervo*, 15th ed. Wichita, KS: *The Urban Ministry Institute Press*, 2013.

——— . *La guía de la red SIAFU: Unidos por Cristo en la ciudad*. Wichita, KS: *The Urban Ministry Institute Press*, 2013.

Dr. Don L. Davis, ed. *Plantando iglesias entre los pobres de la ciudad: Una antología de recursos de plantación de iglesias urbanas*. Wichita, KS: *The Urban Ministry Institute Press*, 2015. 2 volúmenes.*

Rev. Don Allsman y Dr. Don L. Davis. *Pelea la buena batalla de la fe: Haciendo su parte en el drama desplegado de Dios*. Wichita, KS: *The Urban Ministry Institute Press*, 2015.

Don Allsman, Don L. Davis, y Hank Voss, eds. *Listos para la siega: Una guía para la plantación de iglesias saludables en la ciudad*. Wichita, KS: TUMI Press, 2015.*

B. Cursos de publicaciones selectas y recursos curriculares

Gran parte del énfasis de TUMI se ha centrado en la producción de recursos de fácil acceso para los líderes urbanos con un bajo nivel de alfabetización. Casi todos los recursos en esta sección de la bibliografía incluyen contenido de instrucción de audio o vídeo que representan cientos de horas de conferencias diseñadas para equipar a los líderes de iglesias urbanas para el ministerio en su propio contexto.

Don L. Davis. *Nurturing an Apostolic Heart* [Nutriendo un corazón apostólico] (Foundations for Ministry Series [Serie *Fundamentos para el ministerio*]). Wichita, KS: *The Urban Ministry Institute Press*, 2000.*

———. *The Gospel of John* [El Evangelio de Juan] (Foundations for Ministry Series [Serie *Fundamentos para el ministerio*]). Wichita, KS: *The Urban Ministry Institute Press*, 2002.

———. *El Reino de Dios*, vol. 2, 16 vols. (Currículo Piedra Angular). Wichita, KS: *The Urban Ministry Institute Press*, 2004.

———. *Interpretacion Bíblica*, vol. 5, 16 vols. (Currículo Piedra Angular). Wichita, KS: *The Urban Ministry Institute Press*, 2005.

———. *Conversion y Llamado*, vol. 1, 16 vols. (Currículo Piedra Angular). Wichita, KS: *The Urban Ministry Institute Press*, 2005.

———. *Haciendo Justicia y Amando la Misericordia*, vol. 16, 16 vols. (Currículo Piedra Angular). Wichita, KS: *The Urban Ministry Institute Press*, 2005.

———. *Evangelizacion y Guerra Espiritual*, vol. 8, 16 vols. (Currículo Piedra Angular). Wichita, KS: *The Urban Ministry Institute Press*, 2005.*

———. *Enfoque en la Reproducción*, vol. 12, 16 vols. (Currículo Piedra Angular). Wichita, KS: *The Urban Ministry Institute Press*, 2005.*

———. *Fundamentos para las Misiones Cristianas*, vol. 4, 16 vols. (Currículo Piedra Angular). Wichita, KS: *The Urban Ministry Institute Press*, 2005.*

———. *Fundamentos del Liderazgo Cristiano*, vol. 7, 16 vols. (Currículo Piedra Angular). Wichita, KS: *The Urban Ministry Institute Press*, 2005.

———. *Dios el Padre*, vol. 6, 16 vols. (Currículo Piedra Angular). Wichita, KS: *The Urban Ministry Institute Press*, 2005.

———. *Dios el Hijo*, vol. 10, 16 vols. (Currículo Piedra Angular). Wichita, KS: *The Urban Ministry Institute Press*, 2005.

———. *El Nuevo Testamento testifica de Cristo y Su Reino*, vol. 13, 16 vols. (Currículo Piedra Angular). Wichita, KS: *The Urban Ministry Institute Press*, 2005.

———. *El Antiguo Testamento testifica de Cristo y Su Reino*, vol. 9, 16 vols. (Currículo Piedra Angular). Wichita, KS: *The Urban Ministry Institute Press*, 2005.

———. *Practicando el Liderazgo Cristiano*, vol. 11, 16 vols. (Currículo Piedra Angular). Wichita, KS: *The Urban Ministry Institute Press*, 2005.

———. *El Ministerio Facultativo*, vol. 15, 16 vols. (Currículo Piedra Angular). Wichita, KS: *The Urban Ministry Institute Press*, 2005.

———. *A Compelling Testimony: Maintaining a Disciplined Walk, Christlike Character, and Godly Relationships as God's Servant* [Un testimonio convincente: Manteniendo una conducta disciplinada, un carácter cristiano y relaciones piadosas como siervo de Dios] (Foundations for Ministry Series [Serie *Fundamentos para el ministerio*]). Wichita, KS: *The Urban Ministry Institute Press*, 2006.

———. *A Biblical Vision, Part I: Mastering the Old Testament Witness to Christ and His Kingdom* [Una visión bíblica, Parte I: Dominando el testimonio del Antiguo Testamento de Cristo y su reino] (Foundations for Ministry Series [Serie *Fundamentos para el ministerio*]). Wichita, KS: *The Urban Ministry Institute Press*, 2006.

———. *A Biblical Vision, Part II: Mastering the New Testament Witness to Christ and His Kingdom* [Una visión bíblica, Parte II: Dominando el testimonio del Nuevo Testamento de Cristo y su reino] (Foundations for Ministry Series [Serie *Fundamentos para el ministerio*]). Wichita, KS: *The Urban Ministry Institute Press*, 2006.

———. *Winning the World: Facilitating Urban Church Planting Movements* [Ganando el mundo: Facilitando movimientos de plantación de iglesias urbanas] (Foundations for Ministry Series [Serie *Fundamentos para el ministerio*]). Wichita, KS: *The Urban Ministry Institute Press*, 2007.*

———. *Church Matters: Retrieving the Great Tradition* [Asuntos de la iglesia: Recuperando la Gran Tradición] (Foundations for Ministry Series [Serie *Fundamentos para el ministerio*]). Wichita, KS: *The Urban Ministry Institute*, 2007.*

———. *An Authentic Calling: Representing Christ and His Kingdom through the Church* [Un llamado auténtico: Representando a Cristo y su reino a través de la Iglesia] (Foundations for Ministry Series [Serie *Fundamentos para el ministerio*]). Wichita, KS: *The Urban Ministry Institute Press*, 2008.

———. *Master the Bible: How to Get and Keep the Big Picture of the Bible's Story* [Domine la Biblia: Cómo obtener y mantener una imagen completa de la historia de la Biblia] (Foundations for Ministry Series [Serie *Fundamentos para el ministerio*]). Wichita, KS: *The Urban Ministry Institute Press*, 2008.

———. *Marking Time: Forming Spirituality through the Church Year* [Marcando del tiempo: Formando espiritualidad a través del año de la iglesia] (Foundations for Ministry Series [Serie *Fundamentos para el ministerio*]). Wichita, KS: *The Urban Ministry Institute Press*, 2009.

———. *Sacred Roots Workshop: Retrieving the Great Tradition in the Contemporary Church* [Taller de raíces sagradas: La recuperación de la gran tradición en la iglesia contemporánea] (Foundations for Ministry Series [Serie *Fundamentos para el ministerio*]). Wichita, KS: *The Urban Ministry Institute Press*, 2010.

———. *Ministry in a Multicultural and Unchurched Society* [Ministerio en una sociedad multicultural y sin iglesia] (Foundations for Ministry Series [Serie *Fundamentos para el ministerio*]). Wichita, KS: *The Urban Ministry Institute Press*, 2012.

Don L. Davis y Terry G. Cornett. *Teologia de la Iglesia*, vol. 3, 16 vols. (Currículo Piedra Angular). Wichita, KS: *The Urban Ministry Institute Press*, 2005.

Don L. Davis y Lorna Rasmussen, *Managing Projects for Ministry* [Administración de proyectos para el ministerio] (Foundations for Ministry Series [Serie *Fundamentos para el ministerio*]). Wichita, KS: *The Urban Ministry Institute Press*, 2012.

Don L. Davis. *Church Resource CD* [CD de recursos de la iglesia]. Wichita, KS: *The Urban Ministry Institute Press*, 1999.

Don Davis and Don Allsman, eds. *The John Mark Curriculum* [El plan de estudios John Mark]. Los Angeles: *World Impact*, 2000.*

C. Capítulos, artículos, trabajos cortos seleccionados

Don L. Davis, "An Interview with Cornel West" [Entrevista con Cornel West]. *Iowa Journal of Cultural Studies* 12 (1993): 8–17.

———. "Overview and Framework for Church Planting Activity" [Visión general y marco para la actividad de plantación de iglesias]. Wichita, KS: *The Urban Ministry Institute Press*, 2000.*

———. *Making Joyful Noises: Mastering the Fundamentals of Music* [Haciendo ruidos alegres: Dominando los fundamentos de la música]. Wichita, KS: *The Urban Ministry Institute Press*, 2000.

———. "Creedal Theology: A Blueprint for Urban Leadership Momentum" [Teología del Credo: Un plano para el impulso del liderazgo urbano], en *Gaining Momentum: The Urban Ministry Institute Satellite Summit Workbook* [Ganando impulso]. Wichita, KS: *The Urban Ministry Institute Press*, 2006, 77–94.

———. "Fleshing out the Universal Priesthood: Recommended Order for Morning and Evening Sacrifices to God" [Desarrollar el sacerdocio universal: orden recomendada para los sacrificios de la mañana y la noche a Dios], en *The Wondrous Cross: TUMI Annual 2009-2010*. Wichita, KS: *The Urban Ministry Institute Press*, 2009, 425–36.

———. *The Most Amazing Story Ever Told* [La historia más increíble jamás contada]. Wichita, KS: *The Urban Ministry Institute Press*, 2011.

———. *The SIAFU Network Chapter Meeting Guide: How to Inspire Souls and Transform Hearts through Your SIAFU Gathering* [La guía de la reunión del capítulo de la red SIAFU: Cómo inspirar a las almas y transformar los corazones a través de su reunión de SIAFU]. Wichita, KS: *The Urban Ministry Institute Press*, 2013.

Terry Cornett y Don Davis. *Empowering People for Freedom, Wholeness, and Justice: Theological and Ethical Foundations for World Impact's Development Ministries* [Facultando a las personas por la libertad, la integridad y la justicia: Fundamentos teológicos y éticos para los ministerios de desarrollo de *World Impact*]. Wichita, KS: *The Urban Ministry Institute Press*, 1996.

Carl Ellis, ed. con Don Davis y el Pastor R. C. Smith. *Saving Our Sons: Confronting the Lure of Islam With Truth, Faith & Courage* [Salvar a nuestros hijos: Enfrentarse a la atracción del Islam con Verdad, Fe y Coraje]. (Chicago, IMANI Books, 2007).

Hank Voss. "Veinticinco años de plantación de iglesias entre los pobres: un informe," en *Plantando iglesias entre los pobres de la ciudad: Una antología de recursos de plantación de iglesias urbanas, Vol. 1*. Ed. Don L. Davis. Wichita, KS: TUMI Press, 2015. pp. 471–510.

III. El "ministerio urbano" y la plantación de iglesias entre los pobres

World Impact ha identificado tres expresiones de la iglesia con fines estratégicos. Estas tres expresiones requieren diferentes tipos de plantadores, recursos y planes estratégicos. Las tres expresiones pueden ser representaciones saludables del reino de Cristo en los barrios urbanos. La primera expresión es la Iglesia Pequeña ("Casa"). Estas iglesias son reuniones de 20-50 personas para expresiones más pequeñas del cuerpo de Cristo en un vecindario local. La segunda expresión es la Iglesia de la Comunidad ("Escaparate"). Estas iglesias tienen entre 50 y 200 personas y se encuentran entre las expresiones más comunes de la iglesia que se encuentran hoy en Norteamérica. La tercera expresión de la iglesia es la Iglesia *Hub* ("Madre"). Estas iglesias tienen más de 200 personas y tienden a servir como puntos de reunión para otras iglesias en un vecindario en particular.

A. Expresiones de plantaciones de iglesias

1. Plantando iglesias pequeñas "casa"

Bunch, David, Jarvey Kneisel y Barbara Oden. *Multihousing Congregations: How to Start and Grow Christian Congregations in Multihousing Communities* [Congregaciones multicasas: Cómo iniciar y cultivar congregaciones cristianas en las comunidades de multicasas]. Atlanta, GA: Smith Publishing, 1991.

Este es un recurso más antiguo, pero es uno de los únicos recursos que brinda ideas específicas para aquellos que plantan una iglesia en un complejo de apartamentos, parques de casas rodantes u otras unidades de viviendas múltiples.

Joel Comiskey. "Cell Church Reading List and Bibliography" [Listado de lectura y bibliografía de iglesias celulares], consultado el 2 de junio de 2015, *http://www.joelcomiskeygroup.com/articles/churchLeaders/cellreadinglistbibliography.htm*.

Comiskey ha escrito más de veinticinco libros sobre iglesias celulares (dos se mencionan a continuación). Su disertación (disponible de forma gratuita en línea) fue sobre iglesias celulares en América Latina y varios de sus libros están disponibles en español e inglés. Actualmente enseña la plantación de iglesias en el Seminario Tozer y consulta con grupos de iglesias interesadas en el modelo de iglesia celular. Esta bibliografía enumera 81 libros que recomienda sobre iglesias celulares. Los clasifica en el orden en que recomienda que un plantador de iglesias celulares los lea.

Joel Comiskey. *2000 Years of Small Groups: A History of Cell Ministry in the Church* [2000 años de pequeños grupos: una historia del ministerio celular en la iglesia]. Moreno, CA: CCS Publishing, 2014.

Joel Comiskey. *Biblical Foundations for the Cell-Based Church: New Testament Insights for the 21st Century Church* [Fundamentos bíblicos para la iglesia basada en células: Perspectivas del Nuevo Testamento para la Iglesia del siglo XXI]. Moreno, CA: CCS Publishing, 2012.

Randy Frazee y Max Lucado. *The Connecting Church 2.0: Beyond Small Groups to Authentic Community* [La iglesia conectada 2.0: Más allá de los grupos pequeños a la comunidad auténtica]. Grand Rapids: Zondervan, 2013.

Este libro no está diseñado exclusivamente para iglesias pequeñas, sino que describe el impacto que puede tener un pequeño grupo de creyentes comprometidos cuando se concentran en un área geográfica única. Este es un libro importante para aquellos que luchan con el aspecto de encarnación de la plantación de iglesias.

David Garrison. *Church Planting Movements: How God Is Redeeming a Lost World* [Movimientos de plantación de iglesias: Cómo Dios está redimiendo a un mundo perdido]. Midlothian, VA: WIGTake, 2004.

Un libro importante para aquellos que buscan entender los movimientos de plantación de iglesias. Este es el libro de texto central para el curso de TUMI sobre movimientos de iglesias.

Michael Green. *Church without Walls: A Global Examination of the Cell Church* [Iglesia sin muros: un examen global de la iglesia celular]. Waynesboro, GA: Paternoster, 2002.

Joel Comiskey clasifica este como el libro más importante sobre la "Pequeña Iglesia". Michael Green ha estado escribiendo sobre evangelización por más de cincuenta años, su primer libro de evangelización en la iglesia primitiva es un libro seminal.

Larry Kreider y Floyd McClung. *Starting a House Church* [Comenzando una Iglesia de la Casa].Chosen Books, 2007.

Larry Kreider es uno de los líderes de *House to House Network*. Esta asociación de iglesias hogareñas tiene docenas de recursos para aquellos que trabajan con modelos de iglesias pequeñas. Varios de estos recursos se enumeran a continuación y muchos más se pueden encontrar en *www.h2hp.com*.

Larry Kreider et al. *The Biblical Role of Elders for Today's Church: New Testament Leadership Principles for Equipping Elders* [El papel bíblico de los ancianos para la iglesia de hoy: Principios de liderazgo del Nuevo Testamento para equipar a los ancianos]. Ephrata, PA: House To House Publication, 2015.

Larry Kreider. *House Church Networks: A Church for a New Generation* [Redes de iglesias en casa: Una iglesia para una nueva generación]. Ephrata, PA: House to House, 2001.

Brian Sauder y Larry Kreider. *Helping You Build Cell Churches: A Comprehensive Training Manual for Pastors, Cell Leaders and Church Planters* [Le ayudamos a construir iglesias celulares: un completo manual de capacitación para pastores, líderes celulares y plantadores de iglesias], edición actualizada. Ephrata, PA: House to House, 2000.

Scoggins, Dick. *Handbook for House Churches* [Manual para iglesias en casa]. [en línea],], consultado el 1 de diciembre de 1999, *http://genesis.acu.edu/cplant/archive/contr036*; Internet.

Este recurso fue diseñado para una red de iglesias hogareñas en la costa este. El grupo es conocido como Comunidad de Iniciadores de Iglesias, y está disponible de forma gratuita en el sitio en la red de arriba.

2. Plantando iglesias comunitarias

Don Allsman, Don L. Davis, y Hank Voss, eds. *Listos para la siega: Una guía para la plantación de iglesias saludables en la ciudad*. Wichita, KS: TUMI Press, 2015.*

Este libro es el libro de texto primario de TUMI para la Escuela de plantación de iglesias *Evangel*. Es relevante para todas las expresiones de la iglesia, pero se incluye aquí para no perderse.

Carter, Ryan, ed. *Christ the Victor Church: The Guidebook: Ancient Faith for an Urban Movement* [La Iglesia de Cristo el Victorioso: La guía: Fe antigua para un movimiento urbano]. N.P.: CreateSpace, 2014.

El movimiento de Cristo el Victorioso (CEV) comenzó en Wichita, KS y está fuertemente influenciado por el tema Raíces Sagradas de TUMI. Esta guía está diseñada para plantadores que estén interesados en plantar una plantación de iglesias de CEV.

Davis, Don. *Enfoque en la Reproducción*, vol. 12, 16 vols. (Currículo Piedra Angular). Wichita, KS: *The Urban Ministry Institute Press*, 2005.*

El curso de plantación de iglesias primario de TUMI es relevante para las tres expresiones de plantación de iglesias, pero se incluye aquí para no perderse.

Nebel, Tom. *Big Dreams in Small Places: Church Planting in Smaller Communities* [Grandes sueños en lugares pequeños: Plantación de iglesias en comunidades pequeñas]. St Charles, IL: ChurchSmart Resources, 2002.

Este libro se enfoca en la plantación de iglesias en áreas rurales. Es relevante para la plantación de iglesias urbanas en que muchas áreas rurales son muy pobres y, por lo tanto, existen principios que pueden ser deducidos por quienes trabajan entre los pobres urbanos.

3. Plantación de iglesias madre (*Hub*)

Keller, Tim y J. Allen Thompson. *Church Planting Manual* [Manual de plantación de iglesias]. Redeemer Church Planting Center, New York, 2002.

Tim Keller y Allen Thompson han plantado muchas iglesias urbanas durante varias décadas. Sus iglesias no suelen enfocarse en comenzar con los pobres urbanos, pero están atentos a la importancia de servir a los pobres a través de ministerios de misericordia.

Moore, Ralph. *Starting a New Church: The Church Planter's Guide to Success* [Comenzando una nueva iglesia: La guía del éxito de los plantadores de iglesias]. Ventura, CA: Regal Books, 2002.

El pastor Moore fundó el movimiento *Hope Chapel*, que ha plantado una serie de iglesias entre los pobres urbanos. Su libro incluye capítulos sobre la importancia de la predicación para plantar iglesias.

Searcy, Nelson y Kerick Thomas. *Launch: Starting a New Church from Scratch* [Lanzamiento: Iniciar una nueva iglesia desde cero]. Regal Books, 2007.

Este libro se centra en plantar con un gran núcleo desde el primer servicio. Pone mucho énfasis en comenzar en grande y tiene ideas útiles para aquellos comprometidos con la plantación de una "Iglesia *Hub*".

Smith, Efrem. *The Post-Black & Post-White Church: Becoming the Beloved Community in a Multi-Ethnic World* [La iglesia post-negra y post-blanca: Convirtiéndose en la comunidad amada en un mundo multiétnico]. San Francisco: Jossey-Bass Publishers, 2012.

El libro del reverendo Smith se centra específicamente en la importancia de plantar una iglesia multiétnica. El libro describe las lecciones aprendidas de la plantación de iglesias y será especialmente útil para aquellos que desean plantar una gran Iglesia *Hub* en un área urbana.

B. Asociaciones, denominaciones y socios

Carter, Ryan, ed. *Christ the Victor Church: The Guidebook: Ancient Faith for an Urban Movement* [La Iglesia de Cristo el Victorioso: La guía: Fe antigua para un movimiento urbano]. N.P.: CreateSpace, 2014.

El movimiento de Cristo el Victorioso (CTV siglas en inglés) comenzó en Wichita, KS y está fuertemente influenciado por el tema Raíces Sagradas de TUMI. Esta guía está diseñada para que plantadores que estén interesados en plantar iglesias CTV y proporciona un ejemplo útil para otros movimientos interesados en capacitar plantadores de iglesias dentro de su movimiento.

Mannoia, Kevin. *Church Planting: The Next Generation* [Plantación de iglesias: la próxima generación]. Indianapolis, IN: Light and Life Communication, 1994.

Este libro tiene ahora más de veinte años, pero sigue siendo útil para movimientos y denominaciones que están pensando a través de los "sistemas" que esperan usar cuando su grupo planta iglesias. Su énfasis en los sistemas ayuda a una familia de iglesias a reflexionar sobre cómo pueden trabajar juntos para reclutar, evaluar, capacitar, alentar y capacitar a los plantadores de iglesias.

Romo, Oscar I. *American Mosaic Church Planting in Ethnic America* [Plantación de iglesias mosaico americano en la América étnica]. Nashville: Broadman Press, 1993.

Este libro describe el sistema de plantación de iglesias en uso a principios de los años noventa en la denominación Bautista del Sur.

C. Plantación de iglesias urbanas

Bunch, David, Jarvey Kneisel y Barbara Oden. *Multihousing Congregations: How to Start and Grow Christian Congregations in Multihousing Communities* [Congregaciones multicasas: Cómo iniciar y cultivar las congregaciones cristianas en las comunidades de multicasas]. Atlanta, GA: Smith Publishing, 1991.

Este es un recurso más antiguo, pero proporciona ideas específicas para aquellos que plantan una iglesia en complejos de apartamentos, parques de casas rodantes u otras unidades de viviendas múltiples.

Carter, Ryan, ed. *Christ the Victor Church: The Guidebook: Ancient Faith for an Urban Movement* [La Iglesia de Cristo el Victorioso: La guía: Fe antigua para un movimiento urbano]. N.P.: CreateSpace, 2014.

Como se señaló anteriormente, este recurso está especialmente diseñado para plantadores de iglesias que trabajan entre los pobres urbanos.

Carter, Matt y Darrin Patrick. *For the City: Proclaiming and Living Out the Gospel* [Para la ciudad: Proclamar y vivir el Evangelio]. Grand Rapids, MI: Zondervan, 2011.

Este libro se centra especialmente en la plantación de iglesias en contextos urbanos, pero no está especialmente dirigido a plantadores de iglesias que trabajan entre los pobres.

Conn, Harvie, M. ed. *Planting and Growing Urban Churches: From Dream to Reality* [Siembra y crecimiento de iglesias urbanas: Del sueño a la realidad]. Grand Rapids, MI: Baker Book House, 1996.

Este es un libro de "gran imagen" sobre por qué la plantación de iglesias en las ciudades es especialmente importante. Harvie Conn fue un misionero intercultural durante muchos años y ha escrito varios libros llamando a la iglesia evangélica a priorizar las misiones urbanas.

Francis, Hozell C. *Church Planting in the African American Context* [Plantación de iglesias en el contexto afroamericano]. Grand Rapids, MI: Zondervan Publishing House, 2000.

Este es uno de varios libros publicados en las últimas dos décadas que se enfoca en los problemas específicos que enfrentan los plantadores de iglesias dirigidos a las comunidades afroamericanas.

Greenway, Roger S. y Timothy M. Monsma. *Cities: Missions' New Frontier* [Las ciudades: Nuevas fronteras de las misiones], 2a ed. Grand Rapids, MI: Baker Books, 2000.

Greenway ha escrito varios libros sobre la misión urbana y sus libros ofrecen una perspectiva general sobre por qué la plantación de iglesias urbanas debe ser una prioridad.

Grigg, Viv. *Cry of the Urban Poor* [Grito de los pobres urbanos]. MARC, una división de *World Vision*, 1992.

Grigg es ahora profesor en la Universidad Azusa Pacific enseñando sobre desarrollo transformacional urbano. Ha escrito varios libros sobre los pobres urbanos. Este libro se enfoca especialmente en la necesidad del trabajo de plantación de iglesias entre las comunidades pobres urbanas internacionales, pero muchas de sus ideas son relevantes para aquellos que también trabajan con los pobres de EE. UU.

Hiebert, Paul G. y Eloise Hiebert Meneses. *Incarnational Ministry: Planting Churches in Band, Tribal, Peasant, and Urban Societies* [Ministerio de encarnación: Plantación de iglesias en bandas, tribus, campesinos y sociedades urbanas]. Grand Rapids, MI: Baker Publishing House, 1995.

Este libro es un clásico y proporciona una visión sociológica importante para aquellos que plantan iglesias en comunidades urbanas, tanto en los Estados Unidos como a nivel internacional.

Kyle, John E. ed. *Urban Mission: God's Concern for the City* [Misión urbana: La preocupación de Dios por la ciudad]. Downers Grove, IL: InterVarsity Press, 1988.

Overstreet, Don. *Sent Out: The Calling, the Character, and the Challenge of the Apostle/Missionary* [Enviado: El llamado, el carácter y el desafío del apóstol/misionero]. Bloomington, IN: Crossbooks, 2009.

Rev. Overstreet ha ayudado a plantar o entrenar a más de 500 iglesias entre los pobres durante los últimos cincuenta años. Actualmente se desempeña como coordinador de estrategia de plantación de iglesias en Los Ángeles.

Overstreet, Don y Mark Hammond. *God's Call to the City*. [El llamado de Dios a la ciudad]. Bloomington, IN: Crossbooks, 2011.

Rev. Overstreet es un coordinador de estrategias para los bautistas del sur y Mark Hammond ha plantado muchas iglesias afroamericanas en el área metropolitana de Los Ángeles. Este libro reflexiona sobre las implicaciones del libro de Jonás para plantar iglesias entre los pobres.

Phillips, Keith. *Out of Ashes* [De las cenizas]. Los Angeles, CA: World Impact Press, 1996.

Este libro describe algunos de los fundamentos filosóficos y teológicos detrás de la estrategia de plantación de iglesias de *World Impact*.

Ratliff, Joe S. y Michael J. Cox. *Church Planting in the African-American Community* [Plantación de iglesias en la comunidad afroamericana]. Nashville, TN: Broadman Press, 1993.

Uno de los primeros libros que se enfocó específicamente en la plantación de iglesias en contextos afroamericanos.

Sanders, Alvin. *Bridging the Diversity Gap: Leading Toward God's Multi-Ethnic Kingdom* [Tendiendo un puente en la brecha de la diversidad: Liderando hacia el Reino multiétnico de Dios]. Indianapolis: Wesleyan Publishing House, 2013.

Steffen, Tom. *Passing the Baton: Church Planting That Empowers* [Pasando la estafeta: Plantación de iglesias que facultan]. La

Habra, CA: Center for Organizational & Ministry Development, 1997.

Steffon enseña en la Universidad de Biola. Este libro describe la plantación de iglesias entre los pobres en un entorno internacional, pero su énfasis en el empoderamiento de los pobres desde el comienzo del proceso de plantación de iglesias lo hace especialmente relevante para aquellos que plantan entre los pobres en los Estados Unidos.

IV. General sobre plantación de iglesias

Los siguientes libros y artículos han demostrado ser útiles para muchos plantadores de iglesias.

Allen, Roland. *Missionary Methods, St. Paul's or Ours?* [¿Métodos misioneros, de San Pablo o de los nuestros?]. Grand Rapids, MI: William B. Eerdmans Publishing Company, 1962.

Chaney, Charles L. *Church Planting at the End of the Twentieth Century* [Plantación de iglesias a fines del siglo XX]. Wheaton, Il: Tyndale House Publishers, Inc., 1993.

Logan, Robert E. *Beyond Church Growth* [Más allá del crecimiento eclesiástico]. Old Tappan, New Jersey: Fleming H. Revell Co., 1989.

Malphurs, Aubrey. *Planting Growing Churches for the 21 Century: A Comprehensive Guide for New Churches and Those Desiring Renewal* [Plantando iglesias en crecimiento para el siglo 21: Una guía completa para iglesias nuevas y aquellas que desean la renovación], 2a ed. Grand Rapids, MI: Baker Book House, 1998.

Mull, Marlin. *A Biblical Church Planting Manual from the Book of Acts* [Un manual bíblico de plantación de iglesias del libro de Hechos]. Eugene, OR: Wipf and Stock Publishers, 2003.

Shenk, David W. y Ervin R. Stutzman. *Creating Communities of the Kingdom: New Testament Models of Church Planting* [Creando Comunidades del reino: Modelos del Nuevo Testamento de plantación de iglesias]. Scottdale, PA: Herald Press, 1988.

Stetzer, Edward J. *Planting Missional Churches* [Plantando iglesias misionales]. Nashville, TN: B&H Publishers, 2006.

Ed Stetzer y Warren Bird. "The State of Church Planting in the United States: Research Overview and Qualitative Study of Primary Church Planting Entities" [El estado de la plantación de iglesias en los Estados Unidos: Resumen de la investigación y estudio cualitativo de las entidades de plantación de iglesias primarias]. (*The Leadership Network*, 2007), www.christianitytoday.com/assets/10228.pdf.

V. Recursos gratuitos de plantación de iglesias

Cheyney, Tom, J. David Putman y Van Sanders, eds. *Seven Steps for Planting Churches* [Siete pasos para plantar iglesias]. Alpharetta, GA: North American Mission Board, SBC, 2003.

Un recurso gratuito que describe un proceso de siete pasos para plantar iglesias. Está disponible en www.churchplantingvillage.net.

Davis, Don. www.tumi.org.

Hay cientos de sermones, conferencias, documentos, diagramas y otros recursos gratuitos relevantes para plantadores de iglesias urbanas desarrollados por el Dr. Don Davis en www.tumi.org.

———. *Winning the World: Facilitating Urban Church Planting Movements* [Ganando el mundo: Facilitando movimientos de plantación de iglesias urbanas] (Foundations for Ministry Series [Serie *Fundamentos para el ministerio*]). Wichita, KS: *The Urban Ministry Institute Press*, 2007..

Este curso completo sobre movimientos de plantación de iglesias está disponible gratis en *www.biblicaltraining.org*. El sitio en la red *www.biblicaltraining.org* también tiene docenas de otros cursos gratuitos de seminario.

Chris, Richard H., compilador. *Reaching a Nation through Church Planting* [Alcanzando una nación a través de la plantación de iglesias]. Alpharetta, GA: North American Mission Board, SBC, 2002.

Este libro proporciona una colección de ensayos y recursos sobre la plantación de iglesias. Está disponible de forma gratuita en *www.churchplantingvillage.net*.

Scoggins, Dick. *Handbook for House Churches* [Manual para iglesias en casa]. [en línea], consultado el 1 de diciembre de 1999, *http://genesis.acu.edu/cplant/archive/contr036*; Internet.

> Un recurso gratuito para plantar iglesias en las casas.

Ed Stetzer y Warren Bird, "The State of Church Planting in the United States: Research Overview and Qualitative Study of Primary Church Planting Entities" [El estado de la plantación de iglesias en los Estados Unidos: Panorama de la investigación y estudio cualitativo de las entidades de plantación de iglesias primarias]. (*The Leadership Network*, 2007), *www.christianitytoday.com/assets/10228.pdf*.

> Este informe de investigación de cuarenta páginas proporciona una de las encuestas más importantes de la plantación de iglesias en los Estados Unidos actualmente disponibles.

Gary Teja y John Wagenveld, eds. *Planting Healthy Churches* [Plantando iglesias saludables]. Sauk Village, IL: Multiplication Network Ministries, 2015.

> Recurso descargable gratuito para estudiantes interesados en la plantación de iglesias; PowerPoint y otros recursos de enseñanza también están disponibles.

VI. Plantación de iglesias para mujeres

Puede ser difícil encontrar recursos diseñados para apoyar a las mujeres involucradas en la plantación de iglesias. Los siguientes recursos son de mujeres o están relacionadas con la plantación de iglesias.

Allen, Tricia. "Single Church Planter: Singles Must Step Up to Lead" [Plantador de iglesias individuales: los solteros deben pasar a dirigir]. *Wesleyan Life* 6 (Summer 2011): 6-7.

Chilcote, Paul Wesley. "Lessons from the 'Society Planting': Paradigm of Early Methodist Women: 2012 AETE Presidential Address" [Lecciones de 'Siembra de la sociedad': Paradigma de las mujeres metodistas tempranas: discurso presidencial 2012 de AET]. *Witness: Journal of the Academy for Evangelism in Theological Education* 27 (2013):5–30.

Emmanuel Gospel Center. "The Unsolved Leadership Challenge: A Report on Greater Boston Church Planters and What They Believe about Women in Leadership" [El desafío del liderazgo sin resolver: un informe sobre los sembradores de iglesias del Gran Boston y lo que creen sobre las mujeres en el liderazgo], octubre de 2014, http://egc.org/sites/egc.org/files/The%20 Unsolved%20Leadership%20Challenge_Church%20Planters%20 and%20Women%20in%20Leadership_0.pdf.

Dale, Felicity. *Getting Started: A Practical Guide to House Church Planting* [Primeros pasos: Una guía práctica para la plantación de iglesias en casas]. Karis Publishing, Inc., 2003.

Hamp, Angie. *Confessions of a Church Planter's Wife: Coming Clean about the Dirty Side of Church Planting* [Confesiones de una esposa de plantación de iglesias: Llegar a la limpieza por el lado sucio de la plantación de iglesias]. N.P.: Create Space, 2011.

Hoover, Christine. *The Church Planting Wife: Help and Hope for Her Heart* [La esposa de la plantación de iglesias: ayuda y esperanza para su corazón]. Chicago: Moody Publishers, 2013.

———. *Partners in Planting: Help and Encouragement for Church Planting Wives* [Socios en la plantación: Ayuda y aliento para las esposas de plantación de iglesias]. Un libro electrónico disponible en "Grace Covers Me." www.gracecoversme.com. 2014.

Thomas, Shari. *The Primary Sources of Stress and Satisfaction among PCA Church Planting Spouses* [Las principales fuentes de estrés y satisfacción entre los cónyuges de plantación de iglesias PCA]. Atlanta: Mission to North America, 2005.

Wilson, Linda. "Issues for Women in Church Planting" [Problemas para las mujeres en la plantación de iglesias]. *Evangelical Missions Quarterly* 39, no.3 (julio de 2003): 362–366.

Reddin, Opal. *Planting Churches That Grow* [Plantando iglesias que crecen]. Springfield, MO: Central Bible College Press, 1990.

VII. Bibliografías especializadas

Dr. Don L. Davis, ed. *Plantando iglesias entre los pobres de la ciudad: Una antología de recursos de plantación de iglesias urbanas*. Wichita, KS: *The Urban Ministry Institute Press*, 2015. 2 volúmenes.*

Ambos volúmenes de la antología incluyen una bibliografía de cinco páginas de recursos especialmente relevantes para plantadores de iglesias urbanas.

Joel Comiskey, "Cell Church Reading List and Bibliography" [Lista de lectura y bibliografía de iglesias celulares], consultado el 2 de junio de 2015, *http://www.joelcomiskeygroup.com/articles/churchLeaders/cellreadinglistbibliography.htm*.

Comiskey ha escrito más de veinticinco libros sobre iglesias celulares. Su investigación doctoral fue sobre iglesias celulares en América Latina y varios de sus libros están disponibles en español e inglés. Actualmente enseña la plantación de iglesias en el Seminario Tozer y consulta con grupos de iglesias interesadas en el modelo de iglesia celular. Esta bibliografía enumera ochenta y un libros que recomienda sobre iglesias celulares. Ellos son clasificados por él en el orden en que recomendaría que un plantador de iglesias celulares los lea.

Ed Stetzer, "Church Planting Bibliography" [Bibliografía de plantación de iglesias], *The Exchange*, 20 de abril de 2009, *http://www.christianitytoday.com/edstetzer*.

Esta bibliografía gratuita en línea es una lista anotada de setenta libros relacionados con la plantación de iglesias en América del Norte. El contenido de cada libro se resume brevemente y Stetzer usualmente proporciona una evaluación de una o dos oraciones de los méritos de los libros para los plantadores de iglesias. Siete de los setenta libros (10%) tienen cierta relevancia para la plantación de iglesias urbanas, aunque ninguno está específicamente interesado en el desafío de plantar iglesias entre los pobres urbanos en América del Norte. Dos de los setenta libros están escritos por mujeres.

Hank Voss, "A Select Bibliography of Works by Rev. Dr. Don L. Davis" [Una bibliografía selecta de obras del Rev. Dr. Don L. Davis], in *Black and Human: Rediscovering King as a Resource for Black Theology and Ethics* [Negro y humano: Redescubriendo al Rey como un recurso para la teología y ética negra], ed. Don L. Davis. Wichita, KS: TUMI Press, 2015, págs. 295–310.

Esta bibliografía cubre más de 100 recursos desarrollados por el Dr. Don Davis relevantes para aquellos involucrados con la plantación de iglesias urbanas y misiones transculturales.

Los diez principios principales para los ancianos

1. **Los ancianos sirven porque estamos dispuestos, no porque debemos (1 Ped. 5:1-4).**

   Ruego a los ancianos que están entre vosotros, yo anciano también con ellos, y testigo de los padecimientos de Cristo, que soy también participante de la gloria que será revelada: [2] Apacentad la grey de Dios que está entre vosotros, cuidando de ella, no por fuerza, sino voluntariamente; no por ganancia deshonesta, sino con ánimo pronto; [3] no como teniendo señorío sobre los que están a vuestro cuidado, sino siendo ejemplos de la grey. [4] Y cuando aparezca el Príncipe de los pastores, vosotros recibiréis la corona incorruptible de gloria.

2. **Los ancianos son líderes en la búsqueda del carácter de Cristo. Veintidós de las veinticuatro características o calificaciones de los ancianos tienen que ver con el carácter (Tito 1:5-9; 1 Tim. 3:1-7). Amamos a Dios y a las personas (Mc. 12:29-31).**

   Por esta causa te dejé en Creta, para que corrigieses lo deficiente, y establecieses ancianos en cada ciudad, así como yo te mandé; [6] el que fuere irreprensible, marido de una sola mujer, y tenga hijos creyentes que no estén acusados de disolución ni de rebeldía. [7] Porque es necesario que el obispo sea irreprensible, como administrador de Dios; no soberbio, no iracundo, no dado al vino, no pendenciero, no codicioso de ganancias deshonestas, [8] sino hospedador, amante de lo bueno, sobrio, justo, santo, dueño de sí mismo, [9] retenedor de la palabra fiel tal como ha sido enseñada, para que también pueda exhortar con sana enseñanza y convencer a los que contradicen (Tito 1:5-9).

   Palabra fiel: Si alguno anhela obispado, buena obra desea. [2] Pero es necesario que el obispo sea irreprensible, marido de una sola mujer, sobrio, prudente, decoroso, hospedador, apto para enseñar; [3] no dado al vino, no pendenciero, no codicioso de ganancias deshonestas, sino amable, apacible, no avaro; [4] que gobierne bien su casa, que tenga a sus hijos en sujeción con toda honestidad [5] (pues el que no sabe gobernar su propia casa, ¿cómo cuidará de la iglesia de Dios?); [6] no un neófito, no sea que envaneciéndose caiga en la condenación del diablo. [7] También es necesario que tenga buen testimonio de los de afuera, para que no caiga en descrédito y en lazo del diablo (1 Tim 3:1-7).

3. **Los ancianos son siervos (Mat. 20:26-27; 23:11-12); estamos ansiosos por servir aunque a menudo sea difícil (1 Ped. 5:2). Nuestro modelo en servicio es Cristo y buscamos seguir su ejemplo (Juan 13:3-17).**

Mas entre vosotros no será así, sino que el que quiera hacerse grande entre vosotros será vuestro servidor, [27] y el que quiera ser el primero entre vosotros será vuestro siervo;... [11] El que es el mayor de vosotros, sea vuestro siervo. [12] Porque el que se enaltece será humillado, y el que se humilla será enaltecido (Mat. 20:26-27; 23:11-12).

sabiendo Jesús que el Padre le había dado todas las cosas en las manos, y que había salido de Dios, y a Dios iba, [4] se levantó de la cena, y se quitó su manto, y tomando una toalla, se la ciñó. [5] Luego puso agua en un lebrillo, y comenzó a lavar los pies de los discípulos, y a enjugarlos con la toalla con que estaba ceñido. [6] Entonces vino a Simón Pedro; y Pedro le dijo: Señor, ¿tú me lavas los pies? [7] Respondió Jesús y le dijo: Lo que yo hago, tú no lo comprendes ahora; mas lo entenderás después. [8] Pedro le dijo: No me lavarás los pies jamás. Jesús le respondió: Si no te lavare, no tendrás parte conmigo. [9] Le dijo Simón Pedro: Señor, no sólo mis pies, sino también las manos y la cabeza. [10] Jesús le dijo: El que está lavado, no necesita sino lavarse los pies, pues está todo limpio; y vosotros limpios estáis, aunque no todos. [11] Porque sabía quién le iba a entregar; por eso dijo: No estáis limpios todos. [12] Así que, después que les hubo lavado los pies, tomó su manto, volvió a la mesa, y les dijo: ¿Sabéis lo que os he hecho? [13] Vosotros me llamáis Maestro, y Señor; y decís bien, porque lo soy. [14] Pues si yo, el Señor y el Maestro, he lavado vuestros pies, vosotros también debéis lavaros los pies los unos a los otros. [15] Porque ejemplo os he dado, para que como yo os he hecho, vosotros también hagáis. [16] De cierto, de cierto os digo: El siervo no es mayor que su señor, ni el enviado es mayor que el que le envió. [17] Si sabéis estas cosas, bienaventurados seréis si las hiciereis (Juan 3:3-17).

4. **Los ancianos viven como ejemplos para la iglesia que dirigen (1 Ped. 5:3). Nos examinamos (Hch. 20:28-31a) y obedecemos la voz del Señor (cp. Ez. 34).**

Por tanto, mirad por vosotros, y por todo el rebaño en que el Espíritu Santo os ha puesto por obispos, para apacentar la iglesia del Señor, la cual él ganó por su propia sangre. [29] Porque yo sé que después de mi partida entrarán en medio de vosotros lobos rapaces, que no perdonarán al rebaño. [30] Y de vosotros mismos se levantarán hombres que hablen cosas perversas para arrastrar tras sí a los discípulos. [31] Por tanto, velad, acordándoos que por tres años, de noche y de día, no he cesado de amonestar con lágrimas a cada uno (Hch. 20:28-31a).

5. **La responsabilidad más importante de los ancianos es hacer espacio para escuchar la Palabra y escuchar al Señor en oración (Hch. 6:4; 1 Tim. 3:2; Tito 1:9; Stg. 5:13-20). Estamos dedicados a la Palabra de Dios.**

   Y nosotros persistiremos en la oración y en el ministerio de la palabra (Hch. 6:4).

   Los ancianos que gobiernan bien, sean tenidos por dignos de doble honor, mayormente los que trabajan en predicar y enseñar (1 Tim. 5:17).

   ¿Está alguno entre vosotros afligido? Haga oración. ¿Está alguno alegre? Cante alabanzas. [14] ¿Está alguno enfermo entre vosotros? Llame a los ancianos de la iglesia, y oren por él, ungiéndole con aceite en el nombre del Señor. [15] Y la oración de fe salvará al enfermo, y el Señor lo levantará; y si hubiere cometido pecados, le serán perdonados. [16] Confesaos vuestras ofensas unos a otros, y orad unos por otros, para que seáis sanados. La oración eficaz del justo puede mucho. [17] Elías era hombre sujeto a pasiones semejantes a las nuestras, y oró fervientemente para que no lloviese, y no llovió sobre la tierra por tres años y seis meses. [18] Y otra vez oró, y el cielo dio lluvia, y la tierra produjo su fruto. [19] Hermanos, si alguno de entre vosotros se ha extraviado de la verdad, y alguno le hace volver, [20] sepa que el que haga volver al pecador del error de su camino, salvará de muerte un alma, y cubrirá multitud de pecados (Stg. 5:13-20).

6. **Los ancianos priorizan una conciencia limpia ante Dios (Hch. 20:28). Sabemos que finalmente daremos cuenta a Dios por la forma en que hemos guiado al pueblo de Dios (Heb. 13:7). Valoramos el temor del Señor (Prov. 9:10).**

   Por tanto, mirad por vosotros. . . . (Hch. 20:28a).

   Acordaos de vuestros pastores, que os hablaron la palabra de Dios; considerad cuál haya sido el resultado de su conducta, e imitad su fe (Heb. 13:7).

   El temor de Jehová es el principio de la sabiduría, y el conocimiento del Santísimo es la inteligencia. (Prov. 9:10).

7. **Los ancianos son valientes al hablar la Palabra de Dios (Hch. 20:20, 26-27, 31). No tememos hablar la verdad en amor (Ef. 4:15-16; Ez. 33:1-9).**

". . . y cómo nada que fuese útil he rehuido de anunciaros y enseñaros, públicamente y por las casas, . . . [26] Por tanto, yo os protesto en el día de hoy, que estoy limpio de la sangre de todos; [27] porque no he rehuido anunciaros todo el consejo de Dios. . . . [31] Por tanto, velad, acordándoos que por tres años, de noche y de día, no he cesado de amonestar con lágrimas a cada uno" (Hch. 20:20, 26-27, 31).

Vino a mí palabra de Jehová, diciendo: [2] Hijo de hombre, habla a los hijos de tu pueblo, y diles: Cuando trajere yo espada sobre la tierra, y el pueblo de la tierra tomare un hombre de su territorio y lo pusiere por atalaya, [3] y él viere venir la espada sobre la tierra, y tocare trompeta y avisare al pueblo, [4] cualquiera que oyere el sonido de la trompeta y no se apercibiere, y viniendo la espada lo hiriere, su sangre será sobre su cabeza. [5] El sonido de la trompeta oyó, y no se apercibió; su sangre será sobre él; mas el que se apercibiere librará su vida. [6] Pero si el atalaya viere venir la espada y no tocare la trompeta, y el pueblo no se apercibiere, y viniendo la espada, hiriere de él a alguno, éste fue tomado por causa de su pecado, pero demandaré su sangre de mano del atalaya. [7] A ti, pues, hijo de hombre, te he puesto por atalaya a la casa de Israel, y oirás la palabra de mi boca, y los amonestarás de mi parte. [8] Cuando yo dijere al impío: Impío, de cierto morirás; si tú no hablares para que se guarde el impío de su camino, el impío morirá por su pecado, pero su sangre yo la demandaré de tu mano. [9] Y si tú avisares al impío de su camino para que se aparte de él, y él no se apartare de su camino, él morirá por su pecado, pero tú libraste tu vida (Ez. 33:1-9).

sino que siguiendo la verdad en amor, crezcamos en todo en aquel que es la cabeza, esto es, Cristo, [16] de quien todo el cuerpo, bien concertado y unido entre sí por todas las coyunturas que se ayudan mutuamente, según la actividad propia de cada miembro, recibe su crecimiento para ir edificándose en amor (Ef. 4:15-16).

8. **Los ancianos trabajan con líderes siervos (*diáconos*) para equipar a la iglesia para el ministerio y la misión (Ef. 4:11-12). Valoramos a otros líderes en la iglesia.**

   Y él mismo constituyó a unos, apóstoles; a otros, profetas; a otros, evangelistas; a otros, pastores y maestros, [12] a fin de perfeccionar a los santos para la obra del ministerio, para la edificación del cuerpo de Cristo (Ef. 4:11-12).

9. **Los ancianos ejercen la supervisión como pastores (1 Ped. 5:2, Gál. 5:22-6:2, véase Ez. 34).**

   Apacentad la grey de Dios que está entre vosotros, cuidando de ella, no por fuerza, sino voluntariamente; no por ganancia deshonesta, sino con ánimo pronto (1 Ped. 5:2).

10. **Los ancianos son honrados en nuestra iglesia. Tratamos a los ancianos con honor y respeto (1 Tim. 5:17; 1 Tes. 5:12-13; Heb. 13:7).**

    Los ancianos que gobiernan bien, sean tenidos por dignos de doble honor, mayormente los que trabajan en predicar y enseñar (1 Tim. 5:17).

    Os rogamos, hermanos, que reconozcáis a los que trabajan entre vosotros, y os presiden en el Señor, y os amonestan; [13] y que los tengáis en mucha estima y amor por causa de su obra. Tened paz entre vosotros (1 Tes. 5:12-13).

    Acordaos de vuestros pastores, que os hablaron la palabra de Dios; considerad cuál haya sido el resultado de su conducta, e imitad su fe (Heb. 13:7).

Predicación y enseñanza
Dr. Hank Voss

"Predica el Evangelio a través de las Escrituras, en el poder del Espíritu Santo".

Paso	Estrategia	Escritura
1. Ore y Planifique	Primero, nuestra caminata diaria debe estar continuamente en la Palabra (escuchar, leer, estudiar, memorizar, meditar, aplicar). En segundo lugar, la oración debe comenzar y continuar durante todo el proceso. Sin la unción del Espíritu Santo, no se encontrará fruto eterna. Tercero, si se predica cada semana, un plan es esencial. El Leccionario Común Revisado (RCL siglas en inglés) ofrece un plan centrado en Cristo que se puede adaptar cuando sea necesario. Predica a través de toda la Biblia durante un período de tres años, pero siempre mantiene el enfoque en Cristo.	Sal. 1; 119; Jos. 1:8; Ef. 6:18-20
2. Estudie la Escritura	En TUMI, animamos a los pastores a estudiar las Escrituras usando un método de tres pasos; Paso uno: Comprender la situación original; Paso dos: Encontrar los principios generales; Paso tres: Aplicar los principios generales hoy. No tenga miedo de predicar lo que ha escuchado en las Escrituras. La mayor virtud del predicador es el coraje, y su mayor vicio es la cobardía.	1 Tim. 4:13; 2 Tim. 2:15; Jos. 1:9
3. Estudie a la audiencia	Cuanto mejor conozcamos a nuestra audiencia, mejor podremos hablarles la Palabra de Dios en su contexto particular. El primer paso para conocer a la audiencia es orar por ellos. En segundo lugar, incluso mientras predica, manténgase escuchando.	2 Tim. 1:3
4. Bosqueje o escriba su sermón	Toda la Escritura es valiosa, y cada Escritura contiene misterios profundos. Pero como nosotros, que predicamos, somos finitos, debemos escuchar con atención lo que el Espíritu Santo quiere que hablemos desde cada texto en particular para cada audiencia en particular. El Espíritu Santo puede sorprendernos a último momento, pero es aconsejable bosquejar o escribir el mensaje antes de tiempo, especialmente en los primeros diez años de predicación.	2 Tim. 3:16-17; Mat. 28:19-20
5. Predique el mensaje	El Dr. Don Davis sugiere que hay tres pasos esenciales para predicar sermones efectivos. 1) Establecer **contacto** con los oyentes a través de temas de atención, inquietudes, ideas o experiencias que resuenan en la audiencia; 2) Entregar el **contenido** de las Escrituras. Pinte una imagen del mensaje de las Escrituras para mostrar no solo el tema de las Biblia. 3) Establezca **conexiones** entre el contenido de la Biblia y las respuestas particulares del pueblo de Dios.	2 Tim. 4:1-2

Paso	Estrategia	Escritura
6. Evalúe y dé la Gloria a Dios	Por lo menos durante sus primeros diez años como predicador, siempre pida a un amigo que esté listo para darle una torta (sándwich) después de predicar. Primero el pan (algo alentador), luego la carne (algo para trabajar), finalmente otro pedazo de pan (otra cosa alentadora). Siempre que predique, siempre dé gloria al Padre por lo que hace el Espíritu Santo al atraer a las personas a su Hijo a través de la predicación de su Palabra.	1 Tim. 4:16

Más recursos para predicar

Planeando su predicación. El Dr. Don Davis usa el Leccionario Común Revisado para planificar su predicación. Sus sermones y contornos se pueden encontrar en *www.tumimedia.org*. TUMI también produce un calendario y un libro devocional todos los años que se pueden usar para planificar la predicación del próximo año. Estos recursos están disponibles en *http://www.tumistore.org/church-resources*.

Método de estudio bíblico de los tres pasos. Se puede descargar más información sobre estos tres pasos en *www.tumi-la.org* en la pestaña "recursos" y haciendo clic en "documentos exegéticos".

Libros y audio

Cothen, Joe. *Equipped for Good Work: A Guide for Pastors* [Equipado para el buen trabajo: una guía para pastores]. Gretna, LA: Pelican, 2002. Este libro se usa en dos clases de TUMI. Tiene dos capítulos sobre la predicación y algunas útiles hojas de trabajo de planificación para sermones y planes de sermones.

"Invitación a la predicación bíblica". Notas (en inglés o español) y cuatro conferencias de MP3 que pueden descargarse de *www.TUMI-LA.org*. El libro del Dr. Don Sunukijian, *Invitación a la predicación bíblica: Proclamando la verdad con claridad y relevancia* se puede comprar en la tienda en línea Amazon en inglés o español.

Cuatro clases de TUMI especialmente útiles para mejorar su predicación son:

1. Don Davis. *Interpretación Bíblica*, vol. 5, 16 vols. Currículo Piedra Angular. Wichita, KS: *The Urban Ministry Institute*, 2005.

2. Don Davis. *El Nuevo Testamento testifica de Cristo y Su Reino*, vol. 13, 16 vols. Currículo Piedra Angular. Wichita, KS: *The Urban Ministry Institute*, 2005.

3. Don Davis. *El Antiguo Testamento testifica de Cristo y Su Reino*, vol. 9, 16 vols. Currículo Piedra Angular. Wichita, KS: *The Urban Ministry Institute*, 2005.

4. Don Davis. *El Ministerio Facultativo*, vol. 15, 16 vols. Currículo Piedra Angular. Wichita, KS: *The Urban Ministry Institute*, 2005.

El sufrimiento por el Evangelio
El costo del discipulado y liderazgo de servicio
Rev. Dr. Don L. Davis

Abrazar el Evangelio y no avergonzarse de el (Rom. 1:16) es llevar el estigma y el reproche de Aquel quién le llamó a su servicio (2 Tim. 3:12). Prácticamente, esto puede significar la pérdida de comodidad, conveniencia, y hasta la vida misma (Jn. 12:24-25). Como embajadores de Cristo, apelando a hombres y mujeres para venir a él, no debemos contar hasta nuestras vidas como estimadas para nosotros, sino estar dispuestos/as a dar nuestras vidas por el evangelio (Hch. 20:24). Todos los apóstoles de Cristo soportaron insultos, reprimendas, latigazos y rechazos por los enemigos de su Maestro (comp. 2 Cor. 6:11). Cada uno de ellos selló su llamado a Cristo y a sus doctrinas con su sangre en el exilio, tortura y martirio. A continuación una lista del destino final de los apóstoles según los relatos tradicionales.

> *Mateo* sufrió el martirio siendo decapitado por espada en una ciudad distante de Etiopía.
>
> *Marcos* murió en Alejandría (Egipto) después de ser cruelmente arrastrado en medio de las calles de tal ciudad.
>
> *Lucas* fue colgado de un árbol de olivo en la tierra clásica de Grecia.
>
> *Juan* fue puesto en una olla enorme que hervía con aceite, no obstante escapó de la muerte milagrosamente, y luego fue enviado a la Isla de Patmos, donde vivió sus últimos días.
>
> *Pedro* fue crucificado de cabeza en Roma.
>
> *Santiago, el Grande,* fue decapitado en Jerusalén.
>
> *Santiago, el Pequeño,* fue arrojado desde el pináculo del templo y luego azotado con bastones hasta la muerte.
>
> *Bartolomé* fue despellejado vivo.
>
> *Andrés* fue amarrado a una cruz, de donde predicó a sus perseguidores hasta morir.
>
> *Tomás* fue traspasado con una lanza en Coromandel, en las Indias Orientales.

Judas fue muerto a flechazos.

Matías fue primero apedreado y luego decapitado.

Bernabé de los gentiles fue apedreado hasta morir en Salónica.

Pablo, después de varias torturas y persecuciones, por último fue decapitado en Roma por el emperador Nerón.

> ¿Y qué más digo? Porque el tiempo me faltaría contando de Gedeón, de Barac, de Sansón, de Jefté, de David, así como de Samuel y de los profetas; que por fe conquistaron reinos, hicieron justicia, alcanzaron promesas, taparon bocas de leones, apagaron fuegos impetuosos, evitaron filo de espada, sacaron fuerzas de debilidad, se hicieron fuertes en batallas, pusieron en fuga ejércitos extranjeros. Las mujeres recibieron sus muertos mediante resurrección; mas otros fueron atormentados, no aceptando el rescate, a fin de obtener mejor resurrección. Otros experimentaron vituperios y azotes, y a más de esto prisiones y cárceles. Fueron apedreados, aserrados, puestos a prueba, muertos a filo de espada; anduvieron de acá para allá cubiertos de pieles de ovejas y de cabras, pobres, angustiados, maltratados; de los cuales el mundo no era digno; errando por los desiertos, por los montes, por las cuevas y por las cavernas de la tierra. Y todos éstos, aunque alcanzaron buen testimonio mediante la fe, no recibieron lo prometido; proveyendo Dios alguna cosa mejor para nosotros, para que no fuesen ellos perfeccionados aparte de nosotros.
>
> ~ Hebreos 11:32-40

"Marco" para una asociación de iglesias urbanas

Rev. Bob Engel

I. **Compromisos básicos**

    A. Misión

    B. Visión

    C. Objetivos

    D. Teología

II. **Una espiritualidad compartida / camino de la sabiduría**

    A. Una historia e identidad compartida

    B. Una liturgia y celebración compartida

    C. Una membresía compartida

    D. Una catequesis y doctrina compartidas

    E. Un gobierno y autoridad compartidos

    F. Una estructura de desarrollo de liderazgo compartido

    G. Una política y procedimiento financieros compartidos

    H. Un ministerio de cuidado y apoyo compartido

    I. Una evangelización y alcance compartida

III. **Elementos clave**

    A. Compartir en compañerismo

    B. Compartir recursos

    C. Compartir en la misión y ministerio

IV. Estrategia

　A. Niveles de compromiso

　　1. Miembros

　　2. Afiliados

　　3. Observadores

　B. Comunicación

　C. Participación

　　1. Mensualmente – Local

　　2. Trimestralmente – Distrito

　　3. Anualmente – Regional

Una guía rápida para una asociación de iglesia urbanas

Tabla de contenido

Marco de referencia 2

Componentes principales 3

Participación 5

Estructura de la AIU y procedimientos gubernamentales 8

Requisitos de membresía 9

Esquema sugerido para el compañerismo mensual 10

MARCO DE REFERENCIA

<u>Declaración de propósito</u>: Quiénes somos

<u>Misión</u>: Nuestro llamamiento

<u>Objetivos</u>: Cómo logramos nuestra misión

<u>Compromisos teológicos</u>: Lo que somos

<u>Compromisos centrales</u>: Cómo nos comprometemos juntos

<u>Participación</u>: Cómo elegimos operar como una asociación

<u>Niveles de compromiso</u>: Maneras de participar

Componentes principales

Declaración de propósito: El propósito de la AIU es expandir y avanzar el Reino de Dios entre los pobres urbanos mediante la evangelización, la formación de discípulos, la plantación de iglesias reproductoras y el establecimiento de asociaciones regionales que faciliten los movimientos de las iglesias para la gloria de Dios.

Misión: La AIU es una red misionera enfocada en iglesias y líderes dedicados al crecimiento y bienestar mutuo mientras identificamos, equipamos y lanzamos líderes cristianos llamados y dotados para plantar nuevas iglesias y pastorear iglesias existentes que se multiplicarán y crecerán.

Objetivos:

1. Compañerismo: para alentar, inspirar y fortalecer a los demás en el discipulado cristiano vital a través de reuniones regulares y comunicación constante.
2. Recurso: para unir nuestros dones, conocimiento y fortalezas para el trabajo del reino.
3. Misión: trabajar juntos como una Iglesia unificada hacia nuestra misión y visión de transformar nuestra ciudad y región para la gloria de Dios.

Compromiso teológico: Como miembros de Asociación de Iglesias Urbanas (AIU) nos comprometemos a defender la "Gran Tradición" (la fe "que ha sido creída, en todos los lugares, por todas las personas, en todo momento") como se expresa en el Credo de Nicea.

Compromisos centrales:

Afecto/pasión
Nos dedicamos a Dios y a los demás porque Dios nos amó primero y envió a su hijo para nuestra salvación. Además de Él, no podemos hacer nada para Su gloria en la obra del ministerio (1 Juan 4:19-21, Juan 3:16, Juan 15:1-8).

Evangelización
Sembramos la semilla del evangelio amplia y abundantemente (1 Corintios 9:16-23, Hechos 1:8, Hechos 8:4).

Equipamiento
Hacemos discípulos, enseñándoles a obedecer todo lo que Jesús ordenó (Mateo 28:18-20).

Empoderamiento
Liberamos discípulos para dirigir la iglesia (Hechos 14:23).

Adoptar/adherirse
Nos reunimos como una Asociación para la comunión, para compartir recursos y para participar en el ministerio de misiones (1 Corintios 1:2, Filipenses 1:5).

Participación

- Mensualmente - A través de la asistencia mensual a AIU
- Trimestralmente – Tiempo de compañerismo pastoral
- Anualmente - Servicio de unidad y retiro de liderazgo

Cada miembro de la asociación también participa en lo siguiente

Una membresía compartida: La AIU está compuesta por iglesias que valoran la comunidad y les apasiona trabajar junto con iglesias afines para la salud mutua, el entrenamiento de liderazgo y la plantación de iglesias. Las iglesias de la AIU trabajan juntas para cumplir la difícil tarea de construir el Reino en el contexto urbano.

Una confraternidad compartida: Los miembros se reunirán mensualmente para construir la unidad y la fuerza del cuerpo a través de la comunión, el culto, la oración, la enseñanza y el aliento. Los miembros de la AIU toman retiros anuales de liderazgo, se hacen responsables mutuamente y defienden a los que están luchando en medio de nosotros. La AIU también se preocupa intencionalmente no solo por los líderes pastorales, sino también por su cónyuge y sus familias cuando surge la necesidad. La AIU se esfuerza por ser una organización holística que se preocupa no solo por la salud de la iglesia, sino también por la salud pastoral y familiar.

Una estructura de operación compartida: La AIU sigue un marco predeterminado que trabajará para garantizar una comunicación saludable, la unidad del cuerpo y el crecimiento de sus miembros. Cada decisión que tome la AIU será acordada por todo el cuerpo, para preservar la unidad de visión y el propósito dentro del cuerpo.

Un sistema de apoyo compartido para los pastores y sus iglesias: La AIU se defenderá mutuamente y a sus familias a través de la oración y la comunidad mientras ministran juntos. Los pastores y sus cónyuges tendrán la posibilidad de reunirse regularmente con otros ministros y encontrar apoyo y aliento en medio del ministerio. La AIU también luchará para acompañar y ministrar a cualquier iglesia dentro de la asociación. Si una iglesia en particular en la asociación está luchando con el cambio de liderazgo, dificultades financieras o necesita un ministerio de oración, la AIU se reunirá y encontrará formas apropiadas de apoyar a esa iglesia dentro del cuerpo de la AIU.

Una estructura de desarrollo de liderazgo compartida: Para garantizar la reproducción de un liderazgo de calidad en el envío de líderes y el inicio de nuevas iglesias, es vital que cada iglesia utilice completamente la capacitación de *The Urban Ministry Institute* (tumi.org) o implemente una capacitación clara sobre liderazgo. proceso específico para cada iglesia

Una misión, visión y alcance compartidos: Los miembros de la AIU planificarán, establecerán metas e implementarán iniciativas estratégicas para la evangelización, hacer discípulos y plantar iglesias. Las iglesias de AIU reproducen su iglesia a través de la plantación de iglesias. Las iglesias utilizarán *The Urban Ministry Institute* (TUMI) para equipar a los líderes emergentes para la iglesia urbana y potenciar los movimientos de plantación de iglesias para alcanzar y transformar las ciudades del interior de los Estados Unidos y de todo el mundo.

Un ministerio de cuidado y apoyo compartido: Los miembros orarán unos por otros y compartirán recursos con otros miembros de la asociación. La asociación puede proporcionar pastores para que prediquen si un pastor no está presente o necesita descansar. La asociación se esforzará por cuidarse mutuamente y compartir recursos que son beneficiosos para cada cuerpo de la iglesia. Dichos recursos incluirían consejería, ministerio de oración y recursos de justicia y compasión.

NIVELES DE COMPROMISO

Todas las Asociaciones de Iglesias Urbanas tendrán dos niveles posibles de participación: miembros y afiliados.

- **Miembros** – iglesias totalmente comprometidas
- **Afiliados** – Iglesias que apoyan las metas e iniciativas de la AIU

Miembros:
- Los miembros deben estar de acuerdo con nuestro propósito, objetivos y compromisos comunes.
- Los miembros deben aceptar participar plenamente en la estrategia a la que la asociación se ha comprometido.
- Solo los miembros tendrán derecho de voto en la asociación.
- Los miembros participan en cualquier herramienta de comunicación que adopte la asociación como una forma de demostrar obediencia al mandamiento de nuestro Señor de "amarnos los unos a los otros".
- Los miembros participan con la AIU mensualmente, trimestralmente y anualmente:
    - Mensualmente: cada iglesia de asociación envía al menos un líder a la reunión de la asociación.

- o Trimestralmente – la AIU llevará a cabo reuniones de comunión pastoral.
- o Anualmente – Todas las iglesias y sus líderes en la asociación se reunirán para la adoración, celebración, aliento, la Palabra y la oración en un servicio de unidad.
  - El liderazgo de AIU también tendrá un tiempo de retiro anual para la confraternidad, el desarrollo de estrategias y el refrigerio.

Afiliados:
- Las iglesias afiliadas deben estar de acuerdo con nuestros propósitos y compromisos.
- Las iglesias afiliadas deben estar dispuestas a acompañarnos y apoyar nuestra misión, visión y objetivos mediante la oración, las alianzas y los recursos.
- Las iglesias afiliadas deben asistir al menos a una reunión mensual por año para seguir siendo parte de la asociación.
- Las iglesias afiliadas permanecerán en comunicación regular con la asociación y solicitarán anualmente el estado de afiliado.

Política de visitantes:
- Varios pastores y líderes son bienvenidos a observar y participar en una reunión de AIU. Sin embargo, los observadores deben ser alojados por un miembro de pleno derecho de la asociación. Los visitantes deben ser traídos intencionalmente y solo deben ser invitados si desean unirse a la AIU como miembros, afiliados o posibles socios ministeriales.
- Si un pastor desea llevar un visitante a la AIU, informe al facilitador de la AIU antes del tiempo de la confraternidad.

Estructura de la AIU y procedimientos gubernamentales

- **Elegir a un facilitador de la AIU**
    - La facilitación de la AIU hará la transición de un pastor a otro cada dos años. Este período puede ser de solo un año si la asociación o el facilitador lo consideran necesario.
    - El pastor solo puede ser elegido si él/ella se ofrece como voluntario para el puesto.
    - El facilitador de la AIU será elegido solo por votación unánime.

- **Responsabilidad del facilitador**
    - El facilitador respetará fielmente los compromisos de la AIU y se esforzará por crecer y mantener la salud de la AIU.
    - El facilitador asistirá fielmente a cada reunión. (Si ocurre una emergencia, él/ella será responsable de pasar temporalmente la facilitación del grupo).

- **Compromiso de la AIU con el Facilitador**
    - La AIU apoyará y seguirá fielmente el liderazgo del facilitador.
    - Las principales decisiones sobre el AIU y sus iniciativas no pueden ser tomadas solo por el facilitador, sino que deben ser sometidas a votación por los miembros para su aprobación. Cualquier cambio que se realice debe ser unánime para mantener la unidad de la AIU.
    - Si un facilitador está fallando en fidelidad (a compromisos, liderazgo o está abusando de la autoridad) los miembros de la AIU pueden convocar un voto para eliminar a ese pastor de su papel de autoridad.
    - Si cualquier área de teología de la visión amenaza con romper la unidad de la AIU, la AIU se reunirá para discutir y establecer una decisión con respecto al desacuerdo. Esto debe evitarse si es posible, ya que el corazón de la AIU debe ser la unidad antes que la preferencia personal.

Requisitos de membresía

Nombre de la iglesia _____
Se compromete con lo siguiente:

- ☐ Apoyar el propósito, la misión, los objetivos y los compromisos teológicos de la AIU.

- ☐ Participar plenamente en las estrategias acordadas por la AIU.

- ☐ Comunicarse e interactuar unos con otros de una manera que demuestre la obediencia al mandamiento de nuestro Señor de "amarse los unos a los otros" y forjar relaciones sanas y cooperativas con otros miembros de la asociación.

- ☐ Enviar al menos un líder a becas mensuales.

- ☐ Los pastores, los cónyuges y los ancianos que están en entrenamiento pastoral se reunirán para tener compañerismo y ánimo trimestralmente.

- ☐ Utilizar la membresía en la asociación para promover la unidad y el crecimiento de la asociación.

_____
Nombre de la iglesia

_____ _____
Firma del pastor   Fecha

Esquema sugerido para el compañerismo mensual

Oración

Unirnos como un cuerpo para orar en nombre de nuestras familias, iglesias y comunidad para prepararnos para el trabajo transformador de Dios.

Rendir culto

Pasar tiempo intencionalmente juntos, elevar el nombre del Señor y glorificarlo a través de nuestras voces, palabras y acciones. Adoramos juntos para dar gloria a Dios y alinear nuestros corazones con los suyos.

Apoyo y aliento

Este es un momento para reconocer nuestras debilidades, nuestras dificultades, nuestras victorias en Cristo y celebrar la obra redentora de Dios juntos.

Formación

Enseñándose unos a otros herramientas efectivas para la evangelización, el discipulado, el entrenamiento de liderazgo, el cuidado personal y familiar y el crecimiento de la iglesia.

Planificación

Involucrar a los pastores para que trabajen juntos para apuntar a las áreas del ministerio como AIU. Planificación de eventos y desarrollo de estrategias para el crecimiento de la iglesia y la AIU.

Exhortación

Alentar y desafiarse unos a otros para cumplir el llamado de Dios en sus vidas y en sus iglesias en toda su extensión. Este es un momento diseñado para exhortarse unos a otros a seguir el trabajo del reino de Dios con pasión y fortaleza, y debe dejar a cada pastor preparado para el trabajo al que Dios lo ha llamado en el ministerio.

CREEMOS QUE
NOS NECESITAMOS MUTUAMENTE

Y si alguno prevaleciere contra uno, dos le resistirán; y cordón de tres dobleces no se rompe pronto.
Eclesiastés 4:12

3701 E 13th St N Wichita, KS 67208 | worldimpactmidwest.org/uca

Resumen Sesión Evangel

Dr. Hank Voss

I. **Resumen de las sesiones y actividades de *Evangel***

Sesión	Devocionales y serminarios	Ejercicios
Sesión 1 (5 hrs, 45 mins)	Devocional 1: El poder de la alababanza	
	1. ¿Qué es una iglesia?	
	2. Información general sobre la plantación de iglesias	
	3. Uso de la sabiduría en el ministerio: El Proceso PTR	
		1. Estableciendo el contexto
		2. Definiendo la visión y los valores
		Presentación 1
Sesión 2 (4 hrs, 45 mins)	Devocional 2: Libertad en Cristo	
	4. La diferencia que hace la diferencia: Plantación transcultural de iglesias y el asunto de la cultura	
	5. La teología de los pobres para plantadores de iglesias	
	6. Construyendo el equipo para el éxito: Principios del juego eficaz de equipo	
		3. Preparar: Ser la Iglesia
		Presentación 2

Sesión	Devocionales y serminarios	Ejercicios
Sesión 3 (5 hrs, 45 mins)	Devocional 3: La oración es el radio comunicador de la Fe	
	7. Evangelización y seguimiento como misión: La incorporación en el Cuerpo de Cristo	
	8. *Christus Victor*: Un motivo antiguo bíblico para conectar los puntos en la formación espiritual urbana y las misiones transculturales	
	9. Realización de eventos y proyectos	
		4. Lanzar: Expandir la Iglesia
		5. Agrupar: Establecer la Iglesia
		Presentación 3

Sesión	Devocionales y serminarios	Ejercicios
Sesión 4 (6 hrs, 15 mins)	Devocional 4: Dios es un guerrero	
	10. Discipulado efectivo en la iglesia	
	11. Discipulando a líderes cristianos urbanos	
	12. Predicación y enseñanza: El arte fino de comunicar la verdad	
	13. Seleccionando un criterio creíble para la independencia: Navegando hacia una transición saludable	
		6. Nutrir: Madurar la Iglesia
		7. Transicionar: Liberar la Iglesia
		Presentación 4
Sesión 5 (3 hrs, 15 mins)	Devocional 5: Adáptese a ganar	
	14. La importancia de la revisión	
		8. Juntándolo todo: La cartilla del equipo
		Presentación 5
(1 hr)	Servicio de comisionado	

II. Resumen del contenido principal

Devocional/Seminario	Autor	Resumen del contenido principal
Sesión 1		
Devocional 1 El poder de la alabanza	Davis (35-42)	Experimentando el poder de alabanza Siete razones para alabar Cinco principios para la alabanza poderosa
Seminario 1 ¿Qué es una iglesia?	Davis (49-55)	Definición de iglesia Plantación de iglesias, la historia de Dios y las Raíces Sagradas Tres expresiones de iglesia
Seminario 2 Información general sobre la plantación de iglesias	Davis (56-66)	PLANT Evangelización, Equipamiento y Empoderamiento Perspectiva paulina sobre la plantación de iglesias Diez principios de plantación de iglesias
Seminario 3 Uso de la sabiduría en el ministerio: El Proceso PTR	Allsman (67-78)	Usando la sabiduría en el ministerio Preparar, trabajar, revisar (PTR) Presentando la cartilla de la plantación de la iglesia
Sesión 2		
Devocional 2 Libertad en Cristo	Davis (123-134)	Libertad de Libertad para ser y para hacer
Seminario 4 La diferencia que hace la diferencia: Plantación transcultural de iglesias y el asunto de la cultura	Davis (141-156)	El evangelio vrs. La cultura en una era urbanización global El concepto de diferencia como cultura Implicaciones de la cultura para la evangelización Una teología bíblica de la cultura
Seminario 5 La teología de los pobres para plantadores de iglesias	Cornett (157-170)	Los pobres urbanos como campo de misión Participando en la misión de Jesús a los pobres Gracia y Misión con los pobres Misión a los pobres caracterizada por el respeto y la expectativa
Seminario 6 Construyendo el equipo para el éxito: Principios del juego eficaz de equipo	Davis (171-186)	Diez principios universales para los equipos de plantación de iglesia Cuadro de diagnóstico de efectividad del equipo utilizando diez principios

Devocional/Seminario	Autor	Resumen del contenido principal
Sesión 3		
Devocional 3 La oración es el radio comunicador de la Fe	Davis (225-231)	La oración es un *walkie-talkie* de guerra, no un intercomunicador doméstico Levántese Dios: Un movimiento de oración dedicado para las ciudades del mundo Las siete A's de Levántese Dios
Seminario 7 Evangelización y seguimiento como misión: La incorporación en el Cuerpo de Cristo	Davis (239-250)	La evangelización como compartir las Buenas Nuevas Seguimiento: Incorporando y nutriendo a los nuevos miembros en la familia de Dios
Seminario 8 *Christus Victor*: Un motivo antiguo bíblico para conectar los puntos en la formación espiritual urbana y las misiones transculturales	Davis (251-276)	"A Cristo la Victoria" como un grito de rally "A Cristo la Victoria" como medida para el ministerio y el testimonio "A Cristo la Victoria" en nuestro tiempo: Usando el año de la Iglesia Beneficios de dar a Cristo victorioso nuestra adoración y misión
Seminario 9 Realización de eventos y proyectos	Allsman (277-285)	Proyectos en la Biblia y en la plantación de iglesias Preparar, trabajar, revisar Estudios de caso
Sesión 4		
Devocional 4 Dios es un guerrero	Davis (343-354)	El Señor es un guerrero que libera (ejemplo, Éxodo) El Señor pelea con su pueblo (Conquista de Canaán) El Señor ganará (Tierra Prometida) Implicaciones de la guerra espiritual para la plantación de iglesias urbanas

Devocional/Seminario	Autor	Resumen del contenido principal
Seminario 10 Discipulado efectivo en la iglesia	Davis (361-378)	La Gran Comisión, Reino de Dios y la Iglesia ¿Por qué discipular? ¿Cómo se ve? El papel del discípulo El papel de la iglesia local en el discipulado Convicción interna y persuasión interna La Palabra de Dios y el Discípulo Los "Cómo" del discipulado y el fruto
Seminario 11 Discipulando a líderes cristianos urbanos	Davis (379-384)	Cuatro marcadores para el desarrollo del liderazgo en la iglesia Comisión, Carácter, Competencia, Comunidad
Seminario 12 Predicación y enseñanza: El arte fino de comunicar la verdad	Davis (385-395)	Objetivos e importancia de predicar los dones de enseñanza en la iglesia Imágenes del Maestro y Predicador Bíblico Modelos educativos contemporáneos para la enseñanza (Richards, Groome) Modelo de TUMI para la enseñanza contextual y la predicación Contacto, contenido, conexión
Seminario 13 Seleccionando un criterio creíble para la independencia: Navegando hacia una transición saludable	Davis (396-400)	Principios para plantadores de iglesias transculturales Ocho categorías para evaluación
Sesión 5		
Devocional 5 Adáptese a ganar	Davis (447-453)	Comprender los axiomas de adaptación de la plantación de iglesias El problema vendrá; El cambio vendrá; El equipo es necesario
Seminario 14 La importancia de la revisión	Allsman (461-464)	Libertad y adaptación a la mitad del tiempo Revise y prepárese nuevamente

III. Requisitos previos de lectura

Estas lecturas deben completarse antes de asistir a la Escuela *Evangel*. Los números de página enumerados hacen referencia a *Asuntos al frente: Lecturas previas para la Escuela de plantación de iglesias urbanas Evangel*.

Sesión	Ejercico de equipo	Asignaciones de lectura
Sesión 1	Viendo el panorama general: Estableciendo el contexto	"Prefacio: Cómo usar esta guía" (págs. 11–22) "Introducción: Raíces sagradas, plantación de iglesias, y la Gran Tradición" (págs. 23–28)
Sesión 1	Viendo el panorama general: Defi niendo los valores/visión	"Un llamado a un futuro evangélico antiguo" (págs. 29-32) "*World Impact* sobre 'Capacitando a los urbanos pobres'" (págs. 36-41)
Sesión 2	Preparar: Ser la Iglesia	"Información general sobre la plantación de iglesias" (págs. 42-55)
Sesión 3	Lanzar: Expandir la Iglesia Agrupar: Establecer la Iglesia	"Modelos de plantación de iglesias" (págs. 33-35)
Sesión 4	Nutrir: Madurar la Iglesia Transicionar: Liberar la Iglesia	
Sesión 5	Juntándolo todo: La cartilla del equipo	"Resumen de los principios fundamentales de plantación de iglesias transculturales" (págs. 56-61)

IV. Ejercicios de equipo

Todos los números de página en la tabla a continuación se refieren a *Listos para la siega*.

Sesión	Ejercicio de Equipo	Propósito del ejercicio	Leer asignaciones, discusiones de equipo y hojas de trabajo del equipo
Sesión 1 Ejercicio 1	Viendo el panorama general: Estableciendo el contexto (págs. 81-94)	• Comprenda el papel de la Iglesia en el esfuerzo de Dios para construir el reino. • Redacte una breve narración de la historia y el origen de su equipo de plantación de iglesia y su llamado. • Haga un mapa del área objetivo, la demografía y los recursos disponibles para este trabajo. • Haga un análisis FODA sobre las fortalezas y debilidades internas y las oportunidades y amenazas externas que enfrentará en este esfuerzo.	RA: *Prefacio: Cómo usar esta guía* (págs. 11-23) RA: *Introducción: Raíces sagradas, plantación de iglesias, y la Gran Tradición* (págs. 25-30) RA: *Un llamado a un futuro evangélico antiguo* (págs. 85-88) RA: *Modelos de plantación de iglesias* (págs. 89-91) RA: *¿Qué es una Iglesia?* (págs. 92-94) TD: *Viendo el panorama general: Estableciendo el contexto* (11 preguntas, págs. 83-84)
Sesión 1 Ejercicio 2	Viendo el panorama general: Definiendo los valores/visión (págs. 97-104)	• Diálogo sobre posibles imágenes de lo que creemos que Dios ha puesto en nuestros corazones por lograr. • Discuta los diversos valores alternativos abierta y cuidadosamente juntos. • Alcanzar el consenso juntos sobre nuestros valores compartidos, uniéndolos clara y concisamente. • Elabore una declaración de visión que describa lo que esperamos ver a Dios en nuestro esfuerzo.	RA: *Viendo el panorama general: Definiendo los valores/visión* (págs. 97-101) TW: *Hoja de trabajo de clasificación de valores (Individual)* (pág. 102) TW: *Hoja de trabajo de clasificación de valores (Equipo)* (pág. 103) TD: *Viendo el panorama general: Definiendo los valores/visión* (5 preguntas, pág. 104) TP: Oración en equipo

Sesión	Ejercicio de Equipo	Propósito del ejercicio	Leer asignaciones, discusiones de equipo y hojas de trabajo del equipo
Sesión 2 Ejercicio 3	Preparar: Ser la Iglesia (págs. 190-207)	• Busca a Dios con respecto a la población objetivo y la comunidad. • Busque a Dios con respecto a la formación de su equipo de planta de iglesia, la iglesia inicial a la cual los creyentes de la comunidad pueden unirse. • Seleccione modelos reproducibles para contextualizar las prácticas de la iglesia estándar. • Inicie discusiones sobre asociaciones, denominaciones u otras afiliaciones.	RA: *World Impact sobre "Capacitando a los urbanos pobres"* (págs. 197-202) RA: *Respondiendo al llamado de Dios a los pobres* (págs. 203-204) RA: *Al formar su plan, mantenga su propósito general en mente* (págs. 205-206) RA: *Papeles clave de un equipo de plantación de iglesias* (pág. 207) TD: *Preparar: Ser la Iglesia* (40 preguntas, págs. 193-196) TP: Oración en equipo
Sesión 3 Ejercicio 4	Lanzar: Expandir la Iglesia (págs. 290-293)	Haga una lluvia de ideas y discuta cómo podría: • Invitar a creyentes maduros a unirse a la iglesia. • Reclutar y organizar voluntarios para llevar a cabo eventos evangelísticos continuos y alcance holístico para ganar socios y vecinos de Cristo. • Comprometer a la comunidad mientras Dios dirige y le da seguimiento a los nuevos creyentes. • Ajustar si no hay respuesta en su área objetivo inicial.	TD: *Lanzar: Expandir la Iglesia* (15 preguntas, págs. 292-293) TP: Oración en equipo

Sesión	Ejercicio de Equipo	Propósito del ejercicio	Leer asignaciones, discusiones de equipo y hojas de trabajo del equipo
Sesión 3 Ejercicio 5	Agrupar: Establecer la Iglesia (págs. 298-323)	Haga una lluvia de ideas y discuta cómo podría: • Entrenar a otros a través de grupos celulares o estudios bíblicos para dar seguimiento y discipular a los nuevos creyentes. • Continuar la evangelización con grupos *oikos* • Identificar y capacitar líderes emergentes, centrándose en la preparación de líderes para la transición en un campus satelital de *The Urban Ministry Institute* (TUMI). • Reunir a los grupos donde se predica correctamente la Palabra, se administran correctamente los sacramentos y se ordena correctamente la disciplina. • Anunciar al vecindario el comienzo del culto público.	RA: *Bienvenido a la familia: Responsabilidades de la membresía y del liderazgo* (págs. 303-323) TD: *Agrupar: Establecer la Iglesia* (23 preguntas, págs. 300-302) TP: Oración en equipo
Sesión 4 Ejercicio 6	Nutrir: Madurar la Iglesia (págs. 404-413)	Haga una lluvia de ideas y discuta cómo podría: • Establecer relaciones y estructuras para discipular a individuos, grupos y líderes de la iglesia. • Ayudar a los miembros crecientes y fieles a identificar y cumplir papeles clave en la nueva iglesia en base a su carga y dones. • Crear infraestructura y procesos que den un gobierno claro al cuerpo.	RA: *La docena dinámica: Principios fundamentales de la fase de Nutrir* (págs. 408-411) RA: *Redacción de una Constitución (Estatutos) Herramienta clave para nutrir la comunidad* (pág. 412) RA: *Dimensiones de nutrir y transicionar* (pág. 413) TD: *Nutrir: Madurar la iglesia* (15 preguntas, págs. 406-407) TP: Oración en equipo

Sesión	Ejercicio de Equipo	Propósito del ejercicio	Leer asignaciones, discusiones de equipo y hojas de trabajo del equipo
Sesión 4 Ejercicio 7	Transicionar: Liberar la Iglesia (págs. 418-427)	Haga una lluvia de ideas y discuta cómo podría: • Encomendar a la iglesia a su misión en el mundo. • Designar ancianos y líderes, y permitir a la iglesia seleccionar e instalar al pastor. • Finalizar toda la infraestructura para garantizar la independencia y la autonomía de la iglesia. • Construir y fomentar las afiliaciones y asociaciones de la iglesia.	RA: *Los siete autónomos: Principios centrales para la fase de transición* (págs. 423-425) RA: *Transicionar* (págs. 426-427) TD: *Transicionar: Liberar a la Iglesia* (11 preguntas, págs. 421-422) TP: Oración en equipo
Sesión 5 Ejercicio 8	Juntándolo todo: La cartilla del equipo (págs. 468-471)	Complete una cartilla que detalle su estrategia general de plantación de iglesias, incluyendo elementos principales tales como la fecha límite general de la meta, quién servirá como entrenador de campo, bajo qué autoridad, con qué miembros del equipo, para qué expresión como iglesia.	TD: *Juntándolo todo* (págs. 468-470) TD: *Escuela de Plantación de Iglesias Urbanas Evangel: Formulario de la cartilla* (pág. 471) TP: Oración en equipo

*Lecturas adicionales,
seminarios y ejercicios en equipo*

Lectura
¿Qué es una Iglesia?
Rev. Dr. Don Davis

La Iglesia es la comunidad del pueblo de Dios que reconoce a Jesús como Señor, que lleva a cabo sus propósitos en la tierra, compuesta de todos en el pasado, presente y futuro, de todos los lugares de la tierra y a lo largo de la historia. La Iglesia es el agente de Dios del reino de Dios, el cuerpo y la novia de Cristo, que como custodio de la revelación de Dios ha respondido a su obra en teología, adoración, discipulado y testimonio (véase *La historia de Dios: Nuestras raíces sagradas*). Cada iglesia local es una embajada, sirviendo como un puesto de avanzada de su reino.

Hay una sola historia revelada en la Biblia (ver *Había una vez*). El Dios del universo, existente en tres personas (Padre, Hijo y Espíritu Santo), es el Creador de todas las cosas, visibles e invisibles, que hicieron a los seres humanos a Su propia imagen. A pesar de la rebelión de Satanás y de la primera pareja humana, Dios envió a un Salvador que vencería el mal y lo devolvería todo para la gloria de Dios.

En este drama que se desarrolla, hay una base objetiva (la obra soberana de Dios en la creación, Israel y Cristo) y una respuesta subjetiva (la participación de la Iglesia en el reino de Dios). En el lado objetivo, el Padre es el autor y director de la historia, el hijo es el campeón y actor principal de la historia, y el Espíritu es el narrador e intérprete de la historia. La Biblia es la Escritura y el testimonio de la historia.

Desde el punto de vista subjetivo, el Pueblo de la Historia responde en la teología ortodoxa como confesores de la fe, adorando juntos como sacerdotes reales, se forman como discípulos de Cristo como extranjeros en este mundo y testigos del amor de Dios como sus santos embajadores. Este entendimiento crea el fundamento de cada expresión en una iglesia local (véase *Christus Victor: Una visión integrada para la vida y el testimonio cristiano*) incluyendo la doctrina, el uso de los dones, la espiritualidad, la justicia y la compasión, la evangelización y la misión y la adoración.

La Iglesia está llamada a encarnar y defender fielmente la revelación de Dios a través del testimonio del apóstol, cumpliendo su identidad como una comunidad santa, universal y apostólica (ver *Hay un río*). La Iglesia debe transmitir fielmente lo que el Espíritu dio al pueblo de Cristo en términos de lo que creen, cómo deben adorar y cuáles son sus Escrituras. Estas creencias fundamentales subyacen la fe para todos los creyentes, en todas partes, y es llamada la "Gran Tradición" (ver *Credo Niceno*), que es abrazada por todos los creyentes ortodoxos. Esto representa la enseñanza y la práctica de los apóstoles, escritas en la Biblia, resumidas en los credos y concilios de la Iglesia, y defendidas por los creyentes a lo largo de la historia.

La plantación de iglesias es simplemente una extensión de la expresión subjetiva de este gran drama cósmico. Una iglesia es una nueva hoja en el árbol del diseño de Dios, volviendo a sus Raíces Sagradas. Nuestra identidad se basa en la tutela y transferencia transcultural de la Gran Tradición, que protege contra la herejía, el sectarismo, el sincretismo, el cisma y el pragmatismo.

Una vez que vemos el amplio paisaje de la Iglesia ("I" mayúscula) podemos entonces pensar más responsable y claramente sobre la iglesia ("c" minúscula). En el diccionario conceptual de *World Impact*, reconocemos que la Iglesia ha expresado históricamente y prácticamente hoy su comunidad de tres maneras. Estas expresiones resultarán esenciales en nuestro trabajo de plantación de iglesias entre la gente de la ciudad y abarcan todas las facetas de nuestra estrategia de plantación de iglesias (incluyendo la evaluación para plantadores de iglesias, entrenamiento y fletamento de equipos de iglesias y proveyendo recursos y direcciones a través de nuestros entrenadores y financiamiento).

(Los propósitos de estas expresiones no son determinar la línea absoluta entre, digamos, 50 y 51 miembros en una iglesia. Obviamente, estos números no se dan para las distinciones duras y rápidas entre las expresiones. Nos dan un sentido de las congregaciones regulares, en curso, el tamaño y composición. Las iglesias respiran en su membresía, pero tienden a establecerse en una asistencia particular dentro de los márgenes. No vea los números como fronteras absolutas, sino más bien como guías sugestivas en términos de cómo una iglesia en particular tiende a crecer y funcionar.)

Nuestras tres expresiones son las siguientes:

La Iglesia pequeña expresión (o "iglesia en casas", 20-50 personas). La iglesia pequeña (o en casa) se puede entender como una *pequeña tienda en un centro comercial*. Necesita las conexiones a otras pequeñas iglesias para sobrevivir y prosperar. Las iglesias pequeñas son capaces de reunirse prácticamente en cualquier lugar y puede operar con una pequeña huella con poco o ninguna carga financiera. Pueden enfocarse en un bloque específico, desarrollo de vivienda, o una red de familias. Esta expresión permite un enfoque de discipulado fuerte de desarrollo de liderazgo autóctono que puede tener lugar en este pequeño grupo conectado.

La Iglesia expresión comunitaria (60-150 personas)
La iglesia de la comunidad es la expresión más común de la iglesia, numéricamente hablando, en el mundo de hoy. Esta expresión se puede entender como una *tienda de comestibles o tienda de conveniencia en un barrio o comunidad*. Esta expresión se centra en una identidad geográfica particular y proximidad, destacando tanto la afinidad, la conexión y el contexto único de la congregación y la comunidad circundante. Se desarrolla alrededor de un profundo llamado y conexión a un vecindario en particular, y normalmente requiere un lugar semi-estable para reunirse (por ejemplo, un parque, un centro comunitario o una escuela). La asociación con otras iglesias comunitarias es importante.

La Iglesia expresión matriz (más de 200 personas)
La iglesia madre (o "iglesia central") representa una asamblea de creyentes más grande, y puede ser entendida como *Walmart Superstore o Super Target, una tienda que alberga una serie de entidades selectas que ofrecen a sus clientes muchas opciones y oportunidades*. Este tipo de iglesia, que tiene tanto los recursos económicos y espirituales para la multiplicación, puede aprovechar sus recursos y capacidades para convertirse en una iglesia enviadora/ empoderamiento que se reproduce muchas veces. Idealmente, una iglesia madre o centro es una congregación que está dirigida por claros propósitos misioneros que le permiten aprovechar sus capacidades y dones para convertirse en un centro de compasión, misericordia y ministerios de justicia. También puede servir de sede para los plantadores de iglesias y los iniciadores de ministerio, y puede funcionar fácilmente como incubadora de otros ministerios eficaces entre los no alcanzados. Dicha expresión suele estar más enraizada en una instalación particular construida a medida que le permite aprovechar este tipo de capacidades.

Seminario
Evaluación de líderes cristianos urbanos
Rev. Dr. Don L. Davis

> **Quiénes están preparados para representar los intereses de Dios en la ciudad: ¡Aquellos que conocen a su Dios!**
>
> "El Señor es un hombre de guerra, Jehová es su nombre". Aquellos que se alisten bajo Su estandarte tendrán un Comandante que los entrenará para el conflicto y les dará vigor y valor. Los tiempos de los que Daniel escribió fueron del peor tipo, y luego se prometió que el pueblo de Dios saldría en sus mejores colores: sería fuerte y fuerte para enfrentarse al poderoso adversario.
>
> Oh, para que podamos conocer a nuestro Dios; Su poder, su fidelidad, su amor inmutable, y así puede estar listo para arriesgar todo en su nombre. Él es Uno cuyo carácter excita nuestro entusiasmo y nos hace dispuestos a vivir y morir por Él. Oh, que podamos conocer a nuestro Dios mediante una comunión familiar con Él; porque entonces llegaremos a ser como Él, y estaremos preparados para defender la verdad y la justicia. El que sale fresco de contemplar el rostro de Dios, nunca temerá la faz del hombre. Si vivimos con Él, atraparemos el espíritu heroico, y para nosotros un mundo de enemigos no será más que la gota de un cubo. Una infinidad de hombres, o incluso de demonios, nos parecerán tan poco como las naciones lo son para Dios, y Él los cuenta solo como saltamontes. Oh, ser valiente por la verdad en este día de falsedad.
>
> ~ C.H. Spurgeon, *Faith's Checkbook*.

I. **La pregunta central: ¿Cómo identificamos a los plantadores de iglesias apostólicas a quienes el Espíritu Santo ha elegido como parteras una nueva expresión de iglesia local?**

II. **Cuatro categorías críticas para evaluar a los plantadores de iglesias urbanas que trabajan entre los pobres**

Sentidos del apostolado del Nuevo Testamento

El término "apóstoles" designa tres grupos diferentes de personas. Inicialmente, solo los discípulos originales (que significan "estudiantes, aprendices") de Jesús fueron llamados apóstoles (es decir, "aquellos enviados con una misión"). Más tarde, el nombre se le dio a los misioneros involucrados en la plantación de iglesias que también fueron testigos presenciales de la resurrección de Cristo, como el mismo Pablo (1 Cor. 9:1-11) y un grupo de seguidores de Jesús aparte de los Doce (1 Cor. 15:5, 7) Finalmente, la designación se extendió a personas que nunca habían visto a Cristo pero que estaban involucradas con los apóstoles en los esfuerzos de los misioneros pioneros: Apolos (1 Cor. 4:6, 9); Epafrodito (Fil. 2:25); Silvano y Timoteo (1 Tes. 1:1, ver 2:6). La definición de "apóstoles" como uno de los dones más elevados que se desea evidencia la evidencia de la continua accesibilidad a este ministerio para individuos calificados (1 Cor. 12:28, ver 31). Los cristianos corintios podrían aspirar a convertirse en apóstoles, profetas o maestros. El término apóstol todavía se usaba en este sentido amplio en las escrituras post-apostólicas de la *Didache*. En sus escritos, Pablo también se refiere a algunos de sus asociados como sus "compañeros de trabajo" o sus "compañeros de trabajo". Bajo su pluma, este término parece haberse convertido en una etiqueta técnica para designar personas que se identificaron estrechamente con él en su iglesia. esfuerzos de siembra como primera línea, misioneros pioneros. Curiosamente, a las mismas personas a quienes Pablo llama "apóstoles" también se las conoce como sus "colaboradores" – Bernabé (1 Cor. 9:5-6, ver Hch. 14:14; Col. 4:10-11), Epafrodito (Fil. 2:25) Timoteo (Rom. 16:21) En 2 Cor. 8:23, Tito es un compañero de trabajo y sus compañeros menores son apóstoles. Por lo tanto, podemos deducir que existe cierta intercambiabilidad entre los términos apóstoles y compañeros de trabajo.

~ Gilbert Bilezikian. *Beyond Sex Roles: What the Bible says about a Woman's Place in Church and Family*. [Más allá de los roles sexuales: Lo que dice la Biblia sobre el lugar de una mujer en la iglesia y la familia]. Grand Rapids: Baker Book House, 1986. pp. 197-98.

A. *Llamado:* Respondiendo al llamado del Señor de plantar su iglesia (Cf. "Llamamiento misionero: el fundamento de la misión apostólica," en *Plantando iglesias entre los pobres de la ciudad: Una antología de recursos de plantación de iglesias urbanas*, Vol. 2, págs. 98–113)

1. Definición: Reconoció el llamado de Dios y responde con pronta obediencia a su señorío y liderazgo

2. Escritura clave:

    a. 2 Tim. 1:6-14

    b. 1 Tim. 4:14

    c. Hch. 1:8

    d. Mat. 28:18-20

3. Concepto crítico: Bajo la autoridad de Dios: el líder de Dios actúa según el llamado y la autoridad reconocidos de Dios, reconocidos por los santos y los líderes de Dios.

4. Elementos centrales:

    a. Un llamado claro de Dios

    b. Testimonio auténtico ante Dios y otros

    c. Sentido profundo de convicción personal basado en la Escritura

    d. Carga personal para una tarea o personas en particular

    e. Confirmación por los líderes y el cuerpo

5. Estrategia satánica para abortar: Opera sobre la base de la personalidad o la posición en lugar del llamado y la autoridad continua de Dios

6. Pasos clave:

    a. Identifica el llamado de Dios.

    b. Descubre su carga.

    c. Ser confirmado por el liderazgo.

7. Resultados: Confianza profunda hacia Dios que surge del llamado de Dios

B. *Carácter:* Madurez personal y crecimiento como discípulo de Cristo y líder en su iglesia

   1. Definición: Refleja el carácter de Cristo en sus convicciones personales, conducta y estilo de vida.

   2. Escritura clave:

      a. Juan 15:4-5

      b. 2 Tim. 2:2

      c. 1 Cor. 4:2

      d. Gál. 5:16-23

   3. Concepto crítico: En la humildad de Cristo: el líder de Dios demuestra la mente y el estilo de vida de Cristo en sus acciones y relaciones.

   4. Elementos centrales:

      a. Pasión por la semejanza de Cristo

      b. Estilo de vida radical para el reino

      c. Seria búsqueda de la santidad

      d. Disciplina en la vida personal

      e. Cumple los papeles relacionales como esclavo de Jesucristo

      f. Proporciona un modelo atractivo para otros pecados, su conducta, su hablar y estilo de vida (el fruto del Espíritu)

   5. Estrategia satánica para abortar: Sustituir la actividad ministerial y/o el trabajo duro y la industria por la piedad y la semejanza de Cristo

6. Pasos clave:

    a. Permanecer en Cristo.

    b. Disciplina por la piedad.

    c. Perseguir la santidad en todo.

7. Resultados: Poderoso ejemplo de Cristo proporcionado para que otros lo sigan

C. *Competencia:* Experiencia bien informada y practicada usando los dones y dotaciones del Espíritu Santo.

1. Definición: Responden en el poder del Espíritu con excelencia en el cumplimiento de sus tareas y ministerios asignados

2. Escritura clave:

    a. 2 Tim. 2:15

    b. 2 Tim. 3:16-17

    c. Rom. 15:14

    d. 1 Cor. 12

3. Concepto crítico: Por el poder del Espíritu: el líder de Dios opera en los dones y la unción del Espíritu Santo.

4. Elementos centrales:

    a. Dotaciones y dones del Espíritu

    b. Discipulado sano de un mentor capaz

    c. Destreza en las disciplinas espirituales

    d. Habilidad en la Palabra

e. Capaz de evangelizar, seguir y discipular a los nuevos convertidos

f. Estratégico en el uso de recursos y personas para llevar a cabo la tarea de Dios

5. Estrategia satánica para abortar: Funcionar en los dones naturales y el ingenio personal en lugar de la dirección y los dones del Espíritu

6. Pasos clave:

a. Descubrir los dones del Espíritu.

b. Recibir una excelente capacitación.

c. Afilar su rendimiento.

7. Resultados: Funcionamiento dinámico del Espíritu Santo

D. *Comunidad:* Participación y sumisión a la autoridad en el contexto de la iglesia local. (*Solo los hombres y las mujeres de la iglesia deben competir para ser plantadores de iglesias para Cristo.*)

1. Definición: Se refiere a multiplicar discípulos en el cuerpo de Cristo como el papel principal del ministerio.

2. Escritura clave:

a) Ef. 4:9-15

b) 1 Cor. 12:1-27

3. Concepto crítico: Para el crecimiento de la Iglesia: el líder de Dios usa todos sus recursos para equipar y capacitar al cuerpo de Cristo para su meta y tarea.

4. Elementos centrales:

    a) Amor genuino y deseo de servir al pueblo de Dios

    b) Discípulos individuales fieles

    c) Facilita el crecimiento en pequeños grupos

    d) Pastorea y equipa a los creyentes en la congregación

    e) Cultiva asociaciones, redes entre cristianos e iglesias

    f) Avanza nuevos movimientos entre el pueblo de Dios localmente

5. Estrategia satánica para abortar: Exalta las tareas y actividades por encima del equipamiento de los santos y al desarrollo de la comunidad cristiana

6. Pasos clave:

    a) Adherirse a la Iglesia de Dios.

    b) Aprender los contextos del liderazgo.

    c) Equipar concéntricamente.

7. Resultados: Multiplicando discípulos en la Iglesia

Evaluación de plantadores de iglesias urbanas

	Comisión	Carácter	Competencia	Comunidad
Definición	Reconoce el llamado de Dios y responde con pronta obediencia a su señorío y dirección	Refleja el carácter de Cristo en sus convicciones personales, conducta, y manera de vivir	Responde con excelencia en el poder del Espíritu en llevar a cabo la obra y ministerio asignado	Tiene en cuenta la multiplicación de los discípulos en el cuerpo de Cristo como lo más importante en el ministerio
Escritura clave	2 Ti. 1:6-14; 1 Ti. 4:14; Hch. 1:8; Mt. 28:18-20	Jn. 15:4-5; 2 Ti. 2:2; 1 Co. 4:2; Gal. 5:16-23	2 Ti. 2:15; 3:16-17; Ro. 15:14; 1 Co. 12	Ef. 4:9-15; 1 Co. 12:1-27
Concepto crucial	La autoridad de Dios: El líder de Dios actúa en el reconocido llamado y autoridad de Dios, reconocido por los líderes de Dios	La humildad de Cristo: El líder de Dios muestra los pensamientos y manera de vivir de Cristo en sus acciones y relaciones	El poder del Espíritu: El líder de Dios opera con los dones y la unción del Espíritu Santo	El crecimiento de la iglesia: El líder de Dios usa todos sus recursos para equipar y autorizar el cuerpo de Cristo para su meta y obra
Elementos centrales	Un llamado claro de Dios Un testimonio auténtico delante de Dios y otras personas Un profundo sentido de convicción personal basada en las Escrituras Una carga personal por personas u obra en particular Confirmación por los líderes y el cuerpo	Pasión por ser como Cristo Un estilo de vida radical para el Reino Una búsqueda seria de la santidad Disciplinado en su vida personal Lleva el papel de esclavo de Cristo en sus relaciones Provee un modelo atractivo para otros en su forma de hablar, conducta y estilo de vida (el fruto del Espíritu)	Dotes y dones del Espíritu Recibe un discipulado correcto de un mentor capaz Hábil en las disciplinas espirituales Habilidad en la Palabra Hábil para evangelizar y continuar con el discipulado de los nuevos convertidos Es estratégico en usar los recursos y las personas para hacer la obra de Dios	Un amor y deseo genuino de servir al pueblo de Dios Discipula a individuos fieles Facilita el crecimiento de grupos pequeños Pastorea y equipa a los creyentes en la congregación Alimenta las asociaciones y uniones entre los cristianos y las iglesias Adelanta nuevos movimientos locales en medio del pueblo de Dios
Estrategias satánicas a evitar	Opera en base a la personalidad y posición en lugar del llamado de Dios y la autoridad existente	Sustituye la santidad y el vivir como Cristo por actividad en el ministerio, el trabajo duro y la laboriosidad	En lugar de ser guiado por el Espíritu y los dones funciona según los dones naturales e ingenuidad personal	Exalta las obras y actividades por encima de equipar los santos y desarrollar la comunidad cristiana
Pasos claves	Identifica el llamado de Dios Descubre su carga Confirmado por los líderes	Permanece en Cristo Se disciplina para ser más santo Desea santidad en todo	Descubre los dones del Espíritu Recibe un excelente entrenamiento Mejora su función	Está unido a la Iglesia Aprende los contextos del liderazgo Concentrado en equipar
Resultados	Confianza en Dios que surge del llamado	Poderoso ejemplo para que otros lo sigan	Trabajo dinámico del Espíritu Santo	Multiplicación de discípulos en la Iglesia

III. Aplicando las cuatro categorías

A. Elaboración de un perfil de trabajo de un pastor de equipo de plantación de iglesias

1. Él/ella mantiene *un caminar maduro con Jesucristo* que es digno de ser imitado.

   Fil. 4:8-9 – Por lo demás, hermanos, todo lo que es verdadero, todo lo honesto, todo lo justo, todo lo puro, todo lo amable, todo lo que es de buen nombre; si hay virtud alguna, si algo digno de alabanza, en esto pensad. [9] Lo que aprendisteis y recibisteis y oísteis y visteis en mí, esto haced; y el Dios de paz estará con vosotros.

2. Él/ella representa al Señor a través de un testimonio personal convincente y una sólida reputación *entre los de afuera y entre los creyentes*.

   2 Cor. 6:3-11 – No damos a nadie ninguna ocasión de tropiezo, para que nuestro ministerio no sea vituperado; [4] antes bien, nos recomendamos en todo como ministros de Dios, en mucha paciencia, en tribulaciones, en necesidades, en angustias; [5] en azotes, en cárceles, en tumultos, en trabajos, en desvelos, en ayunos; [6] en pureza, en ciencia, en longanimidad, en bondad, en el Espíritu Santo, en amor sincero, [7] en palabra de verdad, en poder de Dios, con armas de justicia a diestra y a siniestra; [8] por honra y por deshonra, por mala fama y por buena fama; como engañadores, pero veraces; [9] como desconocidos, pero bien conocidos; como moribundos, mas he aquí vivimos; como castigados, mas no muertos; [10] como entristecidos, mas siempre gozosos; como pobres, mas enriqueciendo a muchos; como no teniendo nada, mas poseyéndolo todo. [11] Nuestra boca se ha abierto a vosotros, oh corintios; nuestro corazón se ha ensanchado.

3. Él/ella afirma con confianza *el llamado de Dios* para representarlo en la iniciación de iglesias pioneras.

   Gál. 1:1 – Pablo, apóstol (no de hombres ni por hombre, sino por Jesucristo y por Dios el Padre que lo resucitó de los muertos.

4. Él/ella *se somete alegremente a sus líderes* bajo la autoridad de Jesucristo.

   1 Tim. 1:18-19 – Este mandamiento, hijo Timoteo, te encargo, para que conforme a las profecías que se hicieron antes en cuanto a ti, milites por ellas la buena milicia, [19] manteniendo la fe y buena conciencia, desechando la cual naufragaron en cuanto a la fe algunos.

5. Él/ella *posee una rica visión teológica de la Iglesia*, con un amor aún más profundo por el cuerpo de Cristo.

   2 Cor. 11:2 – Porque os celo con celo de Dios; pues os he desposado con un solo esposo, para presentaros como una virgen pura a Cristo.

   Col. 1:24-27 – Ahora me gozo en lo que padezco por vosotros, y cumplo en mi carne lo que falta de las aflicciones de Cristo por su cuerpo, que es la iglesia; [25] de la cual fui hecho ministro, según la administración de Dios que me fue dada para con vosotros, para que anuncie cumplidamente la palabra de Dios, [26] el misterio que había estado oculto desde los siglos y edades, pero que ahora ha sido manifestado a sus santos, [27] a quienes Dios quiso dar a conocer las riquezas de la gloria de este misterio entre los gentiles; que es Cristo en vosotros, la esperanza de gloria.

6. Él/ella *identifica a los pastores con sensibilidad* a los miembros de su equipo de la plantación de la iglesia (banda apostólica).

   Fil. 2:19-24 – Espero en el Señor Jesús enviaros pronto a Timoteo, para que yo también esté de buen ánimo al saber de vuestro estado; [20] pues a ninguno tengo del mismo ánimo, y que tan sinceramente se interese por vosotros. [21] Porque todos buscan lo suyo propio, no lo que es de Cristo Jesús. [22] Pero ya conocéis los méritos de él, que como hijo a padre ha servido conmigo en el evangelio. [23] Así que a éste espero enviaros, luego que yo vea cómo van mis asuntos; [24] y confío en el Señor que yo también iré pronto a vosotros.

7. Él/ella *coordina a los hombres y mujeres dotados bajo su cuidado*, permitiendo que los diversos miembros hagan la máxima contribución posible al esfuerzo de plantación de iglesias.

    Col. 4:10-17 – "Aristarco, mi compañero de prisiones, os saluda, y Marcos el sobrino de Bernabé, acerca del cual habéis recibido mandamientos; si fuere a vosotros, recibidle; [11] y Jesús, llamado Justo; que son los únicos de la circuncisión que me ayudan en el reino de Dios, y han sido para mí un consuelo. [12] Os saluda Epafras, el cual es uno de vosotros, siervo de Cristo, siempre rogando encarecidamente por vosotros en sus oraciones, para que estéis firmes, perfectos y completos en todo lo que Dios quiere. [13] Porque de él doy testimonio de que tiene gran solicitud por vosotros, y por los que están en Laodicea, y los que están en Hierápolis. [14] Os saluda Lucas el médico amado, y Demas. [15] Saludad a los hermanos que están en Laodicea, y a Ninfas y a la iglesia que está en su casa. [16] Cuando esta carta haya sido leída entre vosotros, haced que también se lea en la iglesia de los laodicenses, y que la de Laodicea la leáis también vosotros. [17] Decid a Arquipo: Mira que cumplas el ministerio que recibiste en el Señor".

8. Él/ella *tiene una carga por los perdidos*, y constantemente busca maneras creativas de compartir las buenas nuevas del Evangelio con aquellos que no han escuchado, con una pasión para incorporar a todos aquellos que responden en una asamblea local de creyentes.

    Rom. 15:18-22 – Porque no osaría hablar sino de lo que Cristo ha hecho por medio de mí para la obediencia de los gentiles, con la palabra y con las obras, [19] con potencia de señales y prodigios, en el poder del Espíritu de Dios; de manera que desde Jerusalén, y por los alrededores hasta Ilírico, todo lo he llenado del evangelio de Cristo. [20] Y de esta manera me esforcé a predicar el evangelio, no donde Cristo ya hubiese sido nombrado, para no edificar sobre fundamento ajeno, [21] sino, como está escrito: Aquellos a quienes nunca les fue anunciado acerca de él, verán; Y los que nunca han oído de él, entenderán. [22] Por esta causa me he visto impedido muchas veces de ir a vosotros.

9. Él/ella *equipa a la comunidad cristiana para que funcione como una congregación de creyentes*, capacitando a los líderes y miembros para que crezcan en la gracia de Jesucristo.

   Gál. 4:12-19 – Os ruego, hermanos, que os hagáis como yo, porque yo también me hice como vosotros. Ningún agravio me habéis hecho. [13] Pues vosotros sabéis que a causa de una enfermedad del cuerpo os anuncié el evangelio al principio; [14] y no me despreciasteis ni desechasteis por la prueba que tenía en mi cuerpo, antes bien me recibisteis como a un ángel de Dios, como a Cristo Jesús. [15] ¿Dónde, pues, está esa satisfacción que experimentabais? Porque os doy testimonio de que si hubieseis podido, os hubierais sacado vuestros propios ojos para dármelos. [16] ¿Me he hecho, pues, vuestro enemigo, por deciros la verdad? [17] Tienen celo por vosotros, pero no para bien, sino que quieren apartaros de nosotros para que vosotros tengáis celo por ellos. [18] Bueno es mostrar celo en lo bueno siempre, y no solamente cuando estoy presente con vosotros. [19] Hijitos míos, por quienes vuelvo a sufrir dolores de parto, hasta que Cristo sea formado en vosotros.

10. Él/ella permite que la *iglesia emergente desarrolle* su propia identidad y destino bajo el liderazgo del Espíritu Santo.

    Hch. 20:25-32 – Y ahora, he aquí, yo sé que ninguno de todos vosotros, entre quienes he pasado predicando el reino de Dios, verá más mi rostro. [26] Por tanto, yo os protesto en el día de hoy, que estoy limpio de la sangre de todos, [27] porque no he rehuido anunciaros todo el consejo de Dios. [28] Por tanto, mirad por vosotros, y por todo el rebaño en que el Espíritu Santo os ha puesto por obispos, para apacentar la iglesia del Señor, la cual él ganó por su propia sangre. [29] Porque yo sé que después de mi partida entrarán en medio de vosotros lobos rapaces, que no perdonarán al rebaño. [30] Y de vosotros mismos se levantarán hombres que hablen cosas perversas para arrastrar tras sí a los discípulos. [31] Por tanto, velad, acordándoos que por tres años, de noche y de día, no he cesado de amonestar con lágrimas a cada uno. [32] Y ahora, hermanos, os encomiendo a Dios, y a la palabra de su gracia, que tiene poder para sobreedificaros y daros herencia con todos los santificados.

B. Responsabilidades prácticas del plantador de iglesias: una descripción de trabajo sugerida

Sin embargo, si desea describir las responsabilidades prácticas de un plantador de iglesias en un barrio pobre, no puede ignorar las categorías generales de comisión, carácter, competencia y comunidad. Si bien estos principios generales dan forma a nuestra comprensión del tipo de individuos que el Espíritu usará en tal esfuerzo, deben ser vistos como "conceptos profundos", es decir, el tipo de verdades que componen el ADN del plantador, y afectarán su operación en todos sus deberes y relaciones. A continuación se muestra un ejemplo de una descripción de los deberes del plantador, informada por una aplicación continua y firme de las categorías discutidas anteriormente.

1. Interceder fielmente por uno mismo, los miembros y voluntarios, la comunidad y todo el esfuerzo durante el período de la cartilla de planificación

2. Relacionarse y comunicarse regularmente con los miembros del equipo de la plantación de la iglesia y su entrenador de campo y/o autoridad de la iglesia sobre el estado de la plantación

3. Comenzar y supervisar la capacitación y los recursos provistos a cada miembro del equipo para su crecimiento y desarrollo

4. Asistir a la Escuela de plantación de Iglesias *Evangel* con los miembros del equipo central, y si es posible, su entrenador de campo para desarrollar una cartilla del equipo

5. Supervisar la formación e implementación de la estrategia de plantación de iglesias del equipo

6. Asegurarse que cada miembro del equipo haya recibido orientación y capacitación adecuadas para su papel

7. Cuidar el bienestar espiritual y emocional del equipo, tanto como individuos, y como un todo

8. Dirigir las reuniones de equipo y sus procesos de planificación, preparación, evaluación y ajustes de la cartilla

9. Ayudar a los miembros del equipo a resolver conflicto interpersonales

10. Asegurar recursos, personal y asesoramiento para los retos y oportunidades contínuas del equipo

11. Establecer un ejemplo de servicio y espiritualidad para el equipo

C. El problema con las taxonomías: no caer del/los precipicio/s del extremismo

1. ¡Dios emplea diferentes criterios, diferentes lecturas de datos y diferentes análisis de futuros prospectos que nosotros!

2. 1 Sam. 16:6-7 – Y aconteció que cuando ellos vinieron, él vio a Eliab, y dijo: De cierto delante de Jehová está su ungido. [7] Y Jehová respondió a Samuel: No mires a su parecer, ni a lo grande de su estatura, porque yo lo desecho; porque Jehová no mira lo que mira el hombre; pues el hombre mira lo que está delante de sus ojos, pero Jehová mira el corazón

> El hijo mayor, Eliab, impresiona a Samuel como candidato adecuado, pero su apariencia es engañosa, como la de Saúl. El Señor ve no como el hombre ve lo que se convierte en una máxima importante (1 Cr. 28:9), que iluminaba la visión profética del siervo del Señor, "desfigurada más allá de la semejanza humana", "despreciado y rechazado por los hombres", pero declarado para ser supremamente grande (Isaías 52:14; 53:3). Aquí hay un correctivo al juicio *meramente superficial* (cursivas mía).
> ~ *Tyndale Old Testament Commentaries*. [Comentarios del Antiguo Testamento de Tyndale]. 1 y 2 Samuel. 1 Sam. 16:6-10.

3. El Señor busca y conoce el corazón de todas las personas, y se relaciona con ellos basado en lo que él elige y quiere (1 Re. 8:39; 1 Cr. 28:9; Sal. 7:9; Jer. 11:20; 17:9-10; Hch. 1:24).

4. Permita que el Espíritu Santo use a quien elija por la razón que elija

   Moisés – ¡un asesino! (véase Éx. 3:11-15)

   Pablo – ¡un perseguidor religioso! (ver Fil. 3:6-7 con Hch. 8:3)

IV. **Prueba de las categorías: Conceptos, estudios de casos y candidatos polémicos**

   1 Sam. 16:7 – Y Jehová respondió a Samuel: No mires a su parecer, ni a lo grande de su estatura, porque yo lo desecho; porque Jehová no mira lo que mira el hombre; pues el hombre mira lo que está delante de sus ojos, pero Jehová mira el corazón.

   A. ¿Cómo pueden las personas con un fondo sombrío y sin entrenamiento formal dirigir la iglesia de Dios? ¿Opciones poco probables para la plantación de iglesias entre los pobres? *Discuta la viabilidad y la conveniencia de seleccionar cualquiera de las siguientes personas para dirigir un esfuerzo de la plantación de la iglesia en la ciudad.*

      1. Graduado de la escuela primaria llamado a plantar iglesias

      2. Graduado de TUMI (en la prisión) llamado a plantar iglesias

      3. Delincuente sexual registrado

   B. Trascendiendo la aplicación del tirón de rodilla madera de herramientas de evaluación: un correctivo

      1. ¿Estoy utilizando los datos recibidos de la herramienta de evaluación como *una lente profética* (profecía autocumplida) o un instrumento de recopilación de datos?

      2. ¿Cómo estoy evaluando al candidato a través de estas herramientas en términos de *su utilidad futura y despliegue* en el servicio del reino?

      3. ¿Cómo puedo decir que estoy evaluando los datos de manera objetiva, así como *en confianza y fe en la capacidad del Señor de transformar y trascender el pasado*?

V. La necesidad de discernimiento y discreción: Una súplica para la sabiduría divina

Juan 7:24 - No juzgue por las apariencias, sino juzgue con el juicio correcto.

A. El poder del discernimiento: ejercitando la sabiduría (más allá del manejo de datos)

1. Implica la habilidad de seleccionar el curso de acción apropiado (Prov. 15:21; Fil. 1:9-10; ver Prov. 3:21-23; 8:8-9; 10:21; 11:12; 18:1; 24:30; Os. 14:9).

2. El discernimiento es capaz de distinguir el bien del mal (2 Sam. 14:17; Gén. 3:22; Job 6:30, 34:3-4; Is. 7:15).

3. Nos permite distinguir lo santo de lo común (Lev. 10:10, 11:47; Ez. 22:26; 44:23).

4. El discernimiento del Espíritu nos permite ver más allá de las apariencias externas o acontecimientos pasados (Prov. 28.11; 1 Sam. 16.7; Is. 11:3).

5. El discernimiento detecta y comprende la significancia y significado de los eventos (Deu. 32:29-30; 1 Crón. 12:32; Ester 1:13, ver Mt. 24:32-33, Mar. 13:28-29; Lc. 12:54-56).

B. Libertad del Espíritu Santo

1. El Espíritu es libre de elegir a quien él desee hacer lo que quiera (1 Cor. 12:4-8, 11, 2 Cor. 3:17-18).

2. El Espíritu nunca llama a un hombre o a una mujer a hacer o ser nada sin proporcionar la voluntad y la capacidad necesarias para hacer eso (Ef. 3:20-21).

Seminario
La estrategia Evangel
Dr. Hank Voss

> ¿Cómo es posible que el evangelio sea creíble, que las personas lleguen a creer que el poder que tiene la última palabra en los asuntos humanos está representado por un hombre colgando de una cruz? Estoy sugiriendo que la única respuesta, la única hermenéutica del evangelio, es una congregación de hombres y mujeres que lo creen y viven de acuerdo con él.
>
> ~ Lesslie Newbigin. *The Gospel in a Pluralist Society*. [El Evangelio en una Sociedad Pluralista]. Pág. 227.
>
> Porque mejor es un día en tus atrios que mil fuera de ellos. Escogería antes estar a la puerta de la casa de mi Dios, que habitar en las moradas de maldad.
>
> ~ Salmo 84:10

I. La belleza de la iglesia

A. La Iglesia es el lugar donde el Señor ha elegido mostrar su belleza.

1. Isaías 61 y coronas de belleza

2. "Jerusalén" y las canciones de Sión (Sal. 46, 48, 76, 84, 87, 122)

3. La novia de Cristo y el misterio de la Iglesia (Ef. 5)

4. Como Israel en el Antiguo Testamento, la Iglesia no siempre muestra la belleza de Cristo.

B. Una Iglesia saludable que muestra la belleza de Cristo es la mejor manera de llevar el Evangelio a las ciudades del mundo.

1. "La Congregación como hermenéutica del Evangelio" (Lesslie Newbigin)

2. La belleza de la luna radica en su reflejo de la luz del sol.

II. Comprendiendo la principal metáfora de *Evangel*

A. Mt. 13:3-9, 18-23

"Y les habló muchas cosas por parábolas, diciendo: He aquí, el sembrador salió a sembrar. [4] Y mientras sembraba, parte de la semilla cayó junto al camino; y vinieron las aves y la comieron. [5] Parte cayó en pedregales, donde no había mucha tierra; y brotó pronto, porque no tenía profundidad de tierra; [6] pero salido el sol, se quemó; y porque no tenía raíz, se secó. [7] Y parte cayó entre espinos; y los espinos crecieron, y la ahogaron. [8] Pero parte cayó en buena tierra, y dio fruto, cuál a ciento, cuál a sesenta, y cuál a treinta por uno. [9] El que tiene oídos para oír, oiga".

"Oíd, pues, vosotros la parábola del sembrador: [19] Cuando alguno oye la palabra del reino y no la entiende, viene el malo, y arrebata lo que fue sembrado en su corazón. Este es el que fue sembrado junto al camino. [20] Y el que fue sembrado en pedregales, éste es el que oye la palabra, y al momento la recibe con gozo; [21] pero no tiene raíz en sí, sino que es de corta duración, pues al venir la aflicción o la persecución por causa de la palabra, luego tropieza. [22] El que fue sembrado entre espinos, éste es el que oye la palabra, pero el afán de este siglo y el engaño de las riquezas ahogan la palabra, y se hace infructuosa. [23] Mas el que fue sembrado en buena tierra, éste es el que oye y entiende la palabra, y da fruto; y produce a ciento, a sesenta, y a treinta por uno".

B. El significado de la parábola del sembrador de Jesús

1. El uso de Jesús de las parábolas y las metáforas

2. Nuestro uso de parábolas y metáforas

3. Otras parábolas de "plantas"

C. Implicaciones de la parábola básica de *Evangel*

Metáfora	Implicaciones
Semilla	
Sembrador	
Suelo	
Raíces	
Etapas de crecimiento (árbol/planta/vid)	
Fruto	

III. ¿Funciona una metáfora agrícola para los líderes urbanos?

   A. La ciudad moderna a menudo carece de la belleza de la creación más grande de Dios.

      1. La ciudad puede ahogar la vida.

         a. La ausencia de espacios verdes entre las comunidades pobres urbanas

         b. La calidad del aire en las comunidades pobres urbanas

      2. La intención última de Dios para la ciudad es verde.

         a. La nueva creación será una ciudad jardín, un Edén urbano.

         b. El árbol de la vida crecerá en medio de la Nueva Jerusalén (Apo. 22:1-2).

      3. El hecho de que seamos plantadores de iglesias urbanas no significa que Dios quiera que ignoremos su gran creación.

B. ¿Por qué mantener una metáfora agrícola en la ciudad?[1]

1. Funciona de una manera diferente en la ciudad que en el país, pero vale la pena mantenerlo.

   a. La metáfora es profundamente bíblica.

      (1) Las metáforas agrícolas (raíces, plantas, árboles, vides, etc.) aparecen más de 1,000 veces en las Escrituras.

      (2) La Iglesia encuentra su lugar en el reino, y el reino incluye toda la creación.

   b. Es poderosa.

      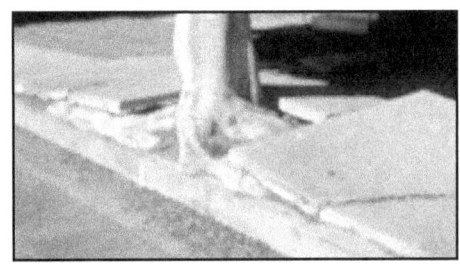

      (1) Los urbanitas en el centro de la ciudad conocen el poder de las raíces debajo de una acera.

      (2) Estudio de caso: *Roots: The Saga of an American Family* [Raíces: La saga de la familia americana]

IV. *Evangel* como parte de un sistema de plantación de iglesias más grande

A. Los contextos de un plantador de iglesias *Evangel*

1. *Suelo específico.* Cada plantador de iglesias es llamado a una comunidad específica.

2. *Patrimonio familiar específico.* Cada plantador de iglesias trae una visión específica de la iglesia relacionada con los antecedentes y experiencias de la iglesia.

---

1 Algunos sugieren que las metáforas agrícolas no funcionan para los líderes urbanos étnicos (*http://www.stuffwhitechristianslike.com/2010/07/86-agricultural-imagery.html*)

3. *Iglesia enviadora específica.* Cada plantador de iglesias opera bajo responsabilidad y ha sido comisionado para la tarea de plantar iglesias por una iglesia o grupo de iglesias específico.

4. *Estrategia y recursos específicos.* Cada plantador de iglesias opera con una estrategia y está equipado con recursos, incluso si no pueden articular esa estrategia o enumerar todos los recursos.

B. El ABC de entrenar plantadores de iglesias entre los pobres

1. Los ABC son simples y memorables.

   a. Nos ayudan a mantener el panorama general.

   b. El proceso real es más complicado.

2. ABC de *Evangel*: Evaluación, Campamento de entrenamiento, Entrenamiento

   a. *Evaluación:* el proceso de reclutamiento y evaluación de plantadores de iglesias llamados a trabajar entre los pobres

   b. *Campamento de entrenamiento:* el proceso de entrenamiento y comisión de plantadores de iglesias para plantar iglesias entre los pobres

   c. *Entrenamiento:* el proceso de animar y orientar a los plantadores de iglesias para que crezcan en sabiduría al plantar iglesias entre los pobres

3. La evaluación es un proceso que incluye:

   a. El reclutamiento de plantadores de iglesias

   b. La evaluación de plantadores de iglesias en potencia

4. El campamento de entrenamiento es un proceso que incluye

   a. Planificación estratégica de plantadores de iglesias antes, durante y después de la Escuela de plantación de iglesias urbanas *Evangel*

b. Una comisión pública de un plantador de iglesias y un equipo para plantar una iglesia en un lugar específico durante un período de tiempo específico según se resume en una cartilla de una página

5. El entrenamiento es un proceso que incluye:

   a. Un entrenador de campo que ayuda al plantador de iglesias y al equipo plantador de la Iglesia a buscar sabiduría al reunirse regularmente con ellos para planificar y revisar los esfuerzos de la plantación de la iglesia (el proceso de PTR) diseñado por la constitución del equipo.

   b. Ayudar a la nueva iglesia a conectarse con una expresión local de la Iglesia para participar en la misión del reino (por ejemplo, la Asociación de Iglesias Urbanas), así como también abrazar una tradición específica como iglesia (por ejemplo, denominación, no denominacional, etc.)

V. Una breve descripción de la Escuela de plantación de iglesias urbanas *Evangel*

A. Visión

1. Visión: reclutar, empoderar y liberar a los líderes urbanos que plantarán iglesias y lanzarán movimientos de plantación de iglesias autóctonas

2. Gran Idea: Nuestro equipo de plantación de iglesias estará listo espiritual, estratégica y tácticamente para plantar una iglesia

B. Objetivos

Los plantadores de Iglesias urbanas y sus equipos:

1. Saldrán de *Evangel* con una clara visión teológica para la plantación de iglesias.

2. Adoptarán un modelo culturalmente sensible y una expresión de la iglesia.

3. Aplicarán la sabiduría bíblica a medida que evangelizan, equipan y empoderan a través de las fases de plantación P.L.A.N.T. (siglas en inglés).

4. Representarán el reino de Cristo con excelencia en su localidad.

5. Completarán el proceso de oración, reflexión, enseñanza y consejería para descubrir el llamado único de Dios para la plantación de su iglesia según se refleja en un plan autorizado de una página (Cartilla).

6. Saldrán de *Evangel* con un entrenador de campo que se haya comprometido a por lo menos con tres horarios específicos para la planificación y revisión en el próximo año.

C. Componentes de la Escuela *Evangel*

1. Gente

    a. Gente en *Evangel*

        (1) Decanos: Proporcionar un liderazgo general para la escuela

        (2) Entrenadores

            (a) Escuela de entrenadores asesores: Asistir con equipos de evaluación y entrenamiento en la escuela

            (b) Entrenadores de campo del equipo: Asistir con equipos de evaluación y entrenamiento tanto en la escuela como después de que se complete la escuela

        (3) Personal de apoyo: Todos los que ayudan de diversas maneras a administrar la escuela, lo que incluye dirigir el servicio, sesiones de enseñanza, ayudar con la tecnología, la comida, etc.

        (4) Plantadores de iglesias: Líderes identificados de equipos en potencia de iglesias (incluidos los plantadores de iglesias apostólicas, pastores fundadores y plantadores de diversas expresiones de la iglesia.

        (5) Miembros principales del equipo: Miembros de un equipo plantador de iglesia que están comprometidos a trabajar bajo un plantador de iglesias por un período de tiempo designado por la constitución del equipo.

b. Personas involucradas pero generalmente no presentes en *Evangel*

   (1) Donantes financieros. Los que dan para ayudar a hacer una escuela posible.

   (2) Intercesores. Aquellos reclutados por todos los que asisten a la escuela para orar por la escuela.

   (3) Iglesias patrocinadoras, asociaciones y redes. Aquellos que envían plantadores de iglesias a la escuela.

2. Presupuesto

   a. Opciones para pagar una escuela

      (1) Las iglesias, asociaciones y redes patrocinadoras recaudan dinero para la escuela

      (2) Los plantadores de iglesias y equipos pagan por la escuela

      (3) Los donantes pagan por la escuela

      (4) Combinación de arriba

   b. Ejemplos de presupuestos disponibles en el apéndice

3. Contenido

   a. El contenido de *Evangel* se basa en cinco sesiones.

Sesión 1	Ver el gran panorama
Sesión 2	Preparar
Sesión 3	Lanzar y agrupar
Sesión 4	Nutrir y transicionar
Sesión 5	Juntar todo

b. A lo largo de las cinco sesiones hay una variedad de actividades.

   (1) Adoración y Devocionales

   (2) Enseñanzas del seminario

   (3) Ejercicios de equipo

   (4) Presentaciones del equipo

   (5) Servicio de establecimiento y comisión

VI. *Evangel* y certificación

   A. Las escuelas *Evangel* deben operar bajo la supervisión de DOS decanos certificados de *Evangel*.

   1. Ser comisionado en una escuela de capacitación de decanos *Evangel* lo certifica y autoriza a ser anfitrión de las escuelas *Evangel* durante tres años a partir de la fecha de finalización de su capacitación.

   2. La certificación de decano se puede renovar por un período de tres años asistiendo a una clase de plantación de iglesias *Evangel* en la cumbre internacional de TUMI o participando en otra escuela de decanos *Evangel*.

   3. Si su certificación como decano expira, la renovación de su certificación debe completarse asistiendo a otra escuela de decanos *Evangel*.

   B. Ventajas de la certificación de la Escuela *Evangel*

   1. Oportunidad de la cartilla: Garantizar la rendición de cuentas de apoyo y la instrucción continua en relación con la autoridad supervisora de uno.

   2. Descuentos en todos los productos *Evangel* y TUMI en la tienda de TUMI

   3. Permiso para usar el nombre *Evangel* y materiales promocionales

4. Acceso a una gran colección de recursos para alojar las escuelas *Evangel*, incluyendo vídeos, *PowerPoints*, plantillas, gráficos, música y archivos de planificación de proyectos

5. Conexión a una red creciente de entrenadores y plantadores de iglesias que trabajan con los pobres urbanos a través de los boletines trimestrales *Urban Church Leader: News and Notes* [El líder de la iglesia urbana: Noticias y notas] (boletín informativo)

6. Conexión duradera con una sólida organización evangélica de misiones urbanas dedicada a la Gran Tradición de la Iglesia

Seminario
Hacia una estrategia para el ministerio
Coordinando el equipo para el éxito
Lorna Rasmussen y Don Davis

TUMI define la *Mayordomía Ministerial* como el proceso de autorizar a nuestras personas confiables y talentosas a desplegar libremente nuestros bienes en conexión con nuestras operaciones y proyectos clave, consistentes con su autoridad y deberes, y nuestras prioridades y objetivos del año fiscal corporativo.

> **¿Qué es exactamente un proyecto?**
> Los proyectos pueden ser grandes o pequeños. . . . Los proyectos pueden involucrar a muchas personas o solo a usted. . . . Los proyectos pueden ser planificados formal o informalmente. . . . Los proyectos pueden ser rastreados formal o informalmente. . . . Los proyectos se pueden realizar para una clientela externa o interna y clientes. . . . Los proyectos pueden definirse mediante un contrato legal o un acuerdo informal. . . . Los proyectos pueden ser comerciales o personales. No importa cuáles sean las características de su proyecto, usted lo define con los mismos tres ingredientes: resultados, fechas de inicio y finalización, y recursos. La información que necesita para planificar y administrar su proyecto es la misma, aunque la facilidad y el tiempo necesarios para desarrollarla pueden diferir. Cuanto más planee y administre sus proyectos, más probabilidades tendrá de tener éxito.
>
> ~ Stanley E. Portny, *Project Management for Dummies.*
> [Administración de proyectos para tontos].
> Indianapolis, IN: Wiley Publishing, Inc., 2001. Págs. 10-11.

- Aclare su sueño: según su llamado, su historial y su visión, ¿cuáles son los sueños que tiene para su empresa?

- Establezca metas: ¿Qué prácticamente puede hacer, patrocinar, producir o ejecutar en este año para que sus sueños se hagan realidad ahora? ¿Qué objetivos posibles tiene para hacer sus sueños realidad?

- Establezca prioridades: De todas las cosas posibles que podría lograr, ¿cuáles son las metas más importantes que debe perseguir en este momento? ¿Qué va a tratar de hacer este año?

- Ejecute los proyectos: ¿qué proyectos iniciará que le permitirán cumplir sus objetivos para este año?

- Revise los proyectos completados: ¿De qué manera el logro de este proyecto nos ayudó o nos impidió alcanzar nuestras metas y propósitos estratégicos? ¿Qué aprendimos, qué deberíamos hacer de nuevo, qué deberíamos cambiar y qué deberíamos dejar a un lado (si lo hacemos de nuevo)?

Requiere compromiso, prioridades, recursos y herramientas
La clave del logro es establecer claramente a qué le dedicará su tiempo y atención. "Si trata de perseguir a dos conejos, no los atrapará" (proverbio chino).

I. **Aclare su sueño: establezca su contexto. ¿Qué le ha llamado el Señor a ser y hacer?**

   Nehemías establece objetivos para construir el muro y reconstruir la casa de Dios, Neh. 2:2-8.

   A. Definición

      1. Soñar en grande implica usar su imaginación y su fe para visualizar lo que sucedería si el Señor le concediera el cumplimiento de su llamado y su visión.

      2. ¿Cuál es su llamado, su historia y su sueño?

   B. Elementos

      1. Aclare su visión; establezca el contexto de su trabajo, según su historial y experiencia.

      2. Comprenda su llamado; reafirme por qué existe, y "cuál es su asunto".

      3. Libere la imaginación de su fe; si Dios le otorgara algo, ¿qué pediría? ¿Por qué existe su empresa?

   C. Ilustración: Escuela de plantación de iglesias urbanas *Evangel*

      1. Cartera de proyectos de TUMI

      2. ¿Cómo utilizamos nuestra imaginación para determinar posibles conejos por perseguir?

3. El hecho de ser sede de la Escuela de plantación de iglesias urbanas *Evangel* clarifica nuestro sueño de identificar, equipar y empoderar a los socios que invierten en líderes emergentes de todo el mundo.

II. **Establezca objetivos: Intercambiar ideas sobre posibilidades. ¿Qué cosas posibles puede hacer este año para hacer su sueño realidad?**

Nehemías espía la ciudad para establecer metas específicas para el trabajo, Neh. 2:11-15.

   A. Definición

   1. Establecer metas implica hacer una lista de todas las cosas posibles que podría hacer este calendario o año fiscal que lo ayudaría a cumplir el sueño que Dios le ha dado.

   2. Este paso implica leer su situación, hacer una lluvia de ideas de una lista de posibles actividades o iniciativas que "moverán la pelota hacia abajo" este año para cumplir con su llamado.

   B. Elementos

   1. Al comienzo, no se limite; haga una lluvia de ideas libre y abiertamente mientras hace su lista.

   2. Haga un análisis FODA (Fortalezas, Oportunidades, Debilidades, Amenazas). Comprenda internamente cuáles son sus fortalezas y responsabilidades, y externamente cuáles son sus oportunidades y amenazas en este momento.

   3. Silencie al juez y al crítico; piense en cada objetivo posible que desee buscar. (Reserve la clasificación y evaluación para el siguiente paso.)

   C. Ilustración: Escuela de plantación de iglesias urbanas *Evangel*

   1. Cartera de proyectos de TUMI

   2. ¿Cómo utilizamos nuestra imaginación para determinar posibles conejos por perseguir?

3. El hecho de ser sede de la Escuela de plantación de iglesias urbanas *Evangel* clarifica nuestro sueño de identificar, equipar y empoderar a los socios que invierten en líderes emergentes de todo el mundo.

III. Establezca prioridades: Concéntrese en las cosas de primera importancia. De todas las cosas que persigue, ¿qué cosas se comprometerá a cumplir este año como sus prioridades?

Con base en su situación y la oposición que enfrentó, Nehemías estableció prioridades en cuanto a la construcción y la seguridad del proyecto, Neh. 4:15-20.

A. Definición

1. Establecer prioridades implica ordenar sus metas en cosas que podría hacer versus cosas que debe hacer, esos objetivos EMART (*SMART* siglas en inglés) que intenta seguir.

2. Usar el acróstico EMART puede ayudarle a determinar sus prioridades ahora mismo; los objetivos son EMART cuando son Específicos, Medibles, Alcanzables, Realistas y basados en el Tiempo.

B. Elementos

1. Pregúntese ¿qué objetivos de su lista de intercambio de ideas son absolutamente importantes en este momento para que pueda continuar a la luz de dónde se encuentra ahora como empresa?

2. Aquellos considerados importantes deben ser "limpiados" para que coincidan con el formato EMART.

3. Esos objetivos importantes con formato EMART deben ordenarse por orden de urgencia, importancia y confianza.

C. Ilustración: Escuela de plantación de iglesias urbanas *Evangel*

1. Cartera de proyectos de TUMI

2. ¿Cómo utilizamos nuestra imaginación para determinar posibles conejos por perseguir?

3. El hecho de ser sede de la Escuela de plantación de iglesias urbanas *Evangel* clarifica nuestro sueño de identificar, equipar y empoderar a los socios que invierten en líderes emergentes de todo el mundo.

IV. Ejecutar proyectos: haga sus prioridades con todas sus fuerzas. ¿Qué proyectos específicos ejecutará para cumplir sus prioridades este año?

Nehemías y su equipo participan en la construcción hasta que se termina la pared, Neh. 4:6-14.

A. Definición

1. La ejecución de proyectos implica la coordinación de recursos (por ejemplo, personas, tecnologías, instalaciones, fondos) de acuerdo con las calificaciones específicas deseadas y los resultados hacia un marco de tiempo específico o una fecha límite.

2. Recursos + especificaciones + plazos = administración del proyecto (las limitaciones de costo, calidad y tiempo)

B. Elementos

1. ¡Propóngalo!

    a. Lo que quiere lograr, sea absolutamente específico.

    b. Objetivos: ¿Cuáles son los objetivos clave que espera alcanzar al organizar el evento, creando el recurso o montando la producción?

    c. Fechas de vencimiento: ¿Para cuándo debe estar hecho?

    d. Miembros del equipo (gerente del proyecto, miembros del equipo, equipo de apoyo)

    e. Borrador del presupuesto

    f. Diseñe los pasos para completar el proyecto (tipo de cosa que se encuentra detrás de la servilleta, no exhaustivo, solo los puntos principales/clave).

g. Reciba aprobación: Obtenga la aprobación de sus partes interesadas (líderes) para garantizar la autorización (autoridad para actuar) y el apoyo (recursos).

2. ¡Ejecútelo!

   a. Plan - crear estructura de desglose de trabajo (preparar):

      (1) Haga una lista de todo lo que tiene que hacerse (y en qué orden).

      (2) Mantenga la gran imagen en mente.

      (3) Ponga el plan en "papel" (*Smartsheet, Evernote, Microsoft Project, Word*).

   b. Comprometa el plan, pero espere cambios (trabajar).

      (1) No tome el cambio personalmente.

      (2) Mantenga la gran imagen en mente.

      (3) Mantenga las placas girando: regular, breve, decisivo.

         (a) Asista a varias áreas importantes diferentes al mismo tiempo, realizando ajustes lo más rápido posible.

         (b) Disciplínese al proyecto usted mismo: ¡MIRE su plan y COMUNIQUESE con el equipo continuamente!

      (4) Sea flexible: Ajuste el plan sobre la marcha, haga cambios según los necesite.

3. Concluya (¡evalúe y celebre!)

   a. Concluya los últimos detalles: cierre el proyecto con excelencia (pague las facturas finales, guarde todo, limpie).

   b. Revisión: Evaluar el proyecto.

      (1) Organice una reunión del equipo del proyecto para los miembros principales de su equipo.

(2) Diálogo abierto: Ningún proyecto se realiza sin diálogo abierto, análisis crítico y evaluación honesta de los resultados durante el evento y después. Evaluamos todo con el fin de evaluar "¿De qué manera el logro de este proyecto nos ayudó o nos impidió alcanzar nuestras metas y objetivos estratégicos?"

(3) Evaluación de registros: Todos los conocimientos deben archivarse (anotarse, registrarse y almacenarse para referencia futura). Si sus esfuerzos no son dignos de ser evaluados, entonces no son lo suficientemente importantes como para iniciarse.

c. Celebre la terminación de este proyecto como equipo.

d. Obtenga retroalimentación de los miembros clave del equipo, participantes y partes interesadas.

> **Nota: La gestión de proyectos especializada no fue la verdadera razón para completar el trabajo,** Neh. 6:15-16 – . . . *Así que el muro se terminó el día veinticinco del mes de Elul, en cincuenta y dos días. [16] Y cuando todos nuestros enemigos se enteraron, todas las naciones que nos rodeaban tuvieron miedo y cayeron en gran estima, porque percibieron que esta obra se había llevado a cabo con la ayuda de nuestro Dios.*

C. Ilustración: Escuela de plantación de iglesias urbanas *Evangel*

1. Ilustrando la propuesta del proyecto

    a. Proceso del proyecto de TUMI: *www.tumi.org/project*

    b. Propuesta de proyecto de TUMI: lista de verificación de la parte posterior de la servilleta

    c. Hoja de trabajo del presupuesto: hoja de trabajo del presupuesto de planificación del proyecto (*Excel*)

    d. *Post-its* (*Mural.ly*: Plataforma de lluvia de ideas para proyectos en línea)

2. Ilustrando la ejecución del proyecto

    a. Procesador de palabras: *Notepad, Word, WordPerfect*: cualquier cosa con que hacer una lista

    b. *Post-its* (*Mural.ly*: Plataforma de lluvia de ideas para proyectos en línea)

    c. *Evernote*: herramienta en línea para la colaboración del proyecto – *www.evernote.com*

    d. *Smartsheet*: software de proyectos en línea (¡fácil de usar!) – *www.smartsheet.com* (¡donde se detiene el dinero!)

    e. *Microsoft Teams*: herramienta en línea para la colaboración de proyectos

3. Conclusión del proyecto de ilustración

    a. ¡Celebre siempre la victoria de cada proyecto con el equipo!

    b. Revisión del proyecto: Diálogo sobre lo bueno, lo malo y lo feo del proyecto (por ejemplo, qué sucedió, qué deberíamos hacer de nuevo, qué no hacer nunca más).

Hacia una estrategia para el ministerio: Coordine su equipo para el éxito

- Aclare su sueño: según su llamado, su historia y su visión, ¿cuáles son los sueños que tiene para su empresa?
- Establezca metas: ¿Qué puede hacer, patrocinar, producir o ejecutar en este año para que sus sueños se hagan realidad ahora? ¿Qué objetivos posibles tiene para hacer sus sueños realidad?
- Establezca prioridades: De todas las cosas posibles que podría lograr, ¿cuáles son las metas más importantes que debe perseguir en este momento? ¿Qué va a tratar de hacer este año?
- Ejecute los proyectos: ¿Qué proyectos iniciará que le permitirán cumplir sus objetivos para este año?
- Revise los proyectos completos: ¿De qué manera el logro de este proyecto nos ayudó o nos impidió alcanzar nuestras metas y propósitos estratégicos? ¿Qué aprendimos, qué deberíamos hacer de nuevo, qué deberíamos cambiar y qué deberíamos dejar a un lado (si lo hacemos de nuevo)?

Hacia una estrategia de ministerio
Lorna Rasmussen, Don Davis

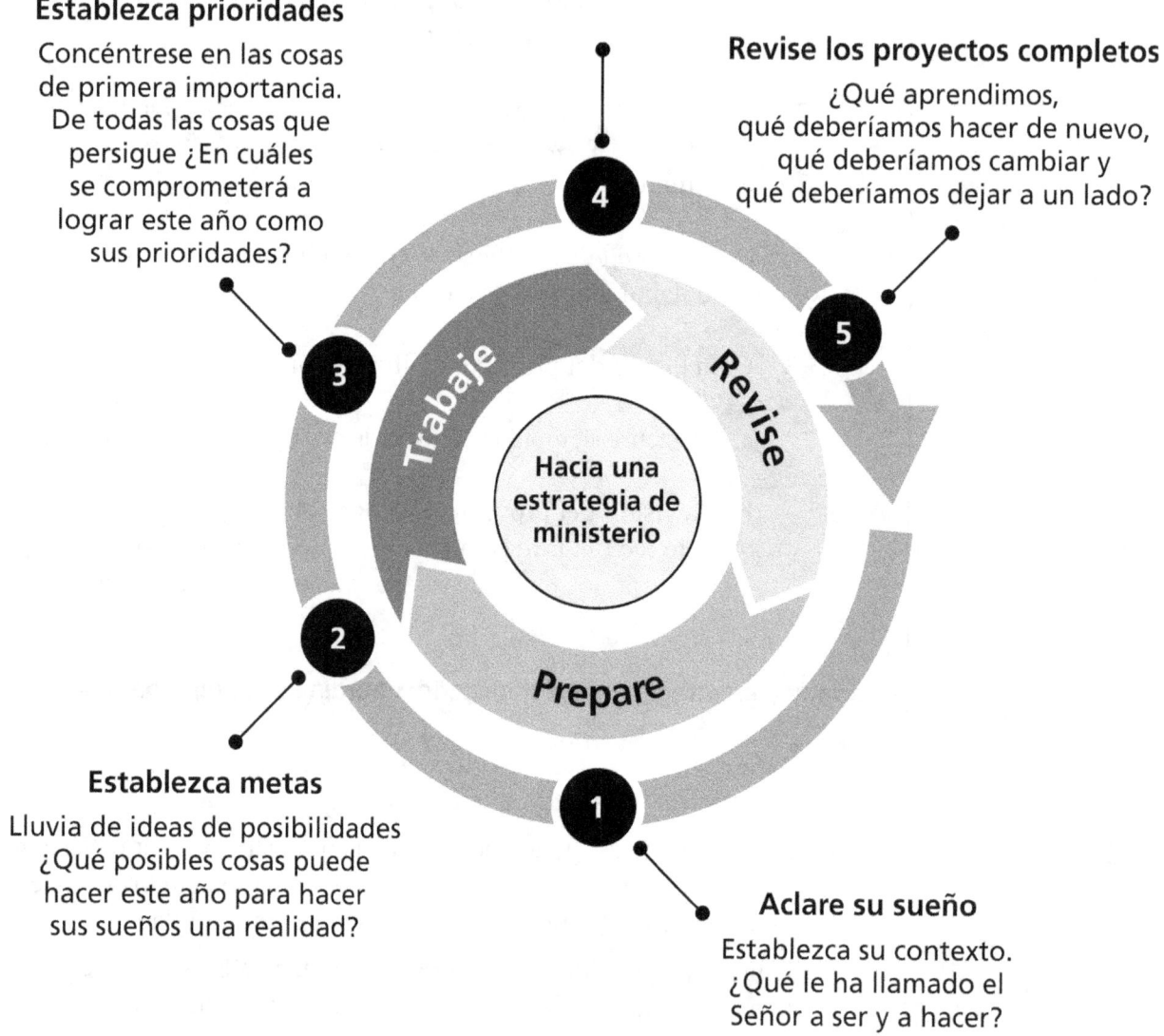

Ejecute los proyectos
Haga sus prioridades con todo lo que pueda
¿Qué proyectos específicos ejecutará para cumplir sus prioridades este año?

Establezca prioridades
Concéntrese en las cosas de primera importancia. De todas las cosas que persigue ¿En cuáles se comprometerá a lograr este año como sus prioridades?

Revise los proyectos completos
¿Qué aprendimos, qué deberíamos hacer de nuevo, qué deberíamos cambiar y qué deberíamos dejar a un lado?

Establezca metas
Lluvia de ideas de posibilidades ¿Qué posibles cosas puede hacer este año para hacer sus sueños una realidad?

Aclare su sueño
Establezca su contexto. ¿Qué le ha llamado el Señor a ser y a hacer?

La necesidad de compromiso, prioridades, recursos y herramientas
La clave del logro es establecer claramente a qué le dedicará su tiempo y atención.

"Si trata de perseguir a dos conejos, no los atrapará."
~ Antiguo proverbio chino ~

SEMINARIO
Cartillas, entrenadores y el proceso contínuo de PTR
Dr. Hank Voss

> Mire cuidadosamente cómo camina, no como imprudente sino como sabio, haciendo el mejor uso del tiempo, porque los días son malvados. Por lo tanto, no seas insensato, pero entiende cuál es la voluntad del Señor.
>
> ~ Efesios 5:15-17
>
> La cartilla es la culminación del proceso de planificación estratégica y equipa al equipo para proceder con sabiduría y autoridad.
>
> ~ Don Allsman[1]

I. Una breve historia de las "Cartillas"

  A. Cartillas y ciudades

  B. Cartillas en *World Impact*

II. Sabiduría y Cartillas

  A. La búsqueda de la sabiduría

  B. La importancia de equilibrar estrategias y tácticas

  C. Los beneficios de una cartilla

  D. Los límites de una cartilla

---

1 Don Allsman, "Uso de la sabiduría en el ministerio: El Proceso PTR," en *Listos para la siega: Una guía para la plantación de iglesias saludables en la ciudad*, ed. Don Allsman, Don L. Davis, y Hank Voss. Wichita, KS: *TUMI Press*, 2015. pág. 65.

III. Quince componentes de una carta de *Evangel*

A. Nombre de la plantación de la iglesia

B. Plantador de iglesias

C. Entrenador

D. Expresión de la Iglesia

E. Modelo de asociación *World Impact*

F. Asociación de la Iglesia Urbana

G. Miembros principales del equipo (duración del compromiso)

H. Área objetivo y etnia

I. Duración solicitada de la cartilla

J. Fechas para reunirse con el entrenador de campo

K. Tiempos de evaluación formal (PTR, al menos tres veces al año)

L. Valores

M. Declaración de visión

N. Objetivos clave

O. Firmas

1. Decanos

2. Asesor Entrenador

3. Encargado por (patrocinador de la autoridad espiritual del plantador de iglesias)

IV. Las cartillas y el proceso PTR son especialmente importantes para los pobres urbanos

A. Los pobres y la planificación: ¿Citas divinas o asignación demoníaca?

B. La Carta y la libertad: La importancia de adaptarse para ganar

V. La cartilla y el entrenador de campo

A. La cartilla como un mapa para el proceso de PLANT

1. Creación y comisión
2. Evaluar y adaptar
3. Completar y celebrar
4. Interrogación y disolución

B. La cartilla y el ciclo de entrenamiento de tres años

VI. Recursos para el entrenador de campo

A. El *Capstone Curriculum* [Currículo Piedra Angular] y otros recursos de entrenamiento

1. "Resumen del *Capstone Curriculum* (Currículo Piedra Angular)"[2]
2. Otros recursos

B. "Evaluación de equipo: Proporcionando retroalimentación formal al equipo así como al entrenador"[3]

---

2 Don L. Davis, ed., *Plantando iglesias entre los pobres de la ciudad: Una antología de recursos de plantación de iglesias urbanas,* Vol. 2. Wichita, KS: TUMI Press, 2015.

3 Ibid., pág. 179.

Seminario
Familias de Iglesias
Movimientos, Asociaciones y Denominaciones
Dr. Hank Voss

> Los cristianos han expresado su fe en Jesucristo de diversas maneras a través de movimientos y tradiciones particulares que abarcan y expresan la Tradición Apostólica y la Gran Tradición de maneras únicas.
>
> ~ Rev. Dr. Don Davis. *Raíces Sagradas: Un tratado sobre la necesidad de recuperar la Gran Tradición.* págs. 46.

I. Las marcas de Nicea de la iglesia

A. La Iglesia se encuentra en el artículo sobre el Espíritu Santo.

B. Las cuatro marcas: una, santa, católica y apostólica

II. Comprendiendo a la Iglesia en relación con los tres niveles de la Tradición[1]

A. La tradición autoritativa ("apostólica")

B. La Gran Tradición

C. Tradiciones específicas de la iglesia: Los fundadores de movimientos, denominaciones y órdenes

   1. La historia de las denominaciones en los Estados Unidos

   2. Puntos de vista de las denominaciones

   3. El reciente aumento de asociaciones y redes

---

1 Don Davis, *Raíces Sagradas: Un tratado sobre la necesidad de recuperar la Gran Tradición.* Wichita, KS: *The Urban Ministry Institute*, 2010. págs. 41–47.

III. Movimientos y denominaciones de las iglesias

A. Definición de Movimiento de Plantación de Iglesia (MPI)

B. Los enfoques de la denominación y la agencia misionera para los movimientos de plantación de iglesias

C. La relación entre las denominaciones y las asociaciones locales de iglesias

IV. ¿Qué pasa con las licencias y la ordenación para los pobres urbanos?

A. Factores basados en la tradición

1. Ejemplos:

    a. Respuesta de Evangélica Libre

    b. Respuesta de la Iglesia Reformada en América

    c. Respuesta Bautista del Sur

    d. Respuesta (s) no confesional (es)

    e. Iglesia de Dios en Cristo

2. Implicaciones:

    a. Licencia para predicar (y plantar)

    b. Ordenación: la "prueba de ácido"

V. Formando asociaciones de plantación de iglesias

A. Una breve teología bíblica de la asociación

B. Cuatro modelos de asociación

1. Modelo 1

2. Modelo 2

3. Modelo 3

4. Modelo 4

C. Ayudas prácticas a la asociación

1. MOUs

2. Ejemplo de Acuerdos de Asociación (Ver *Plantando iglesias entre los pobres de la ciudad: Una antología de recursos de plantación de iglesias urbanas*, Vol. 2, págs. 367-386.)

VI. Implicaciones para las escuelas de plantaciones de Iglesias *Evangel*

A. Sepa cómo su Escuela *Evangel* encaja en el árbol genealógico

B. Implicaciones para las asociaciones con denominaciones

C. Implicaciones para asociaciones con asociaciones de iglesias urbanas

D. Implicaciones para preparar a los plantadores de iglesias para la concesión de licencias y la ordenación

VII. Recursos para un estudio adicional

A. *Church Matters* [Asuntos de la iglesia], by Don Davis[2]

B. *The Missional Church and Denominations* [La iglesia misional y las denominaciones], Craig Van Gelder, ed.[3]

C. *Handbook of Denominations in the United States* [Manual de denominaciones en los Estados Unidos], Craig Atwood, Frank Mead y Samuel Hill[4]

---

2   Don L. Davis. *Church Matters: Retrieving the Great Tradition* [Asuntos de la iglesia: Recuperando la Gran Tradición]. Wichita, KS: *TUMI/World Impact*, 2007.

3   Craig Van Gelder, ed. *The Missional Church and Denominations* [La iglesia misional y las denominaciones]. Grand Rapids, MI: Eerdmans, 2008.

4   Craig D. Atwood, Frank S. Mead, y Samuel Hill. *Handbook of Denominations in the United States* [Manual de denominaciones en los Estados Unidos], 13 ed. Abingdon, 2010.

Seminario
Plantación de iglesias y asociaciones de iglesias urbanas
La necesidad de una adaptación local

Rev. Dr. Don L. Davis

> Mi última petición es que todos los fieles ministros de Cristo se unan sin más demora y se asocien para el desarrollo mutuo de la obra del Señor y el mantenimiento de la unidad y la concordia en sus iglesias.
>
> ~ Richard Baxter. *The Reformed Pastor* [El pastor reformado], 1656.

I. La teología de la iglesia local

Una vez que se ha plantado una iglesia, el trabajo para la formación espiritual y la multiplicación ha comenzado. Cada asamblea saludable no solo debe crecer en su teología, adoración, discipulado y testimonio, sino que también debe extender una mano de compañerismo, conexión y misión compartida con otros pastores, congregaciones y movimientos en su lugar distintivo. Ninguna iglesia urbana puede sobrevivir (y mucho menos prosperar) sin el cultivo del amor continuo, el apoyo y la camaradería con otras congregaciones. Esto fue cierto en el tiempo de los apóstoles, y es igualmente relevante hoy.

A. La relación íntima entre Movimientos y Asociaciones

Por favor refiérase a *El cordón de tres dobleces de los movimientos de plantación de Iglesias urbanas transculturales* en la página 306.

B. La autoridad y la responsabilidad del liderazgo han correspondido históricamente a las diversas dimensiones de la comunidad cristiana.

Consulte *El contexto comunal del liderazgo cristiano auténtico* en la página 307.

C. ¡Cualquiera que sea el modelo, la asociación es obligatoria!

Consulte *Modelos de plantación de iglesias* en la página 308.

II. **La aplicación práctica de una teología local: La Asociación de Iglesias Urbanas (AIU)**

   A. El trabajo mecánico de una AIU efectiva (véase "Un modelo de una asociación de iglesias urbanas").

   1 Ped. 5:8 – Sed sobrios, y velad; porque vuestro adversario el diablo, como león rugiente, anda alrededor buscando a quien devorar.

   2 Cor. 2:10-11 – Y al que vosotros perdonáis, yo también; porque también yo lo que he perdonado, si algo he perdonado, por vosotros lo he hecho en presencia de Cristo, [11] para que Satanás no gane ventaja alguna sobre nosotros; pues no ignoramos sus maquinaciones.

   1. La realidad del enemigo y la gran necesidad de conexión y asociación entre las iglesias urbanas

   2. Cómo cazan los depredadores: por aislamiento:

      a. Los rezagados: Aquellos que no se mantienen al día con el paquete

      b. Los débiles y enfermos: Aquellos que son vulnerables debido a la mala salud

      c. Los jóvenes e inexpertos: Aquellos que aún no son lo suficientemente fuertes como para ser independientes

      d. Los imprudentes: Aquellos rebeldes y recalcitrantes

   3. Por qué las iglesias tienden a crecer en racimos, y fallan solos

      a. Las iglesias que están solas con facilidad tienden a olvidar su lugar en la historia más grandiosa y en el esquema del reino (síndrome de "tempestad en una taza de té").

      b. Las iglesias que están solas pierden la capacidad de respuesta a un contexto más amplio donde su doctrina, práctica y comportamiento pueden ser alentados y desafiados.

      c. Las iglesias que están solas pueden aislarse fácilmente del cuerpo más grande de Cristo, engendrando herejía o cisma (o ambas cosas).

    d. Las iglesias que están solas con frecuencia encuentran difícil, si no imposible, financiar y suscribir su misión y proyectos que se derivan de su visión.

    e. Las iglesias que están solas tienden a exagerar la importancia de que todo lo que experimentan en su cuerpo sea vinculante para la conciencia y la práctica de todos los creyentes en todas partes.

B. Que podamos ser uno (Juan 17): Hacia una Teología de la Asociación de la Iglesia

    Por favor refiérase a "Que podamos ser uno: Elementos de un Movimiento de Plantación de Iglesias integrado entre los pobres de zonas urbanas" en Plantando iglesias entre los pobres de la ciudad: Una antología de recursos de plantación de iglesias urbanas, Vol. 2, p. 152.

> Es una parte muy valiosa de la bendita "libertad con la que Cristo nos ha hecho libres", que en su adoración pueden permitirse diferentes formas y usos sin ofender, siempre que la sustancia de la fe se mantenga completa; y que, en cada Iglesia, lo que no puede determinarse claramente como perteneciente a la doctrina debe referirse a la disciplina; y por lo tanto, de común acuerdo y autoridad, pueden ser alterados, abreviados, ampliados, enmendados o eliminados de otro modo, según parezca más conveniente para la edificación del pueblo, "de acuerdo con la variada exigencia de los tiempos y las ocasiones".
>
> ~ 1789 Prefacio al *Libro de oración común*. Edición episcopal de 1928.

    Sin embargo, como fue afirmado por los líderes emergentes de la entonces Iglesia Episcopal Americana, la libertad que tenemos en Cristo permite diferentes formas y usos de adoración en el cuerpo de Cristo sin ningún tipo de ofensa, mientras seamos fieles a las históricas creencias ortodoxas de la Iglesia tal como nos las enseñaron los profetas y apóstoles de nuestro Señor. La doctrina debe permanecer anclada y completa; la disciplina, sin embargo, puede basarse en las contingencias y exigencias de las personas que los abrazan, siempre que todo lo que se formó y se concibe construya el cuerpo de Cristo y glorifique a Dios nuestro Padre a través de nuestro Señor Jesucristo.

1. *Una historia e identidad compartida* (es decir, un nombre y patrimonio común). Los MPI entre los pobres urbanos buscarán vincularse e identificarse a sí mismos mediante una historia y una persona bien definidas y gozosamente compartidas que todos los miembros y las congregaciones comparten.

2. *Una liturgia y celebración compartida* (es decir, una adoración común). Los MPI entre los pobres urbanos deberían reflejar una himnología compartida, práctica de los sacramentos, enfoque e imágenes teológicas, visión estética, vestiduras, orden litúrgico, simbología y formación espiritual que nos permita adorar y glorificar a Dios de una manera que eleve al Señor y atraiga a los citadinos al culto vital.

3. *Una membresía compartida, bienestar y apoyo* (es decir, una orden y disciplina comunes). Los MPI entre los pobres urbanos deben estar anclados en las presentaciones evangélicas e históricamente ortodoxas del Evangelio que resultan en conversiones a Jesucristo y su incorporación a las iglesias locales.

4. *Una catequesis y doctrina compartidas* (es decir, una fe común). Los MPI entre los pobres urbanos deben abrazar una teología bíblica común y expresarla prácticamente en una educación cristiana que refleje su fe común.

5. *Un gobierno y autoridad de la iglesia compartidos* (es decir, una política común). Los MPI entre los pobres urbanos deben organizarse en torno a una política común, la gestión eclesial y someterse a políticas de gobierno flexibles que permitan un manejo efectivo y eficiente de sus recursos y congregaciones.

6. *Una estructura de desarrollo de liderazgo compartido* (es decir, una estrategia pastoral común). Los MPI entre los pobres de las zonas urbanas se comprometen a proporcionar a cada congregación con subpastores piadosos, y buscan identificar, equipar y apoyar a sus pastores y misioneros a fin de que sus miembros alcancen la madurez en Cristo.

7. *Una filosofía y procedimiento financieros compartidos* (es decir, una mayordomía común). Los MPI entre los pobres urbanos se esfuerzan por manejar todos sus asuntos financieros y recursos con políticas sabias, simplificadas y reproducibles que les permitan una buena gestión de sus dineros y bienes, local, regional y nacionalmente.

8. *Un ministerio de cuidado y apoyo compartido* (es decir, un servicio común). Los MPI entre los pobres urbanos buscan demostrar prácticamente el amor y la justicia del reino entre sus miembros y hacia los demás en la ciudad, de manera que les permita a las personas y congregaciones amar a sus vecinos como a ellos mismos.

9. *Una evangelización y alcance compartido* (es decir, una misión común). Los MPIs entre la red de pobres urbanos y colaboran entre sus miembros para presentar claramente a Jesús y su reino a los perdidos en la ciudad con el fin de multiplicar nuevas congregaciones en áreas urbanas no alcanzadas lo más rápido posible.

10. *Una visión compartida de conexión y asociación* (es decir, una asociación común). Los MPI entre los pobres urbanos deben tratar de establecer nuevas conexiones, vínculos y relaciones con otros movimientos por el bien de la comunicación regular, el compañerismo y la misión.

C. Tipos y clases de asociaciones eclesiásticas

Por favor refiérase a "Asociaciones y movimientos de plantación de iglesias urbanas: La eficiencia y poder reproductivo de la estandarización" en *Plantando iglesias entre los pobres de la ciudad: Una antología de recursos de plantación de iglesias urbanas, Vol. 2,* págs. 167-171.

1. Iglesias basadas en la relación y la camaradería (entre pastores, miembros, líderes)

2. Iglesias vinculadas debido al legado denominacional (por ejemplo, EFCA, Presbiteriana, Metodista Unida, Convención Nacional Bautista)

3. Iglesias bajo una autoridad pastoral particular ú "obispo"

4. Iglesias conectadas a la práctica sacramental, litúrgica, doctrinal o gubernamental (por ejemplo, Iglesia episcopal carismática, iglesias pentecostales)

5. Iglesias basadas en el patrimonio y trasfondo étnico, nacional o cultural (por ejemplo, Ortodoxo griego, Bautista coreana)

6. Iglesias que surgieron de un movimiento de plantación de iglesias (por ejemplo, la Viña, Alcance Victoria)

7. Iglesias en una ciudad, localidad y región distintivas

D. Las piezas del rompecabezas: Crear una plantilla para la Asociación de Iglesias

Si admitimos que cada congregación urbana necesita fundamentalmente una asociación para sobrevivir y crecer, independientemente del modelo, el tamaño o la estructura de gobierno, debemos capacitar a los plantadores de iglesias para plantar iglesias que anhelen la conexión íntima con otras congregaciones. La asociación es un concepto bíblico e histórico sólido que permite la libertad de expresión, estructurarse de muchas maneras legítimas.

Consulte por favor "Mirando hacia los horizontes: Facilitndoa una asociación de congregaciones urbanas" (*Plantando iglesias entre los pobres de la ciudad: Una antología de recursos de plantación de iglesias urbanas, Vol. 2*, págs. 172-176) para encontrar una plantilla preparada de las diversos elementos por los cuales un grupo de iglesias con ideas afines puede unirse.

III. Escuelas *Evangel* y AIUs – El concepto de una iglesia local

El concepto de la Iglesia local: "La presencia y asociación de todas las congregaciones que honran a Cristo en un área geográfica particular, independientemente de su forma, denominación o estructura (ya sea tradicional, comunitaria, mega-iglesia o iglesias celulares o en casas) que juntas representan el cuerpo de Cristo y reino testifican en una región".

A. Elementos de la iglesia local (es decir, iglesia regional)

1. En el NT, las iglesias de Asia Menor y el imperio romano se conectaron y construyeron sobre el testimonio apostólico sobre la persona y la obra de Jesucristo; en todos los sentidos, la Iglesia primitiva era:

    a. *Una*: Ef. 4:4-6 – un cuerpo, y un Espíritu, como fuisteis también llamados en una misma esperanza de vuestra vocación; [5] un Señor, una fe, un bautismo, [6] un Dios y Padre de todos, el cual es sobre todos, y por todos, y en todos.

    b. *Santa*: 1 Ped. 2.9 – Mas vosotros sois linaje escogido, real sacerdocio, nación santa, pueblo adquirido por Dios, para que anunciéis las virtudes de aquel que os llamó de las tinieblas a su luz admirable.

    c. *Católica (universal)*: Tito 2:14 – quien se dio a sí mismo por nosotros para redimirnos de toda iniquidad y purificar para sí un pueblo propio, celoso de buenas obras.

    d. *Apostólica*: Ef. 2:19-20 – Así que ya no sois extranjeros ni advenedizos, sino conciudadanos de los santos, y miembros de la familia de Dios, [20] edificados sobre el fundamento de los apóstoles y profetas, siendo la principal piedra del ángulo Jesucristo mismo.

2. El tipo de experiencia que estaban experimentando en su ubicación y condición, 1 Tes. 2:14 – Porque vosotros, hermanos, vinisteis a ser imitadores de las iglesias de Dios en Cristo Jesús que están en Judea; pues habéis padecido de los de vuestra propia nación las mismas cosas que ellas padecieron de los judíos.

3. Su trasfondo cultural, Rom. 16:3-4 – Saludad a Priscila y a Aquila, mis colaboradores en Cristo Jesús, [4] que expusieron su vida por mí; a los cuales no sólo yo doy gracias, sino también todas las iglesias de los gentiles.

4. Su condición spiritual, Hch. 15:41 – y pasó por Siria y Cilicia, confirmando a las iglesias.

5. Su ubicación geográfica y proximidad particular

    a. 2 Cor. 8:1 – Asimismo, hermanos, os hacemos saber la gracia de Dios que se ha dado a las iglesias de Macedonia.

    b. Apo. 1:4 – Juan, a las siete iglesias que están en Asia: Gracia y paz a vosotros, del que es y que era y que ha de venir, y de los siete espíritus que están delante de su trono.

B. El problema con el paradigma Tres-Uno de Hodges de la identidad de la iglesia

El paradigma de Melvin Hodges enfatiza la necesidad de la independencia autóctona en el inicio y desarrollo de la iglesia. Según Hodge, las iglesias deben ser autónomas (la iglesia autóctona controla sus propios asuntos y su dirección), autosostenibles (la iglesia autóctona apoya sus actividades y líderes basados en sus propios fondos y recursos), y autopropagables (la iglesia autóctona produce alcance y misión a través de sus propios esfuerzos, evangelizando, discipulando y reproduciendo iglesias hijas). Este paradigma es problemático si por "auto" entendemos completamente separado y autónomo de la influencia y el apoyo de cualquier otra congregación.

1. Ninguna iglesia puede ser completamente autónoma (es decir, una ley para sí misma, todos estamos conectados al testimonio apostólico, a la comunión de los santos, a nuestra cabeza y fuente común, el Señor Jesucristo), Ef. 4:4-6.

2. Del mismo modo, no se puede esperar que ninguna iglesia satisfaga sus propias necesidades por completo; los apóstoles definieron el autosostenimiento de maneras que ignoraron el elemento de apoyo autóctono completo de Hodge (por ejemplo, el hambre en Jerusalén y la ofrenda de los macedonios, véase Hch. 15; 2 Cor. 8-9).

3. La Iglesia primitiva era una red de congregaciones y sus líderes unidos por su filiación común por el Espíritu Santo y su supervisión compartida por los apóstoles, junto con su persecución compartida y la oposición de fuentes tanto judías como romanas, por ejemplo, 1 Cor. 12:13; 2 Cor. 11:9.

4. Las iglesias urbanas de hoy en día requieren desesperadamente los beneficios de la conexión, supervisión, asociación y apoyo mutuo entre sí.

   a. Rebaños dispersos, alienados y desconectados: la importancia de la unidad de la Iglesia en nuestro testimonio a Cristo, Juan 17:21-23.

   b. Congregaciones poco respaldadas y financieramente atrofiadas: necesidad de medios de vida interconectados y crecimiento de las congregaciones urbanas, 2 Cor. 8:1-4; Hch. 11:27-30.

c. Alcance y misión mal coordinados: la necesidad de esfuerzos coordinados de alcance, evangelización, servicio social y misión, Hch. 15:22.

5. Principios y práctica de las relaciones de la iglesia local

   a. Reconozca la verdad de que todos los pastores necesitan pastorear.

   b. Además, reconozca que, a pesar de los principios "propios" del gobierno de la iglesia, todas las iglesias necesitan relaciones con otras iglesias si quieren madurar.

   c. Reconozca el beneficio histórico de tener supervisión de la congregación (es decir, obispo o concilio) en la vida de las congregaciones vulnerables y rebeldes y sus líderes.

      (1) Las relaciones regionales son clave para conectar pastores e iglesias.

      (2) Las relaciones regionales aseguran que se comparte la provisión entre las iglesias que no pueden satisfacer solo su plena necesidad.

      (3) Las relaciones regionales establecen cierto nivel de supervisión elegida por los pastores que están acostumbrados a funcionar como llaneros solitaries.

      (4) Las relaciones regionales abren la posibilidad de un nuevo alcance y misión al conectar a los creyentes de buena voluntad en torno a cuestiones y proyectos que requieren nuestra atención como creyentes en nuestra localidad.

IV. Desafíos para la iglesia local

Consulte por favor *Definiendo nuestras convicciones, distintivos y aplicaciones* en la página siguiente.

Definiendo nuestras convicciones, distintivos y aplicaciones
Discerniendo los elementos de la identidad comunitaria
Rev. Dr. Don L. Davis

Nuestras convicciones centrales

Este círculo representa nuestras convicciones y compromisos más fundamentales, nuestra declaración de fe, el Evangelio y esas verdades contenidas en los primeros credos cristianos (es decir, El Credo de Nicea). Estas convicciones están ancladas en la Palabra de Dios y representan nuestra creencia central y nuestras doctrinas esenciales.

Como miembros del cuerpo de Cristo único, santo, apostólico y universal, *debemos estar listos y dispuestos a morir por nuestras convicciones centrales. Nunca pueden verse comprometidos o alterados.*

Nuestra distintivos comunitarios

Este círculo representa nuestras distinciones únicas como una organización misionera y una comunidad misionera dedicada a vivir nuestras convicciones centrales en las ciudades de norteamérica.

Somos una comunidad religiosa de orden misionero, viviendo el Evangelio en las ciudades de norteamérica. Buscamos honrar y glorificar a Dios y deleitarnos con él en la ciudad, conocerlo y darlo a conocer a través de nuestra evangelización, discipulado y plantación de iglesias. Buscamos capacitar a las iglesias y sus líderes a través de obras de rectitud que los impactan donde viven, dirigidos a toda la persona y a toda la familia. Nuestro deseo es buscar la transformación de las ciudades interinas, mientras miles de iglesias se plantan en barrios urbanos pobres en cada comunidad no alcanzada en norteamérica.

Como miembros de una orden misionera religiosa urbana, articulamos y encarnamos nuestros distintivos fundamentales en los centros urbanos de norteamérica. ***Deberíamos estar listos y dispuestos a defender nuestros distintivos únicos*** como una comunidad cuya existencia misma busca desarrollarlos en la ciudad.

Nuestras aplicaciones de ministerio

Este círculo representa las formas en que hemos expresado nuestras convicciones y distinciones en nuestras estrategias, políticas y decisiones. Nuestras aplicaciones representan nuestros métodos únicos de dar cuerpo a nuestras convicciones y distinciones como comunidad de *World Impact*, y como tal también representan nuestro legado y sabiduría acumulados sobre la mejor manera de lograr nuestros propósitos en la ciudad.

Como plantadores de iglesias transculturales urbanas, ***debemos estar listos y dispuestos a dialogar sobre nuestras aplicaciones y métodos*** con el fin de descubrir los mejores medios posibles para lograr nuestros objetivos de conocer a Dios y darlo a conocer en las ciudades donde vivimos.

V. Beneficios de la asociación del reino a nivel local

A. Fruto de la plantación de Iglesias

B. *Shalom* del reino

C. Recursos de pastores e iglesias urbanas

D. Testigo del mundo

VI. Muestras de acuerdos de AIU (Ver Apéndice, págs. 216-229)

VII. Lectura sugerida

A. Un lugar para comenzar: "Secar la leña para un fuego muy caliente: Sentando las bases para movimientos agresivos de plantación de iglesias urbanas" (*Plantando iglesias entre los pobres de la ciudad: Una antología de recursos de plantación de iglesias urbanas*, Vol. 2, págs. 283- 303)

B. Una bibliografía selecta

1. Allen, Roland. *Missionary Methods, St. Paul's or Ours?* [¿Métodos misioneros, de San Pablo o de los nuestros?] Grand Rapids, MI: William B. Eerdmans Publishing Company, 1962.

2. Brock, Charles. *Indigenous Church Planting* [Plantación de iglesias autóctonas]. Nashville: Broadman Press, 1981.

3. Cheyney, Tom, J. David Putman y Van Sanders, eds. *Seven Steps for Planting Churches* [Siete pasos para plantar iglesias]. Alpharetta, GA: North American Mission Board, SBC, 2003.

4. Garrison, *Church Planting Movements: How God Is Redeeming a Lost World* [Movimientos de plantación de iglesias: Cómo Dios está redimiendo a un mundo perdido]. Midlothian, VA: WIGTake, 2004.

5. Griffith, Jim y Bill Easum. *Ten Most Common Mistakes Made by Church Starts* [Los diez errores más comunes cometidos por las Iglesias que comienzan]. Chalice Press, 2008.

6. Hesselgrave, David J. *Planting Churches Cross-Culturally: North America and Beyond* [Plantando iglesias transculturales: Norteamérica y más allá], 2a ed. Grand Rapids, MI: Baker Book House, 2000.

7. Hiebert, Paul G. y Eloise Hiebert Meneses. *Incarnational Ministry: Planting Churches in Band, Tribal, Peasant, and Urban Societies* [Ministerio de encarnación: Plantación de iglesias en bandas, tribus, campesinos y sociedades urbanas]. Grand Rapids, MI: Baker Publishing House, 1995.

8. Keller, Tim y J. Allen Thompson. *Church Planting Manual* [Manual de plantación de iglesias]. Redeemer Church Planting Center, New York, 2002.

9. Logan, Robert E. *Be Fruitful and Multiply* [Sea fructífero y multiplíquese]. ChurchSmart Resources, 2006.

10. Mannoia, Kevin. *Church Planting: The Next Generation* [Plantación de iglesias: La próxima generación]. Indianapolis, IN: Light and Life Communication, 1994.

11. Malphurs, Aubrey. *Planting Growing Churches for the 21st Century: A Comprehensive Guide for New Churches and Those Desiring Renewal* [Plantando iglesias en crecimiento para el siglo XXI: Una guía completa para iglesias nuevas y aquellas que desean la renovación], 2a ed. Grand Rapids, MI: Baker Book House, 1998.

12. Rainey, Joel. *Planting Churches in the Real World* [Plantando iglesias en el mundo real]. Missional Press, 2008.

13. Roberts, Bob, Jr. *The Multiplying Church: The New Math for Starting New Churches* [La iglesia multiplicadora: La nueva matemática para comenzar nuevas iglesias]. Grand Rapids, MI: Zondervan, 2008.

14. Shenk, David W. y Ervin R. Stutzman. *Creating Communities of the Kingdom: New Testament Models of Church Planting* [Creando comunidades del reino: Modelos del Nuevo Testamento de plantación de iglesias]. Scottdale, PA: Herald Press, 1988.

15. Smith, Efrem. *The Post-Black and Post-White Church: Becoming the Beloved Community in a Multi-Ethnic World* [La Iglesia post-negra y post-blanca: Convirtiéndose en la comunidad amada en un mundo multiétnico]. San Francisco: Jossey-Bass Publishers, 2012.

16. Smith, Efrem y Phil Jackson. *The Hip-Hop Church: Connecting with the Movement Shaping Our Culture* [La iglesia de hip-hop: Conectándose con el movimiento que moldea nuestra cultura]. Downers Grove: InterVarsity Press, 2005.

17. Steffen, Tom. *Passing the Baton: Church Planting That Empowers* [Pasando la estafeta: Plantación de iglesias que facultan]. La Habra, CA: Center for Organizational & Ministry Development, 1997.

18. Stetzer, Edward. *How to Plant a Church, A Seminary Extension Study Course* [Cómo plantar una iglesia, un curso de estudio de extensión del seminario]. Nashville, TN: Seminary Extension, 2001.

19. ———. *Planting Missional Churches* [Plantando iglesias misionales]. Nashville, TN: B&H Publishers, 2006.

20. Towns, Elmer L. y Douglas Porter. *Churches That Multiply* [Iglesias que se multiplican]. Kansas City: Beacon Hill Press. 2003.

21. Wagner, C. Peter. *Church Planting for a Greater Harvest* [Plantación de iglesias para una gran cosecha]. Ventura: Regal Books, 1990.

El cordón de tres dobleces de los movimientos de plantación de Iglesias urbanas transculturales
Rev. Dr. Don L. Davis

Movimiento de plantación de iglesias urbanas

- Contextualización
- Comunalidad
- Conectividad

Ec. 4:12 (RVR1960) - *Y si alguno prevaleciere contra uno, dos le resistirán; y cordón de tres dobleces no se rompe pronto.*

Contextualización – (la esencia *cultural*) "Un movimiento de plantación de iglesias urbanas debe basarse en la cultura, la experiencia, el liderazgo, y la identidad de un grupo de personas en particular que vienen a abrazar el evangelio de manera integral de tal manera que dentro de la cultura tanto lo entienden y aceptan como suyo propio".

Comunalidad – (la esencia *espiritual*) "un movimiento de plantación de iglesias urbana debe tener sus raíces en una espiritualidad compartida, teología, liturgia y praxis que permita a sus miembros practicar una disciplina espiritual común, someterse a una gobernabilidad y orden compartido, reconocer y afirmar su únicos distintivos teológicos y espirituales, incorporar y confirmar a sus miembros y líderes de acuerdo con un protocolo común, e integrar los esfuerzos de sus congregaciones juntas en un movimiento coherente y unificado".

Conectividad – (el *estructura* esencial) "un movimiento de plantación de iglesias urbano tiene que conectar a sus líderes, miembros y congregaciones a través de estructuras integradas que permitan a sus congregaciones y líderes reunir regularmente por convocatoria y comunión, combinar recursos y fondos para la cooperación y apoyo mutuo, y proporcionar una supervisión que proteja y equipe a los miembros del movimiento para la reproducción dinámica".

El contexto comunal del liderazgo cristiano auténtico
Rev. Dr. Don L. Davis

Presbuteros
"Anciano" - profundidad, madurez y experiencia espiritual
Hechos 20.28; Tito 1.5-7
Las células son las incubadoras del discipulado personal, donde los creyentes se reúnen para adorar, compartir sus dones, nutrirse de la Palabra de Dios, sobrellevar mutuamente las cargas, y compartir el Evangelio. Las células se multiplican cuando son facilitadas por discípulos espirituales maduros.

Congregación ← Células → **Congregación**

La iglesia local (sitio/lugar)

Poimen
"Pastor" - Proteger y alimentar
Ef. 4.11; Hechos 20.28; 1 Pe. 5.1,2
Las células vitales se reúnen regularmente para recibir apoyo mutuo, alabanza y adoración en un grupo grande, enseñanza bíblica, comunión y para compartir recursos en la misión. La vida congregacional saludable exige un cuidado pastoral piadoso y la supervisión de las células que interactúan entre sí.

Episkopos
"Obispo" - Velar, supervisar
Hechos 14.23; 20.17; Fil 1.1
Tito 1.5; St. 5.14
Las iglesias locales individuales y sus pastores, independientemente de su vitalidad, necesitan una interacción amorosa y estratégica con otros que tengan una mente, un corazón y una visión semejantes. Las múltiples congregaciones en una cierta localidad prosperan en gran forma cuando tienen la supervisión sólida de un supervisor.

Presbuteros, "un anciano" es otro término para la misma persona, así como obispo o supervisor . . . El término "anciano" habla de la experiencia espiritual madura y del entendimiento de aquellos así descritos; el término "obispo" o "supervisor" habla del carácter de la obra emprendida. Según la voluntad divina y su elección, en el NT debía haber obispos en cada iglesia local, Hch. 14.23; 20.17; Fil 1.1; Tito 1.5; St. 5.14". - *Vines Complete Expository Dictionary*. Nashville: Thomas Nelson Publishers, 1996. p. 195

Modelos de plantación de iglesias
Rev. Dr. Don L. Davis

Los siguientes modelos representan un espectro de modelos que han sido asociados con la plantación de iglesias evangélicas. Las preguntas están diseñadas para ayudarnos a explorar las diversas opciones disponibles para el plantador de iglesias urbanas transculturales en el establecimiento de congregaciones entre los pobres. Es de esperar que nuestro diálogo sirva para aislar algunos de los temas críticos necesarios para que un equipo plantador de iglesias piense a fin de hacer su selección sobre qué tipo particular de iglesia deben plantar, dada la cultura, la población y otros factores encontrados en su campo de la misión en particular.

1. ¿Cuál es la definición de la frase "modelos de plantación de iglesias"? ¿Por qué sería importante considerar varias opciones al plantar una iglesia entre los pobres de la ciudad?

2. ¿Cómo caracterizaría los diversos modelos (u otros) que se han permitido o empleado en la plantación tradicional de iglesias? ¿Qué consideraría usted que son sus fortalezas y/o debilidades, y deberíamos utilizar cualquiera de ellos en nuestra plantación de iglesias entre los pobres de la ciudad?

    a. Modelo pastor fundador – un líder se traslada a una comunidad con el compromiso de dirigir y pastorear la iglesia que está plantada.

    b. ¿Modelo de iglesia dividida?! – se forma una nueva iglesia debido a un desacuerdo fundamental sobre alguna cuestión de moralidad, interpretación de la Biblia o cisma.

    c. Modelo núcleo – (a veces referido como el modelo de "colonización"). Este modelo implica una asamblea central encargando a un núcleo más pequeño de su grupo (generalmente con liderazgo y miembros ya organizados) dejar la asamblea más grande y reubicarse en una comunidad no alcanzada como una especie de núcleo hecho de la iglesia que se va a formar.

    d. Modelo de Iglesia cabeza o iglesia madre – una congregación fuerte y central determina convertirse en una especie de centro de envío y nutrir las sedes de las nuevas iglesias plantadas por su supervisión y auspicios, en el área inmediata y/o más allá.

    e. Iglesia modelo celular – una vez que la asamblea centralizada que considera el corazón de su vida y ministerio ocurre en las células que están conectadas estructural y pastoralmente a la congregación central; su participación en conjunto constituye la iglesia.

    f. Iglesia modelo en casas – una iglesia que, aunque similar a un modelo de iglesia celular, es intencionalmente plantada con mayor atención a la autoridad y autonomía de la reunión de cristianos que se reúnen regularmente en sus respectivos hogares.

    g. Modelo misionero – una iglesia donde un plantador de iglesias transcultural busca plantar una iglesia entre un pueblo no alcanzado con la intención desde el principio de ayudar a la iglesia a auto-propagarse, auto-gobernarse y auto-sostenerse.

3. En lugar de modelos de lenguaje, *World Impact* reconoce tres "expresiones" distintas de la plantación de iglesias, de las cuales se pueden considerar y emplear varios modelos.

    La Iglesia pequeña expresión (o "iglesia en casas", 20-50 personas). La iglesia pequeña (o en casa) se puede entender como una *pequeña tienda en un centro comercial*. Necesita las conexiones a otras pequeñas iglesias para sobrevivir y prosperar. Las iglesias pequeñas son capaces de reunirse prácticamente en cualquier lugar y puede operar con una pequeña huella con poco o ninguna carga financiera. Pueden enfocarse en un bloque específico, desarrollo de vivienda, o una red de familias. Esta expresión permite un enfoque de discipulado fuerte de desarrollo de liderazgo autóctono que puede tener lugar en este pequeño grupo conectado.

    La Iglesia expresión comunitaria (60-150 personas)
La iglesia de la comunidad es la expresión más común de la iglesia, numéricamente hablando, en el mundo de hoy. Esta expresión se puede entender como una *tienda de comestibles o tienda de conveniencia en un barrio o comunidad*. Esta expresión se centra en una identidad geográfica particular y proximidad, destacando tanto la afinidad, la conexión y el contexto único de la congregación y la comunidad circundante. Se desarrolla alrededor de un profundo llamado y conexión a un vecindario en particular, y normalmente requiere un lugar semi-estable para reunirse (por ejemplo, un parque, un centro comunitario o una escuela). La asociación con otras iglesias comunitarias es importante.

    La Iglesia expresión matriz (más de 200 personas)
La iglesia madre (o "iglesia central") representa una asamblea de creyentes más grande, y puede ser entendida como *Walmart Superstore*

o Super Target, una tienda que alberga una serie de entidades selectas que ofrecen a sus clientes muchas opciones y oportunidades. Este tipo de iglesia, que tiene tanto los recursos económicos y espirituales para la multiplicación, puede aprovechar sus recursos y capacidades para convertirse en una iglesia enviadora/ empoderamiento que se reproduce muchas veces. Idealmente, una iglesia madre o centro es una congregación que está dirigida por claros propósitos misioneros que le permiten aprovechar sus capacidades y dones para convertirse en un centro de compasión, misericordia y ministerios de justicia. También puede servir de sede para los plantadores de iglesias y los iniciadores de ministerio, y puede funcionar fácilmente como incubadora de otros ministerios eficaces entre los no alcanzados. Dicha expresión suele estar más enraizada en una instalación particular construida a medida que le permite aprovechar este tipo de capacidades.

4. ¿Cuáles son los temas críticos (por ejemplo, la cultura, la tradición de los plantadores de iglesias y la contextualización) que deberían ser tomados en cuenta en la selección del modelo o expresión apropiada para usar en la plantación de una iglesia en la ciudad?

5. De todas las cosas que un plantador de iglesias puede tener en cuenta, ¿cuál cree que es el elemento central que él o ella debe entender para elegir la opción "correcta" para ellos?

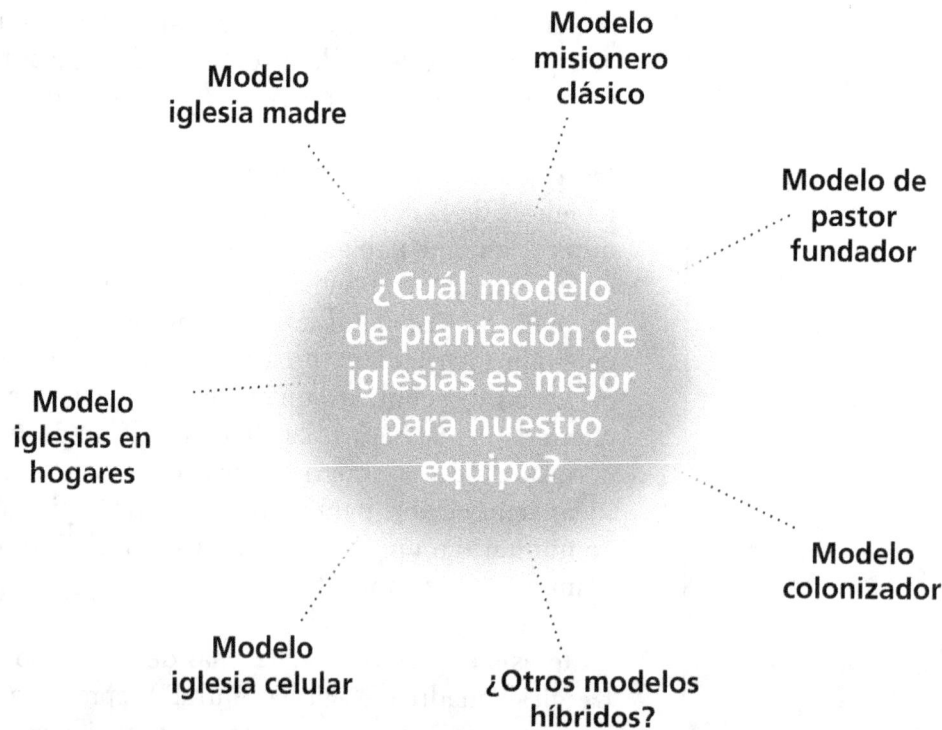

Ejercicio del decano
Evangel y movimientos
Una hora

Su equipo de decanos necesita hacer planes específicos sobre cómo se preparará para alojar su primera escuela de decanos *Evangel*. Use este tiempo de ejercicio para continuar la conversación y pensar en su propia fase de "Preparar".

Este ejercicio del decano es una adaptación del ejercicio de la Escuela *Evangel* que se encuentra en las páginas 192-196 de *Listos para la siega: Una guía para la plantación de iglesias saludables en la ciudad*.

Instrucciones del ejercicio

1. Abra en oración, dedicando su tiempo al Señor y buscando su sabiduría (5 min).

2. Repase las Preguntas de preparación para los equipos de la plantación de la iglesia en las páginas 193-195 de *Listos para la siega* (20 min).

   a. ¿Cuál de las preguntas del "Preparando al equipo de plantación de iglesias" (193-194) le preocuparía especialmente si estuviera evaluando y/o entrenando a un equipo de plantación de iglesias *Evangel* en este momento? ¿Cuál debería abordarse en la escuela y cuál podría seguirse luego?

   b. ¿Con cuál de las preguntas "Preparándose para la tarea" (195-196) estaría especialmente preocupado si estuviera evaluando y/o entrenando a un equipo de plantación de iglesias *Evangel* en este momento? ¿Cuál debería abordarse en la escuela y cuál podría seguirse luego?

3. Al reflexionar sobre su propia visión y valores *Evangel*, ¿qué metas necesita establecer para los próximos seis meses en las áreas identificadas a continuación? Establezca al menos un objetivo E.M.A.R.T. (específico, medible, alcanzable, relevante, con límite de tiempo) para cada una de las siguientes seis áreas. Está bien posponer la toma de una decisión siempre que establezca un objetivo para el momento en que tomará la decisión (por ejemplo, tomar una decisión sobre dónde alojar el sitio en la red para la escuela antes del 15 de octubre).

a. Reclutamiento

   1) Líderes de equipo

   2) Entrenadores asesores

   3) Administración de la escuela y personal de apoyo

b. Evaluación

c. Publicidad y financiación

d. *Evangel* y movimientos

e. Entrenadores de campo

4. Designe un vocero que presentará sus metas iniciales para los próximos seis meses.

Ejercicio del decano
Entrenadores de campo
Una hora

Su equipo de decanos necesita hacer planes específicos sobre cómo se preparará para alojar su primera escuela de decanos *Evangel*. Use este tiempo de ejercicio para continuar la conversación y pensar en su propia fase de "Preparar".

Este ejercicio del decano es una adaptación del ejercicio de la Escuela *Evangel* que se encuentra en las páginas 192-196 de *Listos para la siega: Una guía para la plantación de iglesias saludables en la ciudad*.

Instrucciones del ejercicio

1. Abra en oración, dedicando su tiempo al Señor y buscando su sabiduría (5 min).

2. Repase las preguntas de preparación para los equipos de la plantación de la iglesia en las páginas 193-195 de *Listos para la siega* (20 min).

   a. ¿Cuál de las preguntas del "Preparando al equipo de plantación de iglesias" (193-194) le preocuparía especialmente si estuviera evaluando y/o entrenando a un equipo de plantación de iglesias *Evangel* en este momento? ¿Cuál debería abordarse en la escuela y cuál podría seguirse luego?

   b. ¿Con cuál de las preguntas "Preparación para la tarea" (195-196) estaría especialmente preocupado si estuviera evaluando y/o entrenando a un equipo de plantación de iglesias *Evangel* en este momento? ¿Cuál debería abordarse en la escuela y cuál podría seguirse luego?

3. Al reflexionar sobre su propia visión y valores *Evangel*, ¿qué metas necesita establecer para los próximos seis meses en las áreas identificadas a continuación? Establezca al menos un objetivo E.M.A.R.T. (específico, medible, alcanzable, relevante, con límite de tiempo) para cada una de las siguientes seis áreas. Está bien posponer la toma de una decisión siempre que establezca un objetivo para el momento en que tomará la decisión (por ejemplo, tomar una decisión sobre dónde alojar el sitio en la red para la escuela antes del 15 de octubre).

Información del paquete de recursos de la Escuela Evangel

Detalle del paquete de recursos de la Escuela Evangel

Descripción de recursos de *Evangel*
Visión general del paquete de recursos de Evangel.wpd
Lista detallada de recursos de Evangel.xlsx
Protocolo del decano de la Escuela Evangel.xlsx
Plantillas y recursos de proyectos
Liturgia de Mesa del Señor 2016.pdf
Etiquetaenblancoparanombrededelegado.jpg
Muestradeetiquetaparanombrededelegado.jpg
Etiquetaenblancoparanombredelpersonal.jpg
Muestradeetiquetaparanombredelpersonal.jpg
Plantilla de rótulo del nombre del equipo para la mesa.docx
Plantilla con fondo del rótulo del equipo.docx
Plantilla del rótulo del equipo.docx
Plantilla 2 del trifoliar del horariodocx
Certificado y tipo de letras para el certificado
CALIFB_4.TTF
CALIFI_4.TTF
CALIFR_4.TTF
Certificado de la Escuela Evangel.docx
Mp3 de música, archivos en PDF de hoja de cálculo y letras de cantos (PDF y texto)
El Credo Mix Urbano
El Credo Mix Norteño
Yo nací para alabar
Se mi primer amor
Para mí el vivir es Cristo
Cuán glorioso eres tú
¡El Señor guerrero es!
No hay nadie más que tú
Perfecto es mi Señor
¿Qué Me Puede Dar Perdón?
Yo Me Rindo a Él
En el Monte Calvario
Cuando Allá Se Pase Lista
Sublime Gracia
Vé, Dilo en Las Montañas

Gráficos
Escuela Evangel sembrador arco negro de PIU.jpg
Escuela Evangel sembrador arco negro de PIU.png
Escuela Evangel sembrador arco negro.jpg
Escuela Evangel sembrador arco negro.png
ESCUELA EVANGEL sembrador nuevo arco de color.jpg
Sembrador arco dorado.png
Sembrador.jpg
Gráfico para red – Escuela Evangel Sembrador de PIU.jpg
Gráfico para red – Escuela Evangel Sembrador.jpg
Gráfico para red – Sembrador -600.jpg
Rótuloparamesadeentrenadores.jpg
Rótuloparamesadedecanos.jpg
Pancarta final de Escuela Evangel.jpg
viñeta para carpeta.jpg
rótulo un minuto 11x17.jpg
rótulo un minuto 8.5x11.jpg
pancarta de registro 1.png
pancarta de registro 2.png
pancarta de registro 3.jpg
Rótulopararegistrogrande.jpg
Rótulopararegistropequeño.jpg
playerapartedeatras1.jpg
playerapartedeatras2.jpg
playerapartedeatras3.jpg
playerapartedeatras4.jpg
playerapartefrontal1.jpg
playerapartefrontal2.jpg
playerapartefrontal3.jpg
playerapartefrontal4.jpg

Vídeos	Tiempo
Bienvenida del Dr. Davis	6:00
01-Dev-Poder-de-la-alabanza	30:46
02-SS1-Viendo-el-panorama-general-TO	3:43
03-SS1-Sem1-¿Qué-es-una-iglesia?	33:03
04-SS1-Sem2-Información-sobre-plantación-de-iglesias	31:20
05-SS1-Sem3-Usando-sabiduría-en-el-ministerio	16:13
06-SS1-EE-Estableciendo-el-contexto	3:49
07-SS1-EE-Definiendo-valores-visión	7:08
08-Dev-Libertad-en-Cristo	31:34
09-SS2-Preparar-la-Iglesia-TO	7:22
10-SS2-Sem1-Diferencia-que-hace-diferencia	32:23
11-SS2-Sem2-Teología-de-los-pobres	33:52
12-SS2-Sem3-Construyendo-el-equipo-para-el-éxito	33:20
13-SS2-EE-Preparar-Ser-la-Iglesia	3:23
14-Dev-La-oración-radio-comunicador-de-la-fe	31:55
15-SS3-Lanzar-Agrupar-TO	7:51
16-SS3-Sem1-Evangelización-seguimiento-misión	32:16
17-SS3-Sem2-Christus-Victor	33:37
18-SS3-Sem3-Eventos-Proyectos	7:54
19-SS3-EE-Lanzar-Expandir-la-Iglesia	2:46
20-SS3-EE-Agrupar-Establecer-la-Iglesia	2:27
21-Dios-es-un-guerrero	30:10
22-SS4-Nutrir-Transicionar-TO	9:18
23-SS4-Sem1-Discipulado-efectivo	33:41
24-SS4-Sem2-Discipulando-líderes-urbanos	33:59
25-SS4-Sem3-Predicación-y-enseñanza	32:50
26-SS4-Sem4-Seleccionando-un-criterio-creíble	33:43
27-SS4-EE-Nutrir-Madurar-la-iglesia	2:36
28-SS4-EE-Transicionar-Liberar-la-Iglesia	2:58
29-Dev-Adáptese-a-ganar	32:51
30-SS5-Juntándolo-todo-TO	3:11
31-SS5-Sem1-La-importancia-de-la-revisión	6:40
32-SS5-EE-Juntándolo-todo	5:28
Camp Fire Stories (Historias de fogatas en el campamento)	9:46

PowerPoints
01-Dev-Poder-de-la-alabanza.ppt
02-SS1-Viendo-el-panorama-general-TO.ppt
03-SS1-Sem1-¿Qué-es-una-iglesia?.ppt
04-SS1-Sem2-Información-sobre-plantación-de-iglesias.ppt
05-SS1-Sem3-Usando-sabiduría-en-el-ministerio.ppt
06-SS1-EE-Estableciendo-el-contexto.ppt
07-SS1-EE-Definiendo-valores-visión.ppt
08-Dev-Libertad-en-Cristo.ppt
09-SS2-Preparar-la-Iglesia-TO.ppt
10-SS2-Sem1-Diferencia-que-hace-diferencia.ppt
11-SS2-Sem2-Teología-de-los-pobres.ppt
12-SS2-Sem3-Construyendo-el-equipo-para-el-éxito.ppt
13-SS2-EE-Preparar-Ser-la-Iglesia.ppt
14-Dev-La-oración-radio-comunicador-de-la-fe.ppt
15-SS3-Lanzar-Agrupar-TO.ppt
16-SS3-Sem1-Evangelización-seguimiento-misión.ppt
17-SS3-Sem2-Christus-Victor.ppt
18-SS3-Sem3-Eventos-Proyectos.ppt
19-SS3-EE-Lanzar-Expandir-la-Iglesia.ppt
20-SS3-EE-Agrupar-Establecer-la-Iglesia.ppt
21-Dev-Dios-es-un-guerrero.ppt
22-SS4-Nutrir-Transicionar-TO.ppt
23-SS4-Sem1-Discipulado-efectivo.ppt
24-SS4-Sem2-Discipulando-líderes-urbanos.ppt
25-SS4-Sem3-Predicación-y-enseñanza.ppt
26-SS4-Sem4-Seleccionando-un-criterio-creíble.ppt
27-SS4-EE-Nutrir-Madurar-la-iglesia.ppt
28-SS4-EE-Transicionar-Liberar-la-Iglesia.ppt
29-Adáptese-a-ganar.ppt
30-SS5-Juntándolo-todo-TO.ppt
31-SS5-Sem1-La-importancia-de-la-revisión.ppt
32-SS5-EE-Juntándolo-todo.ppt
CV-01-El-llamado-de-Dios.ppt
CV-02-El-reino-de-Dios.ppt
CV-03-La-centralidad-de-la-Iglesia.ppt
CV-04-El-poder-de-comunidad.ppt
CV-05-La-elección-de-Dios-de-los-humildes.ppt
CV-06-El-estándar-de-excelencia.ppt
CV-07-La-explosividad-de-la-multiplicación.ppt
LevánteseDios-Oración.ppt
Nombramiento.ppt
Mesa-del-Señor.ppt

Resumen del paquete de recursos de la Escuela Evangel

A continuación, encontrará una lista de algunos detalles sobre el paquete que acaba de descargar.

Enlaces a formularios de *Evangel*

- *Herramientas de evaluación*: www.tumi.org/evangel

  Uno de nuestros dos recursos más importantes para ayudar a los plantadores de iglesias y sus iglesias en el hogar para discernir su llamado es la herramienta de evaluación de evaluación y perfil del plantador de World Impact (WIPPA siglas en inglés). Encontrará los formularios de "Autoevaluación del plantador de iglesias", "Evaluación del plantador de iglesias por el pastor" y de "Evaluación del plantador de iglesias por el cónyuge" aquí.

- *Inscribiendo su próxima Escuela Evangel*: www.tumi.org/evangel

  Asegúrese de inscribir su escuela en este lugar 60 días antes de iniciar su Escuela *Evangel*.

- *Enviar informes de la Escuela Evangel*: www.tumi.org/evangel (con subidas)

  Asegúrese de completar este formulario dentro de los 15 días de iniciar su Escuela *Evangel*.

- *Formulario de informe trimestral del entrenador de campo*: www.tumi.org/evangel

  Esta es el formulario formal para guiarlo en su revisión trimestral de su equipo de plantación de iglesias.

- *Solicitudes de la Beca Evangel*: www.tumi.org/evangel. Si hay becas disponibles, encontrará las solicitudes para ellas aquí.

Versículo del tema de *Evangel*

Porque no me avergüenzo del Evangelio, porque es poder de Dios para salvación a todo aquel que cree, al judío primeramente y también para el griego (Rom. 1:16).

Color dorado de la Escuela *Evangel*

Aquí están los códigos de la paleta de colores para el color del sembrador dorado:

- RGB – R:247 | G:220 | B:147
- CMYK – C:4 | M:16 | Y:51 | K:0

Vídeos

Tenemos 34 videos que enseñan todos los devocionales, seminarios, temas y objetivos, y ejercicios en equipo para la Escuela *Evangel*. Estos son parte del paquete de recursos de la Escuela *Evangel*. Están disponibles en nuestro TUMI Vimeo, y hemos incluído la contraseña aquí para usted.

Los enlaces a continuación lo llevarán directamente al "álbum" para cada sesión, ya que hay múltiples vídeos para cada una de las cinco sesiones de la Escuela *Evangel*.

Una vez que esté en Vimeo, haga clic en el vídeo que desea ver, luego en la parte inferior de la pantalla, haga clic en el ícono CC junto a la configuración de volumen y seleccione CC español (Latinoamérica), que luego le dará subtítulos en español en la parte inferior del vídeo mientras lo mira.

La contraseña para cada álbum se encuentra en el archivo de "vídeo y contraseña" en su Paquete de recursos de la Escuela *Evangel*.

Los enlaces a todos los álbumes de vídeos de *Evangel* están a continuación (así como en su Paquete de recursos de la Escuela *Evangel*):

- Álbum de *Evangel* (todos los videos): *https://vimeo.com/album/4005140*
- Sesión de *Evangel* 1: *https://vimeo.com/album/4053919*
- Sesión de *Evangel* 2: *https://vimeo.com/album/4053917*
- Sesión de *Evangel* 3: *https://vimeo.com/album/4053921*
- Sesión de *Evangel* 4: *https://vimeo.com/album/4057635*
- Sesión de *Evangel* 5: *https://vimeo.com/album/4057641*

Gráficos

- *Gráficos Evangel y sembrador*

    Le hemos proporcionado una gran cantidad de gráficos para que pueda crear los recursos y productos que desea para sus escuelas. Hay varias versiones de los gráficos de *Evangel* con título completo, título parcial y sin título (solo Sembrador).

- *Estandarte de la Escuela Evangel*
    - Tamaño de impresión final de: 4 x 8 pies
    - Hay de 4 pulgadas en la parte superior e inferior por 2 pulgadas con hoyos.
    - Hay de 1 pulgada en los lados, por lo que la impresora se doblaría sobre los bordes y cosería.

- *Rótulos*

    Rótulo de un minuto: hay dos versiones: una puede imprimirse en 8.5x11, la otra en 11x17
    - ~ rótulo un minuto 8.5x11.jpg
    - ~ rótulo un minuto 11x17.jpg

    Registro de Evangel o encabezados de la página en la red (3 opciones para elegir)
    - ~ pancarta de registro 1.png (fondo transparente)
    - ~ pancarta de registro 2.png (fondo transparente)
    - ~ pancarta de registro 3.jpg

    Rótulo de inscripción: las instrucciones para cada uno de estos son parte del jpg y serán recortadas por usted cuando realice la producción.
    - ~ Rótulopararegistrogrande.jpg (se puede imprimir en 11x17)
    - ~ Rótulopararegistropequeño.jpg (cse puede imprimir en 8.5x11)

Playeras

Hay varias opciones para las camisetas aquí. Cada diseño de la parte frontal de la camiseta o el diseño de la parte posterior está separado para que pueda cambiar y combinar sus opciones. También incluimos ejemplos de gráficos de camiseta para que pueda ver cómo se verán estos gráficos en una camiseta.

El color de la camisa que elegimos para la muestra fue seleccionado de Gildan. (Color: "Yellow Haze" [Amarilla nublada]). Hay gráficos de muestra en este documento, pero también se incluyen como archivos gráficos en su paquete.

playerapartefrontal1.jpg   playerapartefrontal2.jpg
muestraplayerapartefrontal1.png*   muestraplayerapartefrontal2.png*

* Tenga en cuenta que: los archivos de muestra de gráficos de camiseta (png) son solo para fines de visualización. Entregue los archivos jpg (no los archivos de muestra) al proveedor que está imprimiendo sus camisetas.

playerapartefrontal3.jpg
muestraplayeraparterfrontal3.png*

playeraparterfrontal4.jpg
muestraplayeraparterfrontal4.png*

playerapartedeatras1.jpg
muestraplayerapartedeatras1.png*

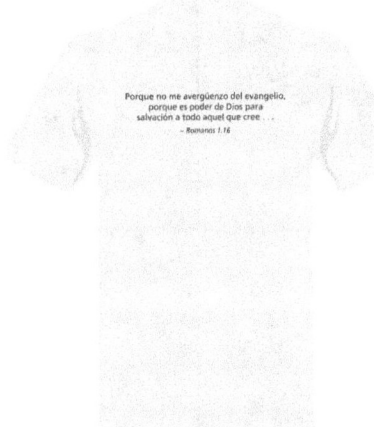

playerapartedeatras2.jpg
muestraplayerapartedeatras2.png*

playerapartedeatras3.jpg
muestraplayerapartedeatras3.png*

playerapartedeatras4.jpg
muestraplayerapartedeatras4.png*

Plantillas y recursos del proyecto

- *Plantillas*

    Las instrucciones para cada uno de estos son una parte del jpg y serán recortadas por usted cuando produzca.

    ~ Rótuloparamesadedecanos.jpg
    ~ Rótuloparamesadeentrenadores.jpg
    ~ Plantilla del rótulo del equipo.docx
    ~ Plantilla con fondo del rótulo del equipo.docx
    ~ Plantilla de rótulo del nombre del equipo para la mesa.docx
    ~ Etiquetaenblancoparanombrededelegado.jpg
    ~ Muestradeetiquetaparanombrededelegado.jpg
    ~ Etiquetaenblancoparanombredelpersonal.jpg
    ~ Muestradeetiquetaparanombredelpersonal.jpg

- *Servicio de comunión*

    Hemos incluído un servicio de comunión en PowerPoint junto con un documento para que lo siga el Celebrante de la Mesa del Señor, el cual tiene algunas instrucciones adicionales.

- *Certificado y Fuentes (letras)*

    El Certificado puede ser editado para cada equipo. Como puede ver en la plantilla, ponemos el nombre del equipo en la plantilla. Imprimimos una copia para cada miembro del equipo y los 2 decanos que organizan la escuela y los dos entrenadores de ese equipo en la escuela son los que firman su certificado.

    ~ *Fuentes(letras)*: Las fuentes utilizadas en esta plantilla se incluyen en caso de que no las tenga en su computadora. Cargue estos en su computadora y se configurará para imprimir.

    ~ *Cubiertas de certificados*: puede comprar cubiertas de certificados en Amazon. Hay una amplia variedad de opciones.

    ~ Certificado de la Escuela Evangel.docx (con 3 fuentes)

- *Servicio de nombramiento*

    Al final de la Escuela *Evangel* (último día) habrá un servicio de nombramiento. Por favor, pregunte a todos los equipos dónde están sus camisetas de *Evangel* para el servicio (tendrá que decirles esto antes del sábado).

Hemos creado un PowerPoint para su uso, un tiempo de llamado y respuesta, que termina con una oración que todos pueden leer juntos.

- *Para el servicio de nombramiento:*
  - Llamamos a un equipo (junto con sus dos entrenadores) y le pedimos al equipo que vea de frente al Decano que los está nombrando.
  - El Decano que dirige la puesta en marcha dirige a los equipos a través de la "llamada y respuesta" del PowerPoint de nombramiento, que termina con la oración que todos pueden leer juntos.
  - El Decano luego entrega los certificados firmados a los entrenadores y los reparten al equipo (o los Decanos pueden hacerlo si lo prefieren).
  - El decano que comisiona luego le pide al equipo que se coloque frente a la audiencia y le pide a 1 de los 2 entrenadores que oren por el equipo. El decano que encabeza la comisión puede pedir al público que levante la mano hacia el equipo y se una al entrenador en oración por el equipo.
  - Justo después de la oración, permita un par de minutos para obtener fotos del equipo junto con sus entrenadores, cada miembro del equipo sosteniendo su certificado.
  - Después de la oración, el equipo, los entrenadores y los decanos se dan la mano/abrazo y el equipo se sienta.
  - El Decano que comisiona llama al siguiente equipo y repite.
  - Al final del servicio de nombramiento, uno de los decanos puede pronunciar una oración final sobre todos los equipos y entrenadores.

- *Proyecto de apoyo*

  Todos los archivos aquí están destinados a ser recursos para ayudarlo a pensar en su plan para este evento.

  - Tabla de tareas del proyecto, configuración, desglose, listas de empaque, anuncios, Shopping.xlsx: Hay 6 hojas en esta hoja de cálculo de información del proyecto que lo ayudarán a planificar este proyecto de manera excelente

1) La cartilla de tareas del proyecto que enumera las tareas y tiene un lugar para las fechas de vencimiento y las personas asignadas a la tarea.

2) Lista de configuración que le dará ideas sobre lo que debe hacer para configurar su evento

3) Lista de desglose que detalla lo que debe suceder para un desglose la noche anterior al final de la escuela, así como al final de su Escuela *Evangel*.

4) Lista de empaque, si está auspiciando la Escuela *Evangel* en un lugar diferente, aquí hay algunas cosas para ayudarlo a medida que hace su lista de lo que necesita traer para sacar este evento.

5) Ideas para anuncios: al tiempo que organiza la bienvenida de apertura y los anuncios para su escuela, así como anuncios, aquí hay algunas ideas de cosas que tal vez desee incluir.

6) Al prepararnos para la escuela, hemos comenzado una lista de compras básica de cosas que puede necesitar comprar para este evento.

~ Minuto por minuto: Este es un programa minuto por minuto que puede editar para que se ajuste a su programa para su escuela.

~ Plantilla 2 del trifoliar del horario.docx

~ Liturgia de la Comunión: Este es el documento que debe seguir el Celebrante de la Mesa del Señor, el cual tiene algunas instrucciones adicionales. Esto se alinea con PowerPoint de la Comunión.

www.ingramcontent.com/pod-product-compliance
Lightning Source LLC
Chambersburg PA
CBHW080803020526
44114CB00046B/2754